Heribert Schwan
Tilman Jens

Vermächtnis

Zu den Abbildungen auf S. 2 und 3:

Entspannt, wie man ihn in der Öffentlichkeit kaum kennt: Helmut Kohl im Gespräch mit seinem Ghostwriter Heribert Schwan. Ganz offenkundig ein vertrautes Verhältnis, in dem beide Seiten aussprechen, was sie bewegt, sichtlich ohne Scheu vor deutlichen Worten oder einer abweichenden Meinung – Mimik und Körpersprache lassen sich hier lesen wie ein offenes Buch. Dies ist die Atmosphäre, in der die Kohl-Protokolle entstanden sind.

HERIBERT SCHWAN
TILMAN JENS

VERMÄCHTNIS
DIE KOHL-PROTOKOLLE

HEYNE ‹

Verlagsgruppe Random House FSC® N001967
Das für dieses Buch verwendete FSC®-zertifizierte Papier
EOS liefert Salzer Papier, St. Pölten, Austria.

Copyright © 2014 by Wilhelm Heyne Verlag, München,
in der Verlagsgruppe Random House GmbH
Umschlaggestaltung: Hauptmann & Kompanie Werbeagentur,
Zürich, Dominic Wilhelm
Abbildungen S. 2 und 3: Foto Copyright © Daniel Biskup, Berlin;
S. 58: © privat
Satz: EDV-Fotosatz Huber/Verlagsservice G. Pfeifer, Germering
Druck und Bindung: GGP Media GmbH, Pößneck
Printed in Germany 2014
ISBN 978-3-453-20077-7

www.heyne.de

Inhalt

Vorwort.   9

I. Heribert Schwan: »Das hast du fein gemacht,
   Volksschriftsteller!« – Meine 600 Stunden mit
   Helmut Kohl 13

II. Tilman Jens: Komm, wir heben einen Schatz! . . . 59

1. Vom Geben und Nehmen 61
2. Die Minusfigur: Ein Selbstbild 69
3. »Er ist natürlich einer der Dreckigsten« –
   Helmut Kohl und seine Parteifreunde 83
4. »Kalt wie ein Fisch ...« – Helmut Kohls politische
   Gegner 107
5. Die doppelte Hannelore 121
6. Fünf Freunde. 135
7. Das ungeliebte Amt – Helmut Kohl und die
   Bundespräsidenten 157
8. Der Vater der Einheit – ein Zwischenruf 173
9. »Ich bin Bundeskanzler, ich bin Nassrasierer!« –
   Helmut Kohl und seine Werte. 183

10. »Hauptverderber in Schrift und Ton« –
Helmut Kohl, die Schriftsteller und die
Journalisten............................... 205

III. Heribert Schwan: Das Vermächtnis des Alten –
Eine kleine Verneigung zum Schluss........... 219

Anhang...................................... 235

Anmerkungen................................. 237
Literaturverzeichnis........................... 245
Register..................................... 251

Vorwort

Angetrieben von der zweiten Frau des Kanzlers der Einheit, versuchen Anwälte der Familie Kohl ein Dokument von hoher Brisanz unter Verschluss zu bekommen: die Tonbandaufzeichnungen eines monumentalen biographischen Gesprächs. Mehr als sechshundert Stunden, zusammengerechnet über fünfundzwanzig Tage Helmut Kohl nonstop. Am Ende des unfassbar langen Dialogs steht die Eigenbilanz eines einmaligen Politikerlebens: von den Anfängen in Rheinland-Pfalz über den Triumph der Einheit bis zum bitteren Parteispenden-Ende.

Ausführlicher, meinungsstärker, persönlicher hat sich Kohl niemals über Erfolge und Niederlagen, über Weggefährten, Freunde und Feinde, über seine Familie und die Fundamente seiner Politik geäußert. Zunächst als Arbeitsgrundlage der mehrbändigen Autobiographie gedacht, haben die langen Gespräche bald einen ganz eigenständigen Charakter gewonnen. Nur etwa 10 Prozent der oft sehr direkten Rede finden sich in den veröffentlichten Memoiren wieder, in denen notgedrungen so manches mit staatsmännischem Gestus zu glätten war. In den biographischen Erkundungen aber spricht der sechste Kanzler der Republik frei heraus Klartext. Das Ergebnis ist ein »Who is Who« der Zeitgeschichte, das Politiker wie Strauß oder Schäuble, wie Genscher, Geißler oder Gorbatschow auf ganz neue Weise porträtiert. Und das nicht selten überraschend, mitunter auch bitterböse.

Da werden der eigenen Partei gründlich die Leviten gelesen. Da offenbart sich – für manchen hartnäckigen Kohl-Gegner kaum fassbar – ein sinnenfroher, im Glauben rundum liberaler Katholik, ein gebildeter Mann, der unter dem ewigen Stigma der »Birne« litt wie ein getretener Hund. Da wird der Mauerfall vor fünfundzwanzig Jahren, das Ringen um die deutsche Einheit mit pointierten Worten als ökonomische Zwangsläufigkeit charakterisiert. Karl Marx hätte seine Freude an diesem Mann gehabt.

Doch den ebenso erhellenden wie über weite Strecken unterhaltsamen Protokollen, deren Qualität nicht zuletzt in ihrer direkten Wörtlichkeit liegt, droht Ungemach: Die Kanzlerfamilie lässt nichts unversucht, den bisherigen Hüter des Schatzes zur Herausgabe der Tonbänder zu zwingen, dieses kolossalen Dokuments, das sich kein zweites Mal erstellen lässt, denn Helmut Kohl, der Kanzler der Einheit, ist ein schwerkranker Mann.

Seine Frau, Maike Kohl-Richter, will sich augenscheinlich die alleinige Deutungshoheit sichern und die Gesprächsprotokolle möglicherweise für Jahrzehnte wegschließen. Diesem Ansinnen gilt es sich zu widersetzen. Auf juristischem, aber eben auch auf publizistischem Wege. Deshalb die hier vorgelegte Dokumentation, die im Teamwork entstanden ist. Wir – Heribert Schwan, der Hüter des Schatzes, der Ghostwriter der Kanzlermemoiren, der Kohl 2001 und 2002 in schier endlosen Sitzungen befragte, und der Journalist und Buchautor Tilman Jens – haben uns noch einmal durch sein monumentales Vermächtnis gekämpft: die Kohl-Protokolle. Schon während unserer langen Zusammenarbeit im WDR haben wir manche gemeinsame Schlacht geschlagen. Und der unterschiedliche Blick auf das Vermächtnis schien uns reizvoll. Der eine hat den Staatsmann, den Menschen Helmut Kohl, wie kein zweiter Journalist aus nächster Nähe erlebt. Der andere schaute von außen auf das Dokument, war fasziniert – und wunderte sich.

Auch wenn wir aus juristischen Gründen, die wir selbstverständlich akzeptieren, fürs Erste aus den Dokumenten nur recht knapp zitieren dürfen,* entsteht doch ein facettenreiches Bild dieser Jahrhundertgestalt der deutschen Politik: Helmut Kohl, ein Staatsmann in erfrischend streitbaren Selbstzeugnissen, Helmut Kohl unplugged!

Heribert Schwan *Tilman Jens* im August 2014

---

* *Der Übersichtlichkeit wegen sind die Originalzitate aus den Kohl-Protokollen im Text graphisch hervorgehoben.*

I. Heribert Schwan:
»Das hast du fein gemacht, Volksschriftsteller!«

Meine 600 Stunden mit Helmut Kohl

Der unerbetene Besucher, der sein Kommen vor einigen Wochen angekündigt hatte, klingelte pünktlich um acht Uhr in der Früh des 12. März 2014. Und er klingelte im Namen des Volkes. Aktenzeichen DR II 109/14, Zwangsvollstreckungssache Herr Dr. Helmut Kohl gegen Herrn Dr. Heribert Schwan. »In obiger Sache bin ich aufgrund des Urteils des Landgerichts Köln vom 12.12.2013 beauftragt, Ihnen sämtliche Tonbandaufnahmen, auf denen die Stimme des Klägers zu hören ist und die in den Jahren 2001 und 2002 vom Beklagten aufgenommen wurden, wegzunehmen.« Vermutlich eben deshalb, um die Gewichtigkeit seiner Mission zu unterstreichen, wurde der Obergerichtsvollzieher, eine kräftige Gestalt mit hoher Stirn, das silbergraue Haupthaar zu einem längeren Zopf gebunden, von drei dezent gekleideten Herren begleitet. Sie gaben sich als Mitarbeiter der Essener Anwaltskanzlei Holthoff-Pförtner zu erkennen, die Kohl schon seit den Tagen des Spendenskandals vertritt. Zugegen waren des Altkanzlers Advokat Thomas Hermes nebst Assistent und ein von den beiden mitgebrachter Tontechniker. Der Aufmarsch konnte sich sehen lassen. Offenkundig schien Gefahr im Verzug.

Die Nacht zuvor hatte ich kaum geschlafen. Und mich immer wieder selber verflucht. Warum habe ich die 200 streitgegenständlichen Tonbandkassetten nicht einfach, etwa bei meinen alten Kollegen vom WDR, in die Löschtrommel gegeben? Das hatte mir das Gericht schließlich nicht untersagt. Der endlosen Auseinandersetzungen müde, hätte ich durchaus Lust dazu gehabt. Welch wundervoll tröstliche Vorstellung war das: Frau Maike, die Gattin des Altkanzlers, die in Oggersheim lang schon die Geschäfte des Schwerkranken führt, beim Abhören von Bändern mit gesammeltem Schweigen! Aber die Vernichtung von unwiederbringlichen Dokumenten der Zeitgeschichte, das Abhalten von Bundeslöschtagen, ist meine Sache nicht. Eine Zerstörung von Quellenmaterial widerspricht meinem Berufsethos als Historiker und Journalist.

Also habe ich, gewiss nicht aus freien Stücken, dem Quartett, das mich unten bei den Briefkästen meines Kölner Wohnhauses mit kalter Routine erwartete, vierzig kleine Päckchen mit jeweils fünf Audiokassetten übergeben. Die Kohl-Gesandtschaft begann nachzuzählen, dann verschwand die eingetriebene Beute in einem mitgebrachten Umzugskarton. Mein Anwalt, den ich, um meinerseits einen verlässlichen Zeugen zu haben, zum tristen Termin hinzugebeten hatte, hat die unwürdige Inbesitznahme fotografisch dokumentiert. Schließlich verlangte der Obergerichtsvollzieher nach Barem. 625 Euro Vollstreckungsgebühren! Ein stolzer Betrag. So viel kostet nicht einmal meine Saisonkarte für die Heimspiele des 1. FC Köln. Doch Widerstand schien zwecklos. Notgedrungen überreichte ich dem Gerichtsvollzieher 650 Euro. 24,97 Euro gab er mir zurück. Mehr Wechselgeld hatte er nicht dabei. Ich habe ihm die fehlenden drei Cent geschenkt. Nach zwanzig Minuten war der Spuk vorbei. Die ohnmächtige Wut aber hält an.

Im Sommer 2014 ging die Causa in die nächste Instanz. Zu meinem Entsetzen hat im Revisionsverfahren auch der 6. Zivilsenat des Kölner Oberlandesgerichts (OLG) dem Altkanzler die Bänder zugesprochen. Und damit letztlich ihm und den Seinen auch das Recht, diese Dokumente nach eigenem Gutdünken auszuwerten oder gar zu vernichten. Das Urteil vom 1. August 2014 und erst recht seine Begründung sind für mich schwer erträglich. Ich hatte die Gespräche mit dem Altkanzler sorgsam vorbereitet und immer wieder neu strukturiert. Doch die Richter Hubertus Nolte, Dorothea Hammer und Dr. Martin Hohlweck befanden, diese aufwendig geplanten und im Gespräch laufend nachjustierten Tiefeninterviews, mit denen nicht nur Helmut Kohls biographische Daten, seine Rolle als Politiker und seine Sicht auf zeitgeschichtliche Ereignisse, Mitstreiter und Gegner, sondern seine ganze Persönlichkeit erforscht und nachgezeichnet wurden, seien nicht einmal »mit einem Interview vergleichbar, das ein Journalist mit einem beliebigen Passanten auf der Straße oder mit einem Politiker im Zusammenhang mit der Berichterstattung zu einem tagesaktuellen Geschehen führt«. Mit dieser Urteilsbegründung wurden die Begleitumstände der Befragungen auf den Kopf gestellt.

»Von einer gleichberechtigten Zusammenarbeit der Parteien«, so das Gericht, könne »nicht die Rede sein«. Diese richterliche Behauptung widerspricht schlicht den Tatsachen – wie jedem, der die Kohl-Protokolle auswertet, leicht ersichtlich sein wird. Der sarkastische Kommentar im *Handelsblatt* sprach mir aus dem Herzen: »Offenbar ist Schwan kein Journalist, denn als solcher hätte er die Bänder behalten dürfen. Sondern er ist eine Art lebender Mikrofonhalter, wie sich eine empörte Kollegin des WDR ausdrückt. Anders kann sie sich die Entscheidung der Richter nicht erklären.« Immerhin hat das OLG den Gang zum Bundesgerichtshof in Karlsruhe für zulässig erklärt. Und diesen Weg werde ich auch beschreiten.

Denn dieses Verfahren, das auch grundsätzliche Fragen journalistischer Freiheit berührt, geht weit über den Einzelfall hinaus. Das ist mehr als nur eine Justizposse um 200 angestaubte Bänder. Dieser durch Anwalts- und Gerichtskosten in beängstigende

Höhen getriebene Rechtsstreit, der über Jahre von der Gegenseite so erbittert geführte Kampf um die Kohl-Protokolle, zielt, das sei ohne Übertreibung gesagt, auf die Existenz eines unwiederbringlichen Dokuments der Zeitgeschichte. Gewiss, noch lebt der Kanzler der Einheit. Aber er lebt als Schatten seiner selbst. Er ist an den Rollstuhl gefesselt und kann sich seit einem schweren Unfall im Jahr 2008 kaum noch äußern. Nie wieder wird sich dieser Mann, der über Jahrzehnte die Geschichte der Bundesrepublik Deutschland prägte, in gebotener Ausführlichkeit seines politischen Lebens erinnern können.

Die Bänder sind von einmaligem Wert. Eben darum darf dieser Schatz nicht für alle Zeit in der Versenkung eines Umzugskartons verschwinden. Weit über 600 Stunden – das Ausmaß unseres monumentalen Gesprächs ließ sich anhand meines Terminkalenders recht genau rekonstruieren – hat Helmut Kohl mir Rede und Antwort gestanden. Und das hatte seinen Grund: Ich bin der Autor seiner Lebenserinnerungen. Die rund 2300 Seiten der dreibändigen (und doch leider unvollendeten) Autobiographie sind zum allergrößten Teil von mir geschrieben. Um dies bewerkstelligen zu können, war ein Interview von mindestens 200 Stunden vertraglich vereinbart. Am Ende sollte es mehr als das Dreifache sein. Zusammengerechnet haben wir uns also beinahe einen Monat lang rund um die Uhr unterhalten. Der Großteil des monumentalen Gesprächs ist auf den nun konfiszierten Kassetten festgehalten. Wohl kein anderer deutscher Politiker hat so umfassend, so genau, so schonungslos mit Freund und Feind, so nachtragend im wahrsten Sinne des Worts, Bilanz seiner Vita gemacht.

Bisweilen sehr bitter und nicht selten unerhört sprachgewaltig – ganz anders, als in den vielen Klischees über den vermeintlich heillos Dumpfen behauptet – kommentiert er rund ein halbes Jahrhundert deutscher Nachkriegsgeschichte: Niemals zuvor und niemals danach hat er das System des eigenen Machterhalts freimütiger beschrieben, das vielbeschworene System Kohl, das die Strukturen des lokalen Parteiklüngels scheinbar nahtlos auf die große Politik übertrug: *»Wenn ich einen Kreisverband habe, nehmen wir einmal an: mit fünfzig Leuten, die die Macher sind: Da gibt es menschliche Strukturen. Die wissen sehr viel voneinander. Die wissen, der hat eine Freundin. Die wissen, der hat Schulden. Die wissen, da hat dem die Kreissparkasse geholfen. Das ist ein ganz normales System.«* Und eben nach diesem System hat er regiert, erst das Bundesland Rheinland-Pfalz, dann die Bonner Republik. Die Fraktion, die Partei ohnehin.

Dank eines perfekt organisierten Informationssystems war er stets genauestens im Bilde über die Stärken, Nöte und Abgründe der Menschen, mit denen er zu tun hatte. Ob Strauß, Geißler, Genscher oder Gorbatschow: Der geniale Stratege, der nicht ohne Kalkül die Pose des Biedermanns mit der Strickjacke einnahm, wusste genau, wo sie verwundbar waren, wo er sie packen, wie er sie in Abhängigkeit bringen konnte. Letztlich hat er sie alle zu Figuren seines persönlichen Schachspiels gemacht, dessen oberste Regel war, dass kein anderer als Kohl die Partie gewinnen durfte. Dies wird die hier nun, nach reiflicher Überlegung, vorgelegte Dokumentation unserer Gespräche facettenreich zeigen.

Für die Erklärung der geradezu atemberaubenden Offenheit des in den Ruhestand geschickten Staatsmanns scheint die Zeitspanne unserer ausgedehnten Sitzungen im Hause Kohl von entscheidender Bedeutung. Am 12. März 2001, einem Montag, haben wir die Arbeit in Oggersheim aufgenommen. Da hat er sich an den bodenständigen Bauern Josef Schnur aus dem Hunsrück erinnert, *»den Vater meiner Mutter, der 1930 kurz vor meiner Geburt starb«*. Gut eineinhalb Jahre später, am 27. Oktober 2002, war die biographische Erkundung mit einer finalen Bewertung der bisherigen Bundespräsidenten zu Ende gebracht. Eine kleine, für manchen gewiss überraschende Verneigung vor dem Sozialdemokraten Gustav Heinemann (*»wir hatten ein ganz ungewöhnlich gutes Verhältnis«*), dann sprach er den erlösenden Satz: »*Gut, wir machen an dieser Stelle Schluss!*« Für mich ging es jetzt an den Schreibtisch, an die ergänzende Lektüre von Akten und Protokollen, derweil sich meine Schwester ans Abschreiben der 200 Tonbänder machte, das beklemmende Konvolut für die Auswertung erschloss – und vor allem für alle Zeit sicherte. Kein Gerichtsvollzieher wird sich der Dateien jemals bemächtigen. Sie sind bei Freunden, Notaren, auch im nichteuropäischen Ausland hinterlegt. Und das ist gut so. Denn Helmut Kohl hatte mir sein Leben just in jenen Monaten erzählt, die für ihn zu den bittersten in seiner steilen, seit Schülertagen zielstrebig vorangetriebenen Karriere zählten.

Während wir zu Beginn des dritten Jahrtausends im Souterrain seines Bungalows sein Leben zu Protokoll nehmen, steht Helmut Kohl in der Öffentlichkeit da wie ein rundum beschädigtes Denkmal. Sein gesellschaftliches Ansehen strebt gegen null. Die rechtsbeugende »Ehrenwort«-Erklärung in der CDU-Spendenaffäre hat ihn auch im Kreise der Seinen erledigt: »Ein Wort zu halten und dies über Recht und Gesetz zu stellen, mag vielleicht bei einem rechtmäßigen Vorgang noch verstanden werden, nicht aber bei einem rechtswidrigen Vorgang.« Angela Merkels legendäre Abrechnung in der *FAZ* hatte den Niedergang im Dezember 1999 eingeläutet. Die Bataillone, die er als Parteivorsitzender über Jahrzehnte um sich zu scharen vermochte, hatten genug und kündigten dem einstigen Übervater die Gefolgschaft. War der am Ende gar käuflich? Das wurde oft gefragt, aber nie bewiesen. Von Kohl, befand Ziehtochter Angela schmucklos, werde jedenfalls fortan nur noch »in der Vergangenheit gesprochen«. Das System Kohl ist ein Auslaufmodell.

Nicht einmal Ehrenvorsitzender der Union darf er noch bleiben. Der unbelehrbare Wiederholungstäter, der aus dem Desaster der Flick-Affäre offenkundig nicht lernen wollte, scheint seiner Partei untragbar. Als wir unsere Gespräche im März 2001 beginnen, hat die Bonner Staatsanwaltschaft zwar gerade ihr Ermittlungsverfahren wegen des Verdachts der Untreue eingestellt – aber nur gegen Zahlung einer wahrlich stattlichen Geldauflage in Höhe von 300 000 DM, wobei des Altkanzlers Verdienste ums Vaterland von den Richtern noch als strafmildernd in die Waagschale geworfen werden. Der reulose Gesetzesbrecher gilt somit zumindest als nicht vorbestraft, aber die akzeptierte Verfahrenseinstellung gegen Geldzahlung ist, wie es Max Stadler, der FDP-Obmann im Parteispenden-Untersuchungsausschuss formuliert, kaum mehr als ein Pyrrhussieg. Kohl selber sagt, dass er sich wie ein Aussätziger fühle.

Und der nächste Schicksalsschlag nahte: In der Nacht vom 4. auf den 5. Juli 2001 nimmt sich Hannelore Kohl, nach gut vierzig Ehejahren, das Leben. Krank, depressiv und einsam. Als sie Schlaftabletten und eine Überdosis Morphiumsulfat schluckte, weilte ihr Mann in Berlin. Bis dass der Tod euch scheide? Sie hat ihre letzte Entscheidung allein getroffen. Und allein, in einem menschenleeren Haus, ist sie auch gestorben.

Helmut Kohl, der darauf brennt, unser Gespräch bereits neun Tage nach dem Tod seiner Frau wieder aufzunehmen, macht vor allem eine vermeintliche *»Verfolgungsjagd«* durch Journalisten, die im Spendensumpf wühlen, für die todbringende Verschlechterung ihres Gesundheitszustandes verantwortlich. Aber auch die Absetzbewegung nahezu der gesamten CDU-Prominenz, sagt er, habe ein Gutteil zu Hannelores Tragödie beigetragen. *»Meine Frau beobachtete mit sehr wachem Sinn, wie die Scheißer von heute zu den neuen Ufern übergelaufen waren. Die Verräterei der eigenen Leute störte sie sehr. Diese Vorgänge gingen dann in die Krankheit über. Das hat ihre Seele verletzt.«* Was er freilich unter den Teppich kehrt, das sind die Verletzungen, die

er der Kranken vermutlich selbst zugefügt hat, mit seiner Weigerung, die Millionenspender zu nennen, vor allem aber mit der
Parallelbeziehung zu einer gewissen Maike in Berlin, die – wie
Sohn Peter 2013 öffentlich machte – schon Ende der neunziger
Jahre mit dem Vater verbandelt gewesen sein soll.

Er hat nahezu alles verloren: die Macht, die bürgerliche Reputation, seine Frau, die er seit den Tagen der Tanzstunde kannte.
Er ist isoliert. Selbst sein Arbeitgeber aus den fünfziger und sechziger Jahren, die BASF, meidet nun seine Gegenwart und lädt
ihn bei einer Festveranstaltung aus. In dieser scheinbar ausweglosen Situation entschließt er sich, sein Leben zu Protokoll zu
geben, sein politisches Vermächtnis zu formulieren. *»Das Buch
ist ja noch nicht geschrieben«*, klagte er am 2. April 2001, *»wo
etwas über Helmut Kohl und die Medien und die Verzerrung
meines Bildes steht.«* Er muss keine Rücksicht mehr nehmen. Er
schlägt um sich wie ein angezählter Boxer. Aber ohne jede Benommenheit: Seine Schläge sind so direkt, so treffsicher wie niemals zuvor. Vor allem seine früheren Weggefährten, von denen er
sich seit der Spendenaffäre verraten fühlt, bekommen es ab.

King Lear aus der Pfalz hält Gerichtstag über seine missratene
Brut. Angela Merkel? *»Frau Merkel konnte ja nicht richtig mit
Messer und Gabel essen«*, knurrt der Kanzler außer Diensten bei
unserem Termin sechzehn Tage nach Hannelores Selbstmord,
*»sie lungerte sich bei den Staatsessen herum, so dass ich sie
mehrfach zur Ordnung rufen musste.«*[1] Das Mädchen aus der
Uckermark und ihr Vertrauter Friedrich Merz? *»Das sind Leute,
die es nicht können. Die Merkel hat keine Ahnung, und der Fraktionsvorsitzende ist ein politisches Kleinkind.«* Lothar Späth?
Nicht mehr als ein *»Schaumschläger«*. Und Norbert Blüm, der
alte Haudegen, der seinem einstigen Dienstherrn über Jahre treu
diente, bis er, schon lange vor dem CDU-Spendenskandal, in
Ungnade fiel? Er hat Kohl, so wie es der Anstand gebietet, zum

Tod seiner Frau kondoliert. In der ihm eigenen Schlichtheit. Aber vermutlich von Herzen ehrlich: »Ich bin unendlich traurig. Norbert.« Der Witwer hat für die versöhnliche Geste nur beißenden Spott: *Was interessiert mich, ob der traurig ist.«*

Auch der Chemiegigant aus Ludwigshafen hielt es für angezeigt, öffentlich seine Anteilnahme kundzutun. *»Die größte Sauerei, ein Riesenkranz, lag auf dem Friedhof, der natürlich nicht frei von Wert war: ›Letzter Gruß für Hannelore Kohl. Der Vorstand der BASF‹ – der mich seinerzeit ausgeladen hatte. Darauf reagiere ich natürlich nicht.«*

Kohl ist tief verwundet. In einer letzten, verzweifelten Brandrede – und eben so klingen weite Teile seiner Lebensbilanz – will der so oft schon Totgesagte um seine Ehre kämpfen, vielleicht auch um seinen Platz in der Geschichte. Gerade jetzt pocht er auf die Anerkennung seiner Verdienste. Er fühlt sich rundum verkannt. Das uralte Trauma! Es nagt schon sehr lange. *»Der Heuss hat Schwäbisch gesprochen, dass man ihn fast nicht verstand«*, räsoniert er schon in einem der ersten Gespräche, *»aber wer Pfälzisch sprach, musste intellektuell eine Null sein.«*

Nach außen hat er sich über Jahrzehnte als Koloss im Amt, als unverwundbarer Riese stilisiert. Nun auf einmal spricht er von den Verletzungen, die schon früh ihren Anfang nahmen, 1973, als er Parteivorsitzender wurde, spätestens aber 1976, als er sich, wenn auch äußerst knapp, als Kanzlerkandidat geschlagen geben musste: *»Lange vor der Bundestagswahl begann man das Bild vom Trottel aus Oggersheim aufzubauen.«* Und wer ist schuld? Die Roten natürlich, mit denen er sich schon als Mitglied der Jungen Union beim Plakatekleben im Wahlkampf zu prügeln beliebte. *»Die SPD hat das gemacht. Die hatte eigene Arbeitsgruppen: Wie kann man dem Kohl das Wasser abgraben? ›Der Bauer aus der Pfalz.‹ Es hing an mir: Der ist Provinzler! Und dagegen der Weltbürger Schmidt mit den großen Perspektiven, der* *ein glänzendes Englisch spricht. Das ist immer weiter kultiviert worden, mit Modifikationen. ›Birne‹ zum Beispiel! All die Beschimpfungen. Das müssen wir meines Erachtens noch ein bisschen herausarbeiten.«*

Er redet sich die Komplexe vom Leib. Er will – endlich – kontern, aufräumen mit dem, wie er sagt, Zerrbild des Trampeltiers und Idioten. Der Lehrsatz »Ich weiß, dass ich nichts weiß« galt bei Sokrates als der Inbegriff der Weisheit. Eben da möchte er, denke ich manchmal, nun anknüpfen. *»Ich bin sprachlich nicht sehr begabt und gab mir auch keine Mühe. Ich wurde zum Bundeskanzler gewählt und nicht zum Dolmetscher.«* Da ist er wieder, der scheinbar Unerschütterliche, dickbramsig, von keinem Selbstzweifel gepeinigt. Mit seinen Lebenserinnerungen hofft er sein ramponiertes Erscheinungsbild in der Öffentlichkeit grundlegend zu korrigieren. Und ich soll ihm dabei helfen.

Ausgerechnet ich! Mit der Union verbindet mich wenig. Ich bin sozialliberal bis auf die Knochen. Brandt und Scheel waren und sind mir näher als Strauß, Barzel oder Kiesinger. Als Kohl 1982 den sozialdemokratischen Bundeskanzler Schmidt stürzte, habe ich, damals Hörfunkredakteur beim Deutschlandfunk, im Studio mit den Tränen gekämpft und dachte, das darf doch nicht wahr sein, dass dieser Mann jetzt an die Macht kommt. Schon als Studenten in Mainz haben wir gegen ihn demonstriert, den nach einem Festakt vorbeimarschierenden Ministerpräsidenten vom Balkon der Mensa mit Tellern beworfen, weil der Mittagsfraß so unerträglich war. Sonderlich beeindrucken konnte ihn das nicht. Meine kritische Distanz allerdings blieb.

Einer Partei angehört habe ich freilich nie. Ein Journalist, der sich – mit den Worten des legendären *Tagesthemen*-Moderators Hanns-Joachim Friedrichs – niemals gemein machen sollte, hat nach meinem Verständnis dort auch nichts zu suchen. Aber das Phänomen Helmut Kohl faszinierte mich doch, umso mehr, je länger er regierte. Der Mann hat so vieles ein- und weggesteckt, in der ganzen Bandbreite des Wortes. Es gibt den Kohl der Flick-Affäre, den Spenden-Kohl, den Kohl mit der engen Beziehung zu Leo Kirch, kurz: den Kohl mit dunklen Nehmerqualitäten. Aber nicht weniger geschickt konnte er auch Prügel und Niederlagen einstecken, die scheinbar ohne die geringste Wirkung blieben. Wie virtuos hat er sich all der Fallstricke entwunden, die ihm seine Parteifreunde spannten, mit wieviel demonstrativer Gleichmut hat er die Schmähreden seiner Gegner ertragen: der tumbe Tor aus der Pfalz! Nicht einmal das Wort Geschichte hat er phonetisch korrekt aussprechen können – und war dennoch im Begriff, ebendiese zu schreiben. Diesen so gern, so erbarmungslos Unterschätzten wollte ich einmal aus der Nähe erleben, den scheinbar ungehobelten, aber mit allen Wassern gewaschenen Strategen, den kaum schlagbaren Strippenzieher, der über das Innenleben noch des entlegensten CDU-Kreisverbandes minutiös informiert zu sein schien. Der Hochmut seiner Gegner, gerade unter den Intellektuellen des Landes, ärgerte mich. Ihr Spott erschien oft gar zu billig. Als politischer Publizist interessierte mich, wie diese Kämpfernatur, der als ewiger Sitzriese Verpönte die ihm unverhohlen entgegengebrachte Verachtung aushielt und unbeeindruckt von all den Störfeuern blieb.

1984 habe ich ihn das erste Mal getroffen. Da war er gerade einmal zwei Jahre lang Kanzler. Mein einstiger WDR-Kollege Werner Filmer und ich hatten damals ein überraschend erfolgreiches Buch über den künftigen Bundespräsidenten Richard von Weizsäcker veröffentlicht, das den zu Porträtierenden, nach dem bewährten Strickmuster einer öffentlich-rechtlichen Fernsehdokumentation, mit montierten Selbstaussagen, aber auch anhand von Zeitzeugen-Interviews beschrieb. Alte Mitschüler, Studienkollegen kamen dabei ebenso zu Wort wie spätere Weggefährten, Freunde, Kritiker.

Nun sei es ratsam, ließ mein damaliger Verlag bald wissen, nach dem ersten Mann im Staat auch umgehend den mächtigsten Mann im Staat in ähnlicher Weise zu würdigen. Ich hielt dies, nach allem, was ich über den Kanzler wusste, für ein aussichtsloses Unterfangen. Der misstraute doch jedem Journalisten außerhalb des eigenen Dunstkreises. Der umgab sich doch allenfalls mit dienstbaren Kohl-Konformisten, Kragenweite Peter Boenisch, ehemaliger *Bild*-Chefredakteur und damals Kohls Regierungssprecher, oder Heinz Klaus Mertes, dem unverbrüchlichen Getreuen vom Bayerischen Rundfunk. Jedenfalls nicht mit einem unabhängigen Geist ohne Stallgeruch. Ich sollte mich gründlich irren.

Gerade einmal vierzehn Tage, nachdem ich 1984 Kohls Kommunikationschef Eduard Ackermann, den ich aus meiner Arbeit als Redakteur und Moderator beim Deutschlandfunk kannte, darum gebeten hatte, die Möglichkeiten eines Vorgesprächs mit dem Bonner Regierungschef auszuloten, bekamen Filmer und ich einen Termin. Kohl zeigte sich aufgeschlossen, sagte gleich mehrere Interviews zu und öffnete die Türen zu Begleitern seiner Vita. Karl Cunz, der einstige Nebensitzer in der Schule. Günther Schmich, der alte Religionslehrer. Studienkollegen. Frühe Parteifreunde aus der Pfalz wie Johann Wilhelm Gaddum oder Bernhard Vogel, mit dem zusammen er im Oberseminar saß. Auch Kurt Biedenkopf stand zur Einvernahme bereit. So ließ sich das Psychogramm eines Zeitgenossen erstellen, der schon in Kindertagen die Horden um sich scharte – und einen kleinen Hauszoo mit Stallhasen, einem Pfau, einem gezähmten Fuchs und einem Raben mit gebrochenem Flügel unterhielt.

Unsere biographische Annäherung hatte es sich zur Aufgabe gemacht, vorurteilsfrei das Bild eines Politikers zu überprüfen, der zum Lieblingsfraß der Satiriker geworden war. Unser Verzicht auf ideologische Scheuklappen missfiel allerdings einem jungen, sehr ehrgeizigen SPD-Abgeordneten aus Hannover, der sich dreizehn Jahre später anschicken sollte, Kohl zu beerben. »Ich hatte häufig das Gefühl, das Konrad-Adenauer-Haus in Bonn, die CDU-Zentrale könne mit dem Buch zufrieden sein«, stichelte Gerhard Schröder 1985 im *Spiegel*, entnahm unserem Werk dann aber doch Signale der Hoffnung: »Durchaus denkbar, dass der lange Aufstieg des Helmut Kohl Anfang 1987 ein jähes Ende findet. Erste Anzeichen deuten bereits darauf hin.« Er sollte sich ein wenig verschätzen.

Die Zeitzeugen-Biographie landete, Schröders Bedenken zum Trotz, auf der Sellerliste des Hamburger Nachrichtenmagazins, das dem Kanzler zeit seines Amts so verhasst war. Der Porträtierte hätte die eine oder andere Stelle gern etwas wohlwollender formuliert gesehen, aber ein gewisses Bemühen um Fairness und Redlichkeit mochte der Kanzler den Autoren nicht absprechen. »Nein, er ist keiner, der Begeisterungsstürme hervorruft«, hatten wir geschrieben, »sondern einer, der verblüfft.« Auf alle Fälle gelang es mir, den bekennend Fernsehscheuen gleich noch zur Mitwirkung an einer ARD-Dokumentation – und das ausgerechnet für den von ihm als Rotfunk unter Pauschalverdacht gestellten WDR – zu überreden: »Der Wendekanzler – Gesichter eines Mannes«.

Der Film gehört, im Nachhinein betrachtet, nicht zu meinen Meisterwerken, aber die Tonlage, denke ich, stimmte. Keine Häme, keine schäumende Abrechnung, kein dem Zeitgeist geschuldetes »Birnen«-Bashing, aber eben auch keine Lobhudelei. Kurzum, die Dokumentation hinterließ weder beim WDR noch in Oggersheim verbrannte Erde. Hannelore Kohl lud mich sogar ein, mein rumänisches Lieblingsrezept zu einem Kochbuch beizusteuern, dessen Verkaufserlöse ihrem Kuratorium für Unfallopfer mit Schädigungen des zentralen Nervensystems zugutekommen sollten: *Was Journalisten anrichten*. 1987 konnte ich sie im Gegenzug zu einem fünfundvierzigminütigen TV-Porträt überreden, in dem sie sich im Gespräch mit mir zum ersten Mal ausführlich und ungemein gewinnend über das nicht immer einfache Leben an der Seite ihres Mannes äußerte.

Dann flachte der Kontakt ab. Der gewichtige Vater der Einheit hatte anderes zu tun, als für ein Kamerateam Modell zu sitzen. Nur dann und wann wurde ich komplikationslos vorgelassen, wenn es galt, unser Buch auf den neuesten Stand zu bringen. Anfang 1999 – seit seiner Abwahl im September 1998, der schmerzhaft-klaren Niederlage gegen Gerhard Schröder, war eine gewisse Schonfrist vergangen – schien die Zeit für eine letzte, bilanzierende Aktualisierung gekommen. Bei einem Treffen in Bonn habe ich ihn dann – eher beiläufig – gefragt, ob er sich nicht vorstellen könne, an seine Memoiren zu gehen, sich in persönlicher Rückschau der Einheit, des Euros, aber auch der oft schwierigen Mitstreiter zu erinnern. Nach kurzem Abwinken, nicht frei von Koketterie *(»Bin ich denn wirklich so interessant?«),* schlug er vor, doch einmal Ausschau nach einem geeigneten und solventen Verlag zu halten.

Als ich ihm wenig später gleich mehrere Offerten unterbreitete, bat er mich, ihm als Schreiber zur Seite zu stehen. Selbstverständlich werde mein Name auf dem Buchcover genannt. Die Annahme dieses ehrenvollen Angebots aber hätte möglicherweise zu Schwierigkeiten mit meinem Arbeitgeber, dem Westdeutschen Rundfunk, geführt, bei dem der Name Kohl nicht eben hoch im Kurs stand. Wir verständigten uns also darauf, dass ich die Autobiographie zunächst als Koordinator und wissenschaftlicher Berater begleiten und auch die Interviews führen würde. Die Nebentätigkeit wurde mir vom WDR ohne größere Probleme genehmigt. Aber das Projekt nicht an die große Glocke hängen, das möge ich bitte doch.

Am 1. Oktober 1999 konnten wir in München den Verlagsvertrag unterzeichnen. Der Kanzler a.D. verpflichtete sich – gegen eine stolze Garantiesumme von einer Million D-Mark –, mir mindestens 200 Stunden Auskunft zu erteilen. Auch ich schloss einen – wenn auch deutlich magerer dotierten – Kontrakt: mit der Verlagsgruppe Droemer Knaur wohlgemerkt, nicht etwa mit Helmut Kohl. Zwischen uns beiden existieren keinerlei rechtliche Vereinbarungen. Auch eine Verpflichtung zur Verschwiegenheit – dieser Hinweis scheint aus heutiger Sicht wichtig – bin ich zu keinem Zeitpunkt eingegangen. Auf ein derartiges Ansinnen hätte ich mich niemals eingelassen. Als Publizist bin ich ein Mann der Öffentlichkeit. Einem Vollprofi wie Helmut Kohl war dies zu jedem Zeitpunkt bewusst. Sein Leben lang hat er, wie kaum ein zweiter Politiker, Informationen bewusst und gezielt unter die Leute gebracht. So manches, was er mir gern ausufernd erzählte, schien dabei überhaupt nicht für das Memoirenwerk bestimmt. »*Das kannst du später einmal schreiben*«, hat er, der das Recht aufs einseitige Duzen mit Selbstverständlichkeit für sich reklamierte, immer wieder gesagt.

Jetzt hieß es, rasch mit der Arbeit zu beginnen. Im »Ping-Pong-Keller« in der Marbacher Straße, dem ausgedienten Tischtennisraum, in dem sich die Schwiegermutter einst trimmte, hatte ich ein provisorisches Tonstudio eingerichtet. Dessen schönstes Teil war eine ausgewuchtete Stativkonstruktion fürs Richtmikrophon, die sich, vor Kohls angestammtem Sitzplatz am Holztisch montiert, elegant um den mächtigen Bauch meines Interviewpartners legte. In einem Vorgespräch hatten wir uns schnell auf eine grobe Gliederung verständigt, 800 Druckseiten wurden zunächst einmal ins Auge gefasst, die ersten Gesprächstermine fixiert. Beide Seiten schienen bestens gerüstet.

Doch dann kam der 4. November. Die Meldungen in den Nachrichten überschlugen sich. Die Staatsanwaltschaft Augsburg hatte den früheren Schatzmeister der CDU zur Fahndung ausgeschrieben. Haftbefehl gegen Walther Leisler Kiep! Tatverdacht: Steuerhinterziehung. Der größte Parteispendenskandal der Bundesrepublik gerät ins Rollen.

Tags darauf räumt Kiep ein, 1991 eine Million Mark in bar von dem Waffenschieber Karlheinz Schreiber auf einem Parkplatz am Bodensee erhalten zu haben, als Handsalbe für die CDU. Die Zuwendung wurde niemals gesetzeskonform deklariert. Augenblicklich kommt auch Kohl in erhebliche Erklärungsnot: Von einem Handgeld dieser Größenordnung muss der langjährige Parteivorsitzende doch Kenntnis gehabt haben. Aber der dementiert, wenig glaubhaft, zumal Kiep weiter auspackt. Ein ganzes System von geheimen Anderkonten habe die CDU unterhalten, über das die Parteispitzen stets informiert gewesen seien. Ex-Generalsekretär Geißler bestätigt dies.

Am 30. November muss Kohl, der Tage zuvor in einer Parlamentsdebatte zum Thema mit dem SPD-Fraktionsvorsitzenden Peter Struck zusammengerasselt und regelrecht ausgerastet war, vor dem Parteipräsidium in eher nebulösen Worten einräumen, dass er von der dunklen Spendenpraxis gewusst hat: »*Eine von den üblichen Konten der Bundesschatzmeisterei praktizierte getrennte Kontenführung schien mir vertretbar.*« Acht Tage vor Heiligabend dann wird in einer Sondersendung des ZDF das Ausmaß der Bescherung zumindest annähernd deutlich. Kohl erklärt, nicht wirklich kleinlaut, höchstpersönlich undeklarierte Spenden in Höhe von rund zwei Millionen Mark entgegengenommen zu haben. Die Stifter der milden Gaben aber nennt er nicht. Große Empörung, auch in den eigenen Reihen. Auf einmal ist der nach der Bundestagswahlschlappe zum Dasein als parlamentarischer Hinterbänkler Verdammte wieder Hauptakteur auf der politischen Bühne. Die Normalität kehrt zurück. Für Kinkerlitzchen wie das Memoirenschreiben, lässt er mich wissen, hat er jetzt keine Zeit.

Aber er möchte sich rechtfertigen. Er sieht sich als Opfer einer Kampagne. Beim politischen Gegner, in der eigenen Partei und erst recht in den Medien. Aus seiner Sicht hat er doch nur der guten Sache, seinem Lebenswerk, der Union, gedient. Im Februar 2000 ruft er mich an. »*Wir müssen neu denken*«, sagt er und bittet um ein Arbeitstreffen in Oggersheim. Er will der Welt, die ihn verdammt, eine Verteidigungsschrift vorlegen. Eine Woche später sitzen wir in der guten Stube der Kohls. Er ist niedergeschlagen. Seine Frau ist es nicht minder. Ich rede auf ihn ein, dass er, wenn er sich an ein Buch über die Monate seit Bekanntwerden der Affäre mache, dann auch reinen Tisch machen – das bedeutet: die Spender beim Namen nennen – müsse. Alles andere sei Stückwerk, nie und nimmer ein glaubhafter Schritt nach vorn. Hannelore stimmte mir zu. Er aber wich keinen Zentimeter vom Kurs der Selbstzerstörung ab. »*Kein Mensch wird es je erfahren.*«

Da schien nichts zu machen. Vermutlich wäre es am besten gewesen, unverzüglich den Heimweg anzutreten. Aber – es fällt nicht leicht, dies einzugestehen – ich war zu diesem Zeitpunkt geradezu besessen von der Idee, als Historiker das bewegte Leben des Staatsmanns und Parteistrategen zu dokumentieren. Ich saß nun einmal, so nah wie kein anderer, direkt an der Quelle. Außerdem hatte ich, was die beabsichtigte Apologie betraf, einen Plan B, der freilich hart ans Schwejksche grenzte. »Herr Bundeskanzler«, sagte ich, wissend, dass er Wert auf diese Anrede legte, »wir schreiben ein Tagebuch.« Natürlich hat er niemals eines geführt. Aber ließe sich solch ein Diarium nicht auch im Nachhinein anlegen? Eine Montage aus Terminkalendernotizen, Interviewpassagen, Reden, Arbeitspapieren, Presseverlautbarungen aus den Jahren 1998 bis 2000, angereichert durch das eine oder andere Statement aus erster Hand, könnte dem Leser das Gefühl geben, dem Altkanzler direkt in die geschundene Seele zu schauen. Ein Paukenschlag als Vorspiel zur vertraglich vereinbarten Autobiographie, die sich ja, schon wegen des Vorschusses, nicht bis ans Ende der Tage verschieben ließ. Kohl war höchst angetan. Und ich stand vor der wohl größten Herausforderung meiner Laufbahn als Autor.

Binnen kürzester Zeit galt es das Kunststück zu meistern, die Akribie des historischen Wissenschaftlers mit journalistischer Chuzpe zu einen. Das war ein gewagter Spagat. Ich befragte Referenten, Büroleiter, Juristen, vergrub mich im Archiv der Konrad-Adenauer-Stiftung, sichtete Pressemeldungen, um die Lebensereignisse meines Meisters von Tag zu Tag zu rekonstruieren und in Rollenprosa zu bringen, die – dem Sujet geschuldet – gelegentlich ein wenig holzschnittartig ausfallen musste. Im Zuge meiner Recherchen entdeckte ich etwa eine meinungsfreudige Ansprache vom September 2000, in der Kohl im Berliner Tränenpalast mit den deutschlandpolitischen Visionen der SPD vor dem Mauerfall abgerechnet hatte. Aber wie um Himmels willen baut man diesen Text ein – in ein Tagebuch? Ich entscheide mich für die Formulierung: »Und weil es mir so wichtig ist, zitiere ich wortwörtlich aus meiner Rede.« Nun denn.

Ich lasse die für ihn bedeutsamen Erlebnisse der vergangenen zwei Jahre Revue passieren: Freitag, 11. Dezember 1998. »Wien. Die Staats- und Regierungschefs der Europäischen Union ernennen mich zum Ehrenbürger von Europa.«

Auch die feierliche Verleihung der Millenniums-Medaille im September 2000 durch den, jedenfalls aus heutiger Sicht, höchst zwielichtigen ungarischen Ministerpräsidenten Viktor Orbán, wird selbstverständlich notiert: »Er würdigt mich in einer sehr persönlich gehaltenen Rede, in der er den Preisträger in eine Reihe mit Bismarck und Adenauer stellt.«

Trauriges kommt ebenso zur Sprache. Raissa Gorbatschows Krebstod am 20. September 1999. Die bizarre Begegnung mit einer Chruschtschow-Tochter beim Begräbnis drei Tage später: »Ich gehe auf sie zu und versuche, mit ihr ins Gespräch zu kommen. Sie reagiert sehr ängstlich und zieht sich zurück. Doch als wir später zu unserem Auto zurückkehren, kommt sie direkt auf mich zu und bedankt sich bei mir, dass ein deutscher Staatsmann sie am Grab ihres Vaters angesprochen hat.«

Behutsam klingt gelegentliches Privates an: Dienstag, 11. April, bis Samstag, 29. April 2000. »Auch in diesem Jahr verzichte ich nicht auf meine Fastenkur in Bad Gastein. Hannelore hält sich unterdessen in Bad Wiessee auf. Der Urlaub tut mir richtig gut.«

Kohl attestierte anerkennend, ich hätte seinen Duktus getroffen. Das tat gut. Die Beschreibung der ersten Weihnacht, des ersten Jahreswechsels nach dem Verlust der Macht, scheint mir – beim Wiederlesen nach über zehn Jahren – ganz besonders gelungen, diese Mixtur von Erleichterung und Wehmut: »Es ist ein anderes, ein ganz privates Weihnachtsfest in diesem Jahr. Entspannung wird großgeschrieben. Zum ersten Mal empfinde ich den Jahresausklang als außerordentlich angenehm. [...] Von vielen Bürgern – auch aus den neuen Bundesländern – wird meine Silvesteransprache vermisst, vor allem der Schlusssatz: ›Gott segne unser deutsches Vaterland‹.«

Bei allem Hang zum Erhabenen durften natürlich auch die Abstecher ins Triviale nicht fehlen: 8. September 1999. »Hannelore und ich sind bei der Gala-Veranstaltung zur Verleihung des ostdeutschen Medienpreises ›Goldene Henne‹ im Berliner Friedrichstadtpalast. Ich erhalte die Auszeichnung für meine Verdienste um die deutsche Einheit. Großer Applaus.«

Dieses Tagebuch war ein gewagtes Konstrukt, gewiss – aber eine historisch aufschlussreiche Momentaufnahme trotzdem. Denn das Ganze basierte natürlich nicht zuletzt auf einer Reihe von eingesammelten und in den Text direkt eingebauten Selbstaussagen, die Kohls Befindlichkeit, seine Selbstwahrnehmung, seine Verteidigungslinie in den Monaten des Spendenskandals offenbaren. Das Muster ist zumeist einfach: Schuld sind eigentlich immer die anderen. Der perfide Geißler, der nun die Stunde der Rache an seinem einstigen Gegenspieler gekommen sah. Er habe ihn 1989 schließlich als Generalsekretär geschasst. Rita Süssmuth, sagt er, mache vor allem deswegen Stimmung, weil sie einmal Landesmutter von Thüringen habe werden wollen. Das Ansinnen freilich sei, dem Himmel sei Dank, an seinem Veto gescheitert, weil er instinktiv gespürt habe, dass die Bewerberin nichts tauge. Wer Kohl kritisiert in diesen Tagen, lesen wir, der kocht sein eigenes Süppchen, der nutzt nur die lang ersehnte Gelegenheit, um alte Rechnungen zu begleichen. Richard von Weizsäcker, Angela Merkel: Geschöpfe, einst von Kohl am Busen der Partei genährt – und nun von grobem Undank beseelt.

Der politische Gegner kommt nicht besser davon. Burkhard Hirsch, der Altliberale, der hartnäckige Sonderermittler des Bundeskanzleramts: ein ewig Zukurzgekommener, den er, Kohl, aus gutem Grund nicht habe Bundesinnenminister werden lassen – und der ihm das jetzt heimzahle. Franz Müntefering: ein »ideologischer Einpeitscher«, der den »rotgrünen Zug weiter in Richtung Kriminalisierung und Verleumdung von Helmut Kohl und seinen Leuten« steuert. Von Christian Ströbele, für die Grünen mit bekennender Renitenz im Ausschuss, ganz zu schweigen. Eine Unverfrorenheit, dass er überhaupt da sitzt! »1982 verurteilte ihn das Berliner Landgericht wegen Unterstützung einer kriminellen Vereinigung zu zehn Monaten Haft. Ausgerechnet dieser Mann also.«[2] Einmal mehr: Er hat sich alles gemerkt.

Kohl fühlt sich eingekesselt von einer Allianz der Ehrabschneider, betrogen um den Lohn fürs Lebenswerk: Sonntag, 16. Juli 2000. Die Vorbereitungen für den großen Staatsakt zum zehnten Jahrestag der deutschen Einheit am 3. Oktober in Dresden sind abgeschlossen. Der Name Kohl taucht nicht auf. »Die Hauptplaner dieser Festveranstaltung – Bundespräsident Rau, Bundesratspräsident Biedenkopf, Bundestagspräsident Thierse und

Bundeskanzler Schröder bekunden keinerlei Interesse daran, mich als Redner einzuladen. Alle vier Politiker haben ihre eigenen Gründe. In einem Punkt sind sie sich jedoch einig: möglichst Sorge dafür zu tragen, dass man von Helmut Kohl im Zusammenhang mit der deutschen Einheit nicht mehr allzu häufig redet.« Dass er selber eine Menge zu seiner Isolation beigetragen hat, sieht er nicht.

Dünnhäutig ist er geworden. Manchmal auch sensibel. Den Bruch mit Wolfgang Schäuble etwa hat er wohl wirklich niemals verwunden. Wenn er von den Stunden am Krankenbett erzählt, damals nach dem Attentat, als der Schwerverletzte dem Tod näher schien als dem Leben, dann scheint das ganze Hauen und Stechen vergessen. Die Freundschaft, die »brüderliche Beziehung«, ist spätestens über der Aufklärung des Spendenskandals zerbrochen für immer. Im Büro des Kanzlers fiel Schäubles so oft zitierter Satz: »Helmut, ich habe schon zu viel meiner knapp bemessenen Lebenszeit mit dir verbracht.« Da sollte kein Gras mehr wachsen. Aber den so lang getreuen Gefolgsmann aus Baden kanzelt er nicht ab. Dem trauert er nach. Er weiß wohl, dass auch er Schuld auf sich geladen hat: »Ich habe Fehler gemacht, ohne es zu wollen, vor allem im psychologischen Bereich. Möglicherweise war aber auch meine schiere Existenz für Wolfgang Schäuble eine Belastung.« Die Einschätzung ist ebenso klug wie ichbezogen.

Auch jetzt, da er tief in der Tinte sitzt, kann er vom Glauben an die eigene Bedeutsamkeit nicht lassen. Er führt sich auf wie ein Feudalherr in notgedrungen aufgeklärten Zeiten. Weil er in den Wochen des Spendenskandals sauer auf seine Kollegen ist, zieht es der Abgeordnete Kohl vor, in der Zeit des starken Gegenwinds nicht an den Sitzungen des Bundestags teilzunehmen. Für die *Tagebuch*-Gemeinde formuliert er, unfreiwillig selbstentlarvend: »Ich zeige mich schon seit Wochen nicht mehr in der

Fraktion.« Einer wie er schwänzt nicht, er zeigt sich den Seinen einfach nicht mehr.

Ein Durchschnittsabgeordneter ist stolz wie Oskar, wenn er wenige Sekunden in den Fernsehnachrichten auftauchen darf. Kohl aber diktiert mir unter dem Datum des 16. Dezember 1999 in sein *Tagebuch:* »Ich entschließe mich zu einer öffentlichen Erklärung. Dafür suche ich die größtmögliche Plattform, und das kann nur das Fernsehen sein. Das ZDF bietet mir am gleichen Abend einen Fernsehauftritt in der Reihe *Was nun…?* an.« Die öffentlich-rechtliche Anstalt als Erfüllungsgehilfe eines strauchelnden Ex-Regenten, der, weil er eine Botschaft an sein Fußvolk richten möchte, ein letztes Mal die Strippen zieht: »Ich suche mir die größtmögliche Plattform!« Der Sender steht stramm und ändert das Programm. Kohl, einst Mitglied des ZDF-Verwaltungsrats, ist es nicht anders gewohnt.

Heute frage ich mich manchmal: Warum hast du da nur mitgemacht bei einer Unternehmung, die, nüchtern betrachtet, der Beschönigung einer Straftat, des bewussten, ja vorsätzlichen Verstoßes gegen das Parteiengesetz diente? Die Antwort fällt schwer – und ist dennoch ziemlich einfach. Die Aussicht auf gewaltige Bucherlöse war es gewiss nicht. Die sind ausschließlich an Kohl geflossen. Wenn ich meine Arbeitsstunden und Auslagen zusammenzähle, lande ich in einer Leichtlohngruppe. Nein, ich war neugierig auf den großen Zampano, über den, mehr noch: *mit* dem ich nun schon seit Jahren gearbeitet hatte. Ich hoffte, dem System K., wie ich es in meinen Notizen nenne, diesem virtuos trickreichen Spiel mit der Macht endlich auf den Grund zu kommen.

Vor allem aber, frei heraus gesagt: Irgendwie mochte ich diesen Kerl, der niemals unnahbar war, dafür temperamentvoll und cholerisch. Ein Kämpfer, aber kein Scharfmacher. Als Patriot pathetisch, als Katholik liberal. Und anders als mancher seiner Feinde hat er, der Freund des direkten Worts, niemals mit zwei Zungen gesprochen. Kurzum, ich empfand das Bedürfnis, den unsanft aus der Macht Gefallenen beim Abfassen seiner Verteidigungsrede in einem öffentlich nicht immer fair geführten Prozess zu unterstützen. Dass ich dabei in die Rolle des Angeklagten schlüpfen und einseitig Partei ergreifen musste, war mir bewusst.

Das Plädoyer in eigener Sache wäre allerdings noch weit besser gelungen, wenn Helmut Kohl die Herkunft der Spenden nicht unbelehrbar verschwiegen hätte. Ein Tagebuch ist nun einmal Ort der Konfession, und nicht des Versteckspiels. Er hat, selbstgerecht wie er meist war, eine große Chance verpasst. Aber wie dieser Wirkmächtige tickte, wie er sich und seine Mitmenschen – in ebendieser Reihenfolge! – wahrnahm in diesen Tagen, das habe ich, das haben die Leser des *Tagebuchs* eben doch erfahren.

Um die Fassung letzter Hand wurde hart gerungen, und das gleich zu dritt. Der schlachterprobte Dinosaurier hätte die eine oder andere Passage, etwa gegen Merkel, Schäuble oder von Weizsäcker, gern noch ein wenig zugespitzt. Ich war da durchaus auf seiner Seite. Aber wir hatten die Rechnung ohne Frau Hannelore gemacht, die sich aus ihrem abgedunkelten Raum des recht bescheidenen Ferienquartiers energisch einmischte und auf Mäßigung bestand. Ja, gewiss, auch sie lehnte Angela Merkel ab wie kaum eine andere Frau dieser Welt. Aber wozu sei eine Generalabrechnung gut? Schließlich habe auch sie die Folgen all der Anfeindungen zu ertragen. Warum also noch mehr Öl ins Feuer gießen?

Sie, die Stimme der Vernunft, der konstruktive Störfaktor, hat sich – ich räume ein: zu meinem Bedauern! – in den allermeisten Fällen durchgesetzt. Weniger vornehm gesagt: Sie hat uns gequält. Passagenweise blieb kein Stein auf dem anderen. Die ehelichen Dauerappelle zur Abschwächung hat Kohl, der seine Körperschwere augenzwinkernd zum Staatsgeheimnis erklärte, nur durch den Verzehr von gewaltigen Eiskugelbergen ertragen, die sein getreuer Fahrer Ecki Seeber in einer nahegelegenen Gelateria organisierte. Insgesamt fünfunddreißig Tage – ich habe in meinem Kalender nachgeschaut – haben wir redigiert und gestritten. Er lautstark polternd, sie leise und präzis. Die beiden hatten keine gemeinsame Ebene mehr. Und ich stand zwischen den Fronten.

Gearbeitet wurde in Oggersheim, dann aber auch in St. Gilgen. Eine gute Woche habe ich mich, weil das Manuskript einfach nicht fertig werden wollte, in einer kleinen Pension am Wolfgangsee eingemietet. Schlussredaktion im altvertrauten, verstörend schlichten Urlaubsdomizil. Der Verlag, mein Lektor, drängte auf Vollzug, nicht zuletzt weil auch Kontrahent Schäuble für den Herbst 2000 ein aktuelles Erinnerungsbuch angekündigt hatte. Wir standen unter vielfältigem Druck. Dennoch hat Kohl in diesem nachträglich angelegten *Tagebuch* eine Menge von sich preisgegeben. Sein eher feudalistisches Verständnis unseres Rechtsstaats etwa. Niemand darf geltende Gesetze brechen. Aber er, der Kanzler der Kanzler, durfte es, nach eigenem Verständnis, eben doch. Hat er seine kleine, lässliche Sünde – und mehr war die millionenschwere Spendensünde aus seinem Blickwinkel nicht – denn nicht umgehend wieder ausgebügelt? Nachdem die Affäre aufgeflogen war, haben seine Frau und er rund acht Millionen Mark offiziell deklarierter Zuwendungen für die CDU eingetrieben, damit seine Partei die vom verhassten Bundestagspräsidenten Wolfgang Thierse verkündete Geldstrafe ohne Aderlass übersteht. 700 000 D-Mark, beteuert er, habe er aus seinem Privatvermögen beigesteuert, eine Art Ablasszahlung. Jetzt verlangt er Absolution.

Er versteht sich als sein eigener Gerichtsherr. Er beansprucht ganz selbstverständlich das Privileg, seinen offenkundigen

Rechtsbruch mit einer großzügigen Geste ungeschehen zu machen, mit einem lauthals verkündeten Bußgang zum Wohle der Partei. Es hat keinen ganz Armen getroffen. Dem Kanzler außer Diensten winkt ja auch der Millionendeal mit den Memoiren, für die im *Tagebuch,* unter dem Datum des 15. Oktober 1999, schon einmal die Werbetrommel gerührt wird: »Wie in all den Jahren zuvor besuche ich auch in diesem Jahr die Frankfurter Buchmesse. Meine Gespräche mit Autoren und Verlegern bieten mir einen guten Einblick in das Messegeschehen, das ein interessantes Kaleidoskop der intellektuellen Auseinandersetzung in unserem Land ist. Bis ich meine Erinnerungen auf der Buchmesse vorstellen werde, braucht es allerdings noch etwas Zeit.« Aber, versprochen, sie werden bald kommen!

Erst einmal aber hat der Altkanzler Freude an seinem *Tagebuch.* Gewiss, die Partei zeigt sich, was absehbar war, nicht eben begeistert, man fürchtet vor allem ungute Auswirkungen auf die bevorstehende Landtagswahl in Baden-Württemberg. Die Leser freilich finden Gefallen. Auf den Bestsellerlisten liegt der Titel über Wochen ganz vorn. Schäubles Rückschau *Mitten im Leben* wird auf die Plätze verwiesen. Einmal noch ist die alte Rangfolge wiederhergestellt. Der Erfolgsautor will unbedingt weitermachen. »Den Menschen draußen im Lande«, wie er einst gerne sagte, gibt es noch viel zu erklären. Also auf ans Werk, zurück zu den Memoiren! Jetzt saß ich in der Kohl-Falle fest.

Mehr als sieben Jahre, bis zur Fertigstellung des dritten Bandes im Frühjahr 2007, sollte er nun große Teile meines Lebens beherrschen. Ich habe nicht einmal mehr richtig Urlaub gemacht. Ich war stolz, dass er mich brauchte. Alte Freunde geben mir heute zu verstehen, ich hätte mich in dieser Zeit verändert – und das nicht unbedingt zu meinem Vorteil. Intolerant, autoritär, ja laut sei ich gelegentlich geworden. Und eigentümlich konservativ. Vielleicht haben sie recht. Ein Ghostwriter, ein Auftragsschreiber im Dienste der Macht, verinnerlicht die Züge seines Alter Ego, ohne dies selbst zu bemerken.

Allein 2001 haben wir uns einundsiebzigmal getroffen, an den Wochenenden zumeist, weil ich ja werktags einen Fulltimejob beim Fernsehen hatte. Kohl, gern in legerem Cord mit Hosenträgern, hat den Treffen bald ein eigenes Ritual verordnet. Ecki Seeber, sein herzensguter Fahrer, mit dem er über die Jahre rund sechs Millionen Kilometer zurückgelegt hatte, hat mich vom Mannheimer Bahnhof abgeholt und nach Oggersheim gebracht. Dort wurde zunächst einmal – nicht selten quälend lang – Kaffee getrunken, oben im Wohnzimmer. Wir schauten auf die Hammond-Orgel und seine mit Passion gesammelten Ikonen und plauderten über die »Roten Teufel« vom Betzenberg oder den jüngsten Ärger mit der Partei. Auf Kohls Wunsch zugegen war meist auch ein junger Historiker aus der Pfalz, Theo Schwarzmüller, der die Landesgeschichte wie kein anderer kannte und überdies der CDU angehörte. Er sollte uns bei der Arbeit assistieren. Ein bienenfleißiger Mann, der sich aber später, als es ans Schreiben ging, zurückzog. Entgegen meiner Hoffnung war er im Endeffekt keine Stütze für mich.

Dann endlich ging es hinab in den Keller. Unter der Treppe stand ein Flügel, der mit einem riesigen Fell, das vermutlich von einem Bären stammte, abgedeckt war. Ein Knopfdruck aufs Aufnahmegerät und das Frage-Antwort-Spiel begann. Ganz zu Beginn der ersten Sitzung haben wir, chronologisch korrekt, mit dem Elternhaus angefangen, mit Vater Hans aus dem fränkischen Greußenheim, der einer Dreizehnkinderfamilie entstammte. Doch im Nu war mein Gegenüber in seiner Lebensgeschichte auf und davon galoppiert. Ein Helmut Kohl, das wurde schnell klar, lässt sich in kein Erzählkorsett zwängen, der kommt vom Hölzchen aufs Stöckchen, der kämpft sich wild assoziierend durch seine Vita. Gelegentlich haut er mit der

Faust auf den Tisch, um das Gewicht seiner Worte zu untermauern.

Schon bald ist er bei seinem Aufstieg zum Regierungschef in Rheinland-Pfalz angekommen und redet sich in Rage: »*Wir haben dort jeden Ärger mit dem roten Pack erlebt. Nach ein paar Jahren war ich ja Ministerpräsident. Meine Frau kann euch das mit allem Abscheu im Gesicht noch einmal erzählen. Da haben uns die Roten beispielsweise ein, zwei Jahre lang in der Woche mindestens viermal gebrauchte Präservative in den Vorgarten geschmissen mit dem Ergebnis, dass unser großer, wunderschöner Schäferhund aus der Tür rausschoss, die Präservative sofort ins Maul nahm, hin und her schüttelte und damit in der Straße rumlief. Das hat meine Frau immer bis zum Äußersten erregt.*« Merke: Die Bedrohung durch den Weltkommunismus beginnt bereits auf dem eigenen Rasen. – Ich gebe mich keinen Illusionen hin, er wird die Arbeit an seinen Memoiren mit grobem Geschirr angehen. Mit Wattebällchen sollen andere werfen.

Nach etwa zwei Stunden Erinnerungsarbeit rief Hilde Seeber, die Frau seines Chauffeurs, dann stets zum gemeinsamen Mittagessen, oben in der sogenannten Bauernstube. Schweres Mobiliar aus Eiche. An der Wand ein mächtiges Holzkreuz mit Korpus. Und auf dem Esstisch wartete deftige Hausmannskost. Dampfnudeln, in Vanillesauce getaucht, versetzten ihn in wahre Verzückung. Willkommen waren auch Rouladen, Pfälzer Bratwürste, drei Stück Minimum, Feldsalat dazu, Eintöpfe, Blumenkohl mit heller Sauce überzogen. Und von allem bitte reichlich. Sein Appetit konnte gewaltig sein. Ein anderer hätte nach so einer Mahlzeit erst einmal Verdauungsschlaf gehalten. Ihm aber genügten ein oder zwei Tassen Kaffee. Jetzt war er wieder hellwach, kehrte gestärkt zurück ans Lebenswerk und ließ die Reminiszenzen an die große Vorzeit ohne Unterlass sprudeln.

Der Rekorder lief am Nachmittag noch einmal drei bis vier Stunden. Ab halb vier mischte er sich, der bis dato nur gespritzten Apfelsaft trank, eine Riesling-Weinschorle. Zu guter Letzt wurde samstags oft gemeinsam *Sportschau* geguckt. Die geliebte Bundesliga! Danach ließ er uns, wenn ihm danach war, in den Deidesheimer Hof chauffieren, sein Pfälzer Lieblingsgasthaus, in das er einst die Staatsgäste ausführte. Die Belegschaft lag ihm zu Füßen – und ich zahlte die Zeche, ausnahmslos. Anderntags ging es mit dem Zug zurück nach Köln. Aus Angst, bestohlen zu werden, habe ich meine Tonbandkassetten sogar mit aufs Klo genommen – und die Aufnahmen daheim augenblicklich abgehört, um mir Notizen für die nächste Sitzung zu machen, die oft bereits für den folgenden Tag angesetzt war. Die Transkripte unserer Gespräche wurden nur unter dem konspirativen Codewort »Josef Michael«, wie Helmut Kohl mit Zweit- und Drittnamen heißt, abgelegt.

Meine nicht eben einfache Aufgabe bestand vor allem darin, das Gespräch zu strukturieren, den wildwuchernden Mitteilungsdrang meines krisengeschüttelten Gesprächspartners in auch nur halbwegs geordnete Bahnen zu lenken. Denn vorbereitet auf die Gespräche hat er sich eigentlich nie. Er gewährte Audienzen und war ansonsten meist recht faul. *»Über was reden wir denn heut?«,* lautete seine Standarderöffnung. Umso mehr musste ich mich präparieren, Quellenmaterial sichten, die Erinnerungen von prominenten Weggefährten studieren. Referenten und Berater von einst waren um Expertisen zu bitten. Mir oblag es ja auch, die Erinnerungen zu verifizieren. Gewiss, wenn es um Personen ging, schien sein Gedächtnis geradezu elefantös. Noch nach Jahrzehnten hat er die Eskapaden eines Sozialdemokraten parat, der in den Siebzigern dem Kabinett Schmidt angehörte: *»Postminister Gscheidle, der im Puff zusammengeschlagen wurde, was eine große Affäre war.«* Mit der Chronologie aber, dem

Curriculum Vitae, tat er, der bekennende Generalist, sich sichtlich schwer. Da taumelte er durch die Zeitläufte. »*Wann war Ohnesorg und diese Sache?* « – »*Wann ist Brandt zurückgetreten?*« – »*Wann bin ich Ministerpräsident geworden?*« Und wehe, Kollege Schwarzmüller oder ich hatten nicht augenblicklich die Antwort parat. Dann wurden wir wie Schulbuben abgekanzelt. »*Ihr Historiker wisst mal wieder gar nichts!*«

Und doch, bei allem Spott: Er hat nach Nähe gesucht in diesen Monaten seiner vollumfänglichen Lebenskonfession.

Unsere Begegnung am 14. Juli 2001 werde ich wohl niemals vergessen. Hannelore Kohl hatte neun Tage zuvor ihrem Leben ein Ende gesetzt. Eine Woche später wurde im Dom zu Speyer die Totenmesse gehalten. Ich sah unsere Memoirenunternehmung für längere Zeit unterbrochen, wenn nicht gar für immer beendet. Würde er sich von diesem Schlag jemals erholen? Umso erstaunter war ich, als mich ein Mann mit gefestigter Stimme auf dem Handy anrief: »*Gell, Sie schauen am Samstag vorbei?*« Es sollte das intensivste, konzentrierteste Gespräch werden, das ich je mit ihm führte.

Seine Bauernstube hatte der Witwer mit zahllosen Fotos der Verstorbenen geschmückt, und er selbst sah aus wie ein Abbild des Jammers. Er war ungemein herzlich und schweifte, anders als bei allen übrigen Treffen, kein einziges Mal ab von dem Stoff, den er, dieses eine Mal exakt präpariert, abzuhandeln gedachte. Anrührend genau, fast enzyklopädisch, erzählte er aus Hannelores Vita, die unbedingt Platz finden müsse in der Autobiographie. Minuziös blickte er zurück bis weit ins 19. Jahrhundert: Die Großmutter entstammte einer alteingesessenen Patrizierfamilie aus Bremen. Sie ehelichte einen stadtbekannten Notar. »*Er war sehr viel älter als seine Frau und starb standesgemäß an einer Austernvergiftung.*« Die Verbindung hatte zwei Söhne und zwei Töchter gezeitigt, darunter Irene, die spätere Schwiegermutter, die in jungen Jahren in der Reichshauptstadt als Ansagerin beim Deutschen Rundfunk gearbeitet hatte, bevor sie ihren Mann kennenlernte, Wilhelm Renner aus Mutterstadt, der sich in der Metropole Berlin als Ingenieur bei Siemens verdingte. Die beiden bekamen nur ein einziges Kind: seine Hannelore eben. Und damit ist Kohl, nach einem zwanzigminütigen Prolog, beim Thema. Bei der Partnerin über mehr als vier Jahrzehnte, die er nun über den Klee lobt, nicht zuletzt wegen ihrer Bildung. *»Was ihren Kenntnisstand betrifft, lag sie weit über dem Durchschnitt des oberen Drittels des Deutschen Bundestags.«* Das Diktum mag spontaner Ergriffenheit geschuldet sein. Ein Kompliment für das Parlament, das ihn viermal zum Kanzler wählte, ist es nicht.

Mit den Tränen kämpfend – wir schalten das Tonbandgerät oft über Minuten ab –, gedenkt er einer einst *»blendend aussehenden Frau, einer Blondine mit gewaltiger Mähne«*, die das Herz des Abiturienten und CDU-Jungaktivisten Kohl mit selbstverfassten Gedichten im Sturm erobert und damit ein richtig großes Los gezogen habe. *»Im Umfeld unseres Schülermilieus hatte sie den King. Ihr wäre niemand dumm gekommen. Dies ist bis zum heutigen Tag so geblieben. Wer mich verletzen wollte, griff meine Frau an.«* Warum werde ich den Eindruck nicht los, dass er sich gerade an diesem Wochenende in der Rolle des edlen Ritters gefällt? Ob er den Gedanken an die mögliche eigene Mitverantwortung für den einsamen Freitod einfach nicht aushält? Jedenfalls zeichnet er das Bild einer Frau, der das Schicksal – aber eben nicht er – oft übel mitgespielt habe. Die grausam schmerzende Lichtallergie; die herzlosen Bonner Beamten, die der karitativ so aktiven Kanzlergattin nicht einmal eine eigene Sekretärin oder eine staatlich subventionierte Haushaltshilfe konzedierten; all die ignoranten Universitätsfakultäten der Republik, die ihr, der unermüdlich für die Versorgung von Hirnverletzten Kämpfenden, gerade einmal einen einzigen Doktortitel honoris causa verliehen, 1995 in Greifswald. Die Spendenknauser in den Chefetagen der reichen Industriekonzerne – und natürlich Richard von Weizsäcker, der ewige Schuft. *»Sie fand es empörend, wie er sich in der Spendenaffäre verhalten hat.«*

Er selbst, sagt er, sei für die Seine stets *»ein Fels in der Brandung«* gewesen. Und dann, tags darauf, als wir das Gespräch über die Tote fortsetzen, geschieht etwas Ungeheuerliches. Er zieht ein Kuvert aus seinen Unterlagen. Es ist der handgeschriebene Abschiedsbrief seiner Frau. Er liest ihn mir über weite Passagen vor. Er will, dass der Wortlaut publik wird: »Ich habe lange über diesen Schritt nachgedacht, glaube es mir. Es fällt mir sehr schwer, Dich nach über 41 Ehejahren zu verlassen. Aber ein langes Siechtum in Dunkelheit will ich Dir und mir ersparen, zumal die Unheilbarkeit nun leider mehrfach bestätigt wurde. Ich habe viele Jahre um das Natürlichste von der Welt, um Licht und Sonne gekämpft, leider vergebens.« Er würde so gern für die Nachwelt dokumentiert sehen, dass seine Ehe intakt war, dass die gemeinsam zelebrierten Auftritte bei Parteitagen, die trauten, so gern über die Medien verbreiteten Fotos vom Wolfgangsee der Wirklichkeit entsprachen. Der Mythos von Hannelore und Helmut soll weiterleben. *»Und jetzt kommt die Liebeserklärung«*, frohlockt er in tiefer Trauer, an deren Aufrichtigkeit ich nicht zweifle: »Ich danke Dir für viel Hilfe, Zuspruch und Deine Versuche, mein Leben zu erleichtern.« Mit Verlaub: Eine letzte Liebeserklärung klingt anders. Ich bedanke mich für deine »Versuche« – die Wortwahl ist aufschlussreich –, »mein Leben zu erleichtern«: So verabschiedet man – bestenfalls – einen Kameraden.

In den letzten Monaten ist sie kaum mehr die Treppen hochgekommen. Gezeichnet von starken Medikamenten, die sie seit ihrer schweren Erkrankung 1993 einnahm, waren ihr die Haare ausgefallen, auf deren Pracht sie zeitlebens so stolz war. Sie trug eine blonde Perücke. Wie ist sie damit fertiggeworden? »*Für sie war der Verlust des Haares ein furchtbarer Verlust*«, sagt er und macht einen kleinen Scherz, der auf Kosten sowohl seiner als auch meiner Kopflichtung geht: »*Wir können da nicht mitreden, Herr Schwan, und ich schon gar nicht, wenn wir uns im* Spiegel *betrachten.*« Es ist der zehnte Tag nach der Tragödie in der Marbacher Straße, und er kann bereits wieder spaßen. Er signalisiert mir, was ebenso symptomatisch wie wohltuend ist: Wir sind Leidensgenossen. Sitzen wir gar für Momente in ein und demselben Boot, er, der Staatsmann von weltpolitischer Bedeutsamkeit, und ich, sein schreibender Untertan, den er gelegentlich, in der ihm eigenen Mixtur von Anerkennung und Herablassung, »Volksschriftsteller« nennt?

Kohl scheint selbst in der schlimmsten Krise der alte Menschenfänger geblieben zu sein, der seine Zeitgenossen mit einem abrupten Wechsel von Lob und Tadel, von Drohung und Schmeichelei, von Umwerbung und plötzlichem Liebesentzug an sich zu binden verstand – und für die Durchsetzung der eigenen Interessen instrumentalisierte. Wer ihm dienlich ist, darf an der Macht schnuppern, sich als Teil einer großen Mission, als kleines Rädchen im weltweit verzahnten System Kohl begreifen. Aber Gnade dem, der aus seiner Gunst fällt! Auch mir schien, um das Projekt der Memoiren nicht zu gefährden, eine gewisse Vorsicht geboten. Sosehr es mich im Nachhinein schmerzt: Ich habe mir bei unseren Interviews manche kritische Nachfrage verkniffen.

In der dritten Sitzung am 2. April 2001 kam er zum Beispiel empört auf die Ohrfeige zu sprechen, mit der Beate Klarsfeld auf dem CDU-Parteitag Kanzler Kurt Georg Kiesinger wegen dessen NS-Vergangenheit gebrandmarkt hatte, konnte sie nicht recht datieren und bat mich in der ihm eigenen Deutlichkeit um Auskunft: »*Wann hat die Ziege ihn geschlagen?*« Eigentlich hätte ich die suggestive Frage zurückweisen müssen, denn, jenseits der strafrechtlichen Bewertung: Ein gesellschaftlich wichtiges Signal war die Backpfeife der passionierten Nazijägerin ja durchaus. Ich aber bin dem Konflikt, gegen meine Überzeugung, aus dem Weg gegangen und stellte artig unter Beweis, dass ich meine Hausaufgaben gemacht hatte: »Ich glaube, das war 1968.«

Als Ghostwriter kannst du kein Fass aufmachen. Ich habe mich angepasst, die mir ureigene Tugend des Neinsagens aufgegeben. Längst hatte das System K. auch von mir Besitz ergriffen. Ich dachte und fühlte fast schon wie Kohl. Ich lebte in zwei Welten. Eines Nachts träumte ich, er gehe mit Maggie Thatcher ins Bett, um die Eiserne Lady für die Wiedervereinigung zu gewinnen. Die Identitäten verschwammen bedenklich.

Und dennoch möchte ich meine Jahre mit diesem Monument der Zeitgeschichte nicht missen. Die Anfänge der Epoche Adenauer hat er als junger Wilder der CDU begleitet, als Heißsporn in Lederkluft mit dem Motorroller von Versammlung zu Versammlung brausend. Als Ministerpräsident von Rheinland-Pfalz machte er seit 1969 Eindruck als ideenreicher Erneuerer: ein sinnenfroher Pfeifenraucher, der in Mainz einen modernen, bürgernahen Regierungsstil pflegte. Ein liberaler Geist, der mehr Strafgefangene begnadigte als jeder seiner Kollegen im Amt. 1973 zum Bundesvorsitzenden der CDU gewählt, hat er die Seinen, die gerade in der Ära Brandt als Ewiggestrige galten, neu aufgestellt. Wer sich ihm in den Weg stellte, wurde plattgemacht: Die Hartnäckigkeit, mit der er sich etwa des ewigen Kontrahenten Strauß erwehrte, sucht ihresgleichen. Als Kanzler dann, ab 1982, war er gewiss nicht immer strahlend, aber wirkmächtig wie wohl kein Zweiter zuvor.

Vor mir, im Oggersheimer Keller, saß der Kronzeuge eines halben Jahrhunderts, der am Ende seiner politischen Vita auspacken wollte. Ein Rückblick auf eine Karriere, gespickt mit reichlich Affären, mit »*Zores*«, wie er gern sagte, im Politischen wie im Privaten. Ob Flick oder Bitburg, ob Kießling/Wörner oder die Tage des Spendenskandals: Alles kommt auf den 200 Bändern ausgiebig zur Sprache. Da offenbarte sich in Selbstzeugnissen die Geschichte eines beispiellosen Aufstiegs und eines jähen Falls. Welch ein Stoff tat sich da auf, den mir Helmut Kohl zur Bearbeitung überließ. Er wollte sein Leben aus seiner eigenen Sicht aufgeschrieben wissen. Diesem letztlich testamentarischen Auftrag fühle ich mich bis heute verpflichtet, trotz allem, was in der Zwischenzeit vorgefallen ist.

Den Monaten der raumgreifenden, gelegentlich düsteren, manchmal auch komischen Gespräche folgte Kärrnerarbeit in geradezu mönchischer Klausur. Weil ich mich bei der Arbeit an den Memoiren nicht allein auf die Kohlsche Selbstdarstellung verlassen konnte, musste ich umfangreiches Aktenmaterial zu Rate ziehen, dessen Zugang mir Kohl, selbst studierter Geschichtswissenschaftler, schon bald mit Freimut ermöglichte. Nach einer eingehenden Sicherheitsüberprüfung, die den Leumund, den Lebenswandel von mir – und sogar meiner Frau – zu durchleuchten versuchte, erhielt der in Betzdorf/Sieg geborene »Schwan, Dr. Heribert vom WDR für Büro BK a.D. Dr. Kohl« vom Bundeskanzleramt per Dekret vom 17. Dezember 2001 die mit Dienstsiegel verbürgte Ermächtigung »zum Zugang zu Verschluss-Sachen bis einschließlich des Geheimhaltungsgrades GEHEIM«.

Das kam einem Ritterschlag gleich. Als erster Journalist und Historiker überhaupt konnte ich Quellen einsehen, die noch für Jahrzehnte kein Kollege zu Gesicht bekommen wird: die Kabinetts- und Fraktionsprotokolle, die vertraulichen Mitschriften der Viermächtegespräche über die Einheit, die haarklein abgetippten Telefongespräche mit den Großen der Welt, die eigentlich immer in Gegenwart eines Dolmetschers geführt worden waren. So sprach Kohl mit Gorbatschow, Reagan und Bush, aber auch mit Arafat, der beim Kanzler, beinah unterwürfig und mitleiderregend, um finanzielle Unterstützung der Palästinenser bat.

Auch die Archive der Partei öffneten sich. Sogar Kohls Stasi-Akten, für deren Geheimhaltung er so erbittert und letztlich erfolgreich gekämpft hat, konnte ich komplett einsehen. Die Originalunterlagen wurden aus dem Bundeskanzleramt in Helmut Kohls Abgeordnetenbüro gebracht und im dortigen Tresor verwahrt. So konnte ich vor Ort exzerpieren, inhaltliche Zusammenfassungen anfertigen. Andere Materialien wurden per Kurier nach Oggersheim geschickt. Damit ich jederzeit Einsicht nehmen konnte, einerlei ob der Hausherr nun anwesend war oder nicht, bekam ich sogar einen Schlüssel für die Einliegerwohnung im Keller. Die vor dem Haus diensttuenden Sicherheitskräfte waren angewiesen, mir rund um die Uhr Zutritt zu gewähren.

Dergestalt mit einer formidablen Innenansicht der Macht ausgestattet, begab ich mich – meist an den Wochenenden, oft auch abends, wenn das durchaus aufreibende Tagesgeschäft beim WDR erledigt war – an die Niederschrift der Lebenserinnerungen. Hatte ich hundert Seiten beisammen, fuhr ich mit meinem Manuskript zur Begutachtung nach Oggersheim. Vorab lesen wollte Kohl nichts. Ihm war es wichtig, Zeile um Zeile gemeinsam durchzusehen. Um sicherzugehen, hatte der ewig Misstrauische stets auch noch einen seiner persönlichen Referenten einbestellt. Schließlich galt es, für die Ewigkeit zu formulieren. So saßen wir im Wohnzimmer bei viel Kaffee und lasen Korrektur. Das Tempo konnte sich sehen lassen. Wir haben meist dreißig Seiten pro Stunde geschafft. Er war ungemein konzentriert bei der Sache. Zu meiner Überraschung wurde das meiste wohlwollend durchgewunken, nur gelegentlich hatte er kleinere Bitten um Korrektur. Und am Ende gab es dann ein ermunterndes Lob: *»Das hast du fein gemacht, Volksschriftsteller!«*

Schließlich sind aus den ursprünglich angepeilten 800 Seiten mehr als das Dreifache geworden: drei Bände Kohl. Zusammen bringen sie 4100 Gramm auf die Waage, mehr als das Durchschnittsgewicht eines frischgeborenen Säuglings. Dabei ist das Werk noch nicht einmal komplett. Die bislang publizierten Erinnerungen reichen nur bis ins Jahr 1994, obwohl die Vita bis ins Jahr 2002 abgerufen und dokumentiert ist. Nun aber werden der aussichtslose Kampf gegen Gerhard Schröder, die Abwahl 1998, die Spendenaffäre, der Tod Hannelores vermutlich für immer weiße Flecken bleiben. Die Gründe hierfür liegen weder beim Altkanzler noch bei seinem Chronisten. Die Ursachen für das dramatische Scheitern der Autobiographie, die ohne Not zum Fragment werden musste, sind bei Maike Richter – seit Mai 2008: Maike Kohl-Richter – zu suchen. Sie hat die Vollendung des historisch bedeutsamen Memoirenprojekts verhindert, als es bereits auf der Zielgeraden war.

Irgendwann – ich denke, es war im Herbst 2003 – klingelte mein Handy. Damit nahm die Tragödie ihren Lauf. Kohl bat mich, am nächsten Tag eine promovierte Wirtschaftswissenschaftlerin in die Durchsicht der Autobiographie einzubinden. Ich akzeptierte gerne. Wir konnten schließlich jede Unterstützung brauchen, gerade in Fragen der Weltökonomie. Am nächsten Morgen stellte er sie mir vor: Maike Richter. Die beiden kannten sich, seit sie von 1994 bis 1998 Beamtin im Bundeskanzleramt war. Eine nicht unattraktive Frau aus dem Siegerland, Jahrgang 1964, die schon als Schülerin der Jungen Union angehört hatte. Sie kannte sich im Bungalow des Witwers augenscheinlich aus und machte keinen Hehl daraus, dass sie dem Hausherrn in besonderer Weise zugetan war. Während wir arbeiteten, kraulte sie dem Altkanzler immer wieder das schütter gewordene Haupthaar. Gelegentlich allerdings befasste sie sich auch mit dem Manuskript und hakte ebenso urplötzlich wie ah-

nungslos ein. Eugen Gerstenmaier, der schreibe sich doch mit
»ei«; ich bestritt dies entschieden. Sie aber beharrte auf ihrem
Irrtum. Und der vernarrte Riese schaute, um Rat flehend, hinüber zu seinen Ikonen. Sie aber wollte sich in Szene setzen.

Das Elend erstreckte sich über Stunden. Sie war mehr als konservativ, geradezu deutschnational gesonnen und verlangte nach
lobenden Worten für Strauß. Die Richtigkeit mehrfach über-
prüfter Daten wurde in Abrede gestellt, eine Kommasetzung
nach dem Gießkannenprinzip eingefordert. Und das mit einer
Unbelehrbarkeit, die ihresgleichen suchte. Gegen Ende der Sitzung kam das Gespräch auf die Charaktereigenschaften von
Hannelore Kohl, ihre Geradlinigkeit, ihr soziales Wesen. Ich hatte all das in meinem Text herausgestellt. Maike Richter war empört. Ihr Freund aber sagte, sichtlich erbost, nur den einen Satz.
»Das stimmt, und das bleibt so!«

Ich habe dann das Haus sehr bald verlassen und entnervt die
Heimreise angetreten. Ich saß im Zug und konnte es einfach
nicht fassen: Über Jahrzehnte hatte Kohl oft hart, brutal und
giftig über die Frauen geherrscht. Und nun plötzlich herrschte
ein solches Weib über ihn. Sie hat nahezu sein gesamtes Umfeld
eliminiert. Der alte Fahrer Ecki Seeber und seine Frau Hilde:
vertrieben. Sogar die Raumpflegerin Angelika V., die in der Berliner Bleibe Dienst tat, wurde in die Wüste geschickt. In einem
Brief äußerte sie die Vermutung, Kündigungsgrund sei der Umstand, dass sie es versäumt hatte, Frau Maike Richter mit ihrem
Doktortitel anzureden. Der einstige Lenker der Republik wurde,
dieses Eindrucks konnte ich mich nicht erwehren, nunmehr selber mit recht harter Hand regiert. Warum musste sich das
Schicksal so bitter an Helmut Kohl rächen?

Am nächsten Tag rief ich an: »Herr Bundeskanzler, so macht
die Arbeit keinen Sinn. Das halte ich nicht aus. Ich werde nicht
mehr kommen. Meine Texte schicke ich mit der Post.« Dann

könne er das Manuskript mit seiner Freundin daheim bearbeiten. Das traf ihn unerwartet. Doch offenbar hatte es in Oggersheim eine häusliche Aussprache gegeben. Jedenfalls lenkte er ein: »Nein, Maike Richter wird nie mehr dabei sein. Aber du kommst bitte in vierzehn Tagen wieder.« Und so geschah es dann auch. Die neue Frau an seiner Seite hat meines Erachtens keinen einzigen Beitrag für die drei Bände der Memoiren geleistet.

So haben wir denn weitergemacht. Maike Richter freilich hat mir meine Intervention wohl niemals verziehen. Die Stimmung beim Mittagessen, das wir oft gemeinsam einnahmen, war jedenfalls eisig. Nein, wir mochten uns nicht. Der Alte aber konnte sein privates Glück von der professionellen Arbeit an den Memoiren gut trennen. Der erste Band erschien im März 2004, schaffte es von null auf eins in der *Spiegel*-Bestsellerliste und wurde selbst von weiten Teilen der Kritik mit Wohlwollen beurteilt. Helmut Kohl hat sich dafür Monate später rührend revanchiert. Irgendwie hatte er mitbekommen, dass ich im Dezember meinen sechzigsten Geburtstag feiern würde. Ein paar Wochen davor hat er mir in einem Tonfall, der kaum Widerspruch zuließ, mitgeteilt, dass er selbstverständlich erscheinen und natürlich auch reden würde. Ich schrak ehrlich zusammen. Der Kanzler der Einheit auf meinem Geburtstag? Wie sollte ich das erklären? Selbst engste Freunde wussten doch nichts von meinem Doppelleben als Ghostwriter. Und dann auch noch ausgerechnet Kohl!

Er ließ sich, halbherziger Widerrede zum Trotz, von seinem Vorhaben nicht abbringen. Mein alter Kumpan Rupert Neudeck, der sanfte grüne Rebell, schaute reichlich verwundert, als vor der Tür des Lokals am Rhein eine kleine Eskorte mit Blaulicht auftauchte und wichtige Männer mit betont unauffälligen Knöpfen im Ohr ihren Autos entstiegen. Wenig später erschien der Kanzler a.D., setzte sich zu mir und klopfte, kaum war die Suppe gegessen, mit seinem Löffel ans Weinglas. Gleich zu Beginn hub er an, »ein paar Worte des Dankes für viele Begegnungen zu sagen«. Dann pries er auch noch all die Arbeitszeit als Buchautor, die ich »Helmut Kohl gewidmet« hatte. Mir stockte der Atem. Er würde jetzt doch nicht plaudern? – Er ließ es, dem Himmel sei Dank, bleiben. Dafür griff er nun zu ganz großem Pathos: »Es ist etwas, was ich gerne sagen möchte, weil ich das wirklich bezeugen kann aus der Nähe: Heribert Schwan ist echter Patriot.« Nur dass ich dennoch an diesem Abend italienischen Wein statt deutschen servierte, hat er dann doch »mit einem gewissen Stirnrunzeln festgestellt«. Am Ende des Toasts die guten Wünsche: »Gesundheit, die Erfüllung und – allmählich wird es ja wieder in Deutschland modern, das zu sagen: Ich wünsche Ihnen Gottes Segen.« Herzlichem Beifall folgte betretenes Schweigen. Ich war den Tränen nah und zugleich ein wenig peinlich berührt.

Einer Arbeitsbeziehung bekommen Sentimentalitäten nicht immer gut. Wir waren mittlerweile erprobte Teamworker. Nicht mehr und nicht weniger. Ich wusste, wie er sich zeigen wollte, und hatte die Kohlsche Langatmigkeit längst zum eigenen Erzählprinzip gemacht. Im Herbst 2005 erschien Band 2 der Erinnerungen. 1134 Seiten habe ich am Ende benötigt, um die acht Jahre vom Beginn seiner Kanzlerschaft bis zu den ersten freien Volkskammerwahlen in der DDR zu beschreiben, bei denen die Christdemokraten triumphierten. Meine Arbeitstechnik hatte sich verändert. Ich griff jetzt weniger auf meinen Tonbandschatz zurück, sondern interpretierte die unzähligen, mir frei zugänglichen Akten. Der Duktus war staatstragender geworden. Da war für seine Temperamentsausbrüche im heimischen Keller zunehmend weniger Platz. Aber die akribische Dokumentation der Audioprotokolle, daran bestand für mich kein Zweifel, war nur ein wenig aufgeschoben. Ich würde das zu gegebener Zeit nachholen.

Das Erzähltempo der Memoiren verlangsamte sich weiter. Zwar umfasste Band 3, vorgelegt im November 2007, nur knapp 800 Seiten, die aber jetzt gerade einmal noch für die Abhandlung von vier Jahren reichten: vom deutsch-deutschen Einigungsvertrag bis zu seiner letzten Wiederwahl als Kanzler im November 1994. Kohl wollte nun die Erlebnisse jeder Dienstreise, jede parteiinterne Querele aufgenommen wissen. Er hatte sich verändert in den vergangenen Jahren. Nun hatte er nicht nur der Nachwelt, sondern auch seiner weit jüngeren Freundin die eigene Bedeutsamkeit zu zeigen. 2005 haben sie ihr Glück publik gemacht. Der Bungalow in Oggersheim, in dem ich die ersten Kapitel des dritten Teils vorlas, war schon bald danach nicht mehr wiederzuerkennen. Stück für Stück verschwanden Hannelore Kohls Fotos von den Wänden. Das Grab im benachbarten Friesenheim verwahrloste. Als wir den ersten Band druckfertig machten, hatte Helmut Kohl noch gesagt, dass – was immer geschehe – jede Folge seiner Erinnerungen mit ein und denselben zwei Worten beginnen werde: »Für Hannelore«. Das freilich soll Maike Richter, wie sie bis zum Mai 2008 hieß, flugs unterbunden haben: In Folge drei blieb der Platz für die Zueignung leer.

Immerhin durfte dieses Werk noch erscheinen. Dann aber – die ersten 350 Seiten des abschließenden vierten Bandes waren schon fertig – geschah im Februar 2008 jener fatale Unfall, der Kohls weiteres Leben so dramatisch verändern sollte. War es ein Sturz auf den Hinterkopf? War es ein Infarkt? Er kann jedenfalls kaum noch sprechen. Er ist ein Pflegefall, fast wie ein gewaltiges, hilfloses Kind. In der Kapelle einer Heidelberger Reha-Klinik wird im Mai 2008 eilends die Trauung vollzogen. Am 10. Oktober 2008 bin ich das letzte Mal bei ihm. Wir wollen über eine internationale, einbändige Ausgabe der Erinnerungen sprechen. Aber er ist längst nicht mehr Herr seiner selbst. Nach einer halben Stunde breche ich auf. Beim Abschied ringt er nach Worten, sein Gesicht ist verzerrt. Er schaut aus dem Rollstuhl erst zu mir, dann zu der Frau, die er lieb hat, und sagt: »Ich möchte, dass ihr euch vertragt.« Wir nicken uns mit betretener Miene zu. Doch der Waffenstillstand hält nur ein paar Wochen.

Wegen eines Fernsehinterviews, das ich mit ihm, lange vor seinem schweren Sturz, für eine ambitionierte ARD-Dokumentation über die Bonner Republik geführt hatte, kommt es zum Streit mit Maike Kohl-Richter. Für das Begleitbuch zum mehrteiligen Film, in dem die führenden Köpfe zum sechzigsten Geburtstag der Bundesrepublik Rückschau hielten, waren natürlich auch Auszüge aus dem Fernsehgespräch mit dem Kanzler der Einheit vonnöten. Der war mit dem ganzen Projekt, das er mit seinem Faible für Geschichte sehr schätzte, von Beginn an einverstanden. Wir hatten mehrfach ausgiebig darüber gesprochen. Bei der Bearbeitung seiner Aussagen hätte ich freie Hand, hatte er versichert. Dennoch habe ich – nicht zuletzt, um meine Bereitschaft zu einem fairen Miteinander zu unterstreichen – die Aussagen, die ich ins Buchmanuskript zu übernehmen gedachte, zur Autorisierung nach Oggersheim geschickt. Das sollte sich rächen.

Ich bekam umgehend Antwort – von der neuen Chefin im Hause Kohl. De facto verlangte sie eine komplette Neufassung. Sie verkehrte wesentliche der mit der Fernsehkamera dokumentierten Aussagen ins schiere Gegenteil. Und überhaupt, ihr Mann komme bei dem Ganzen nicht gebührend zur Geltung. Die allermeisten ihrer Änderungsbegehren waren unter publizistischen wie wissenschaftlichen Gesichtspunkten unakzeptabel. Mein Co-Autor Rolf Steininger, Universitätsprofessor für Zeitgeschichte in Innsbruck, sah das nicht anders. Darum bestanden wir darauf, die Originalversion verwenden zu dürfen, zumindest in groben Zügen. Sie lehnte ab. Daraufhin schrieb ich an Helmut Kohl, dass ich mich außerstande sähe, die Arbeit an den Memoiren fortzusetzen, sollte er den Text nicht freigeben. Der Tonfall wurde rauer, und ein Wort gab das andere. Da die Zeit drängte, habe ich mich zähneknirschend auf eine nicht eben befriedigende Kompromisslösung eingelassen. Aber das Betriebsklima war nachhaltig gestört, jetzt, da Maike Kohl-Richter das Sagen hatte und den Nachlass des Bundeskanzlers a.D. zu Helmut Kohls Lebzeiten verwaltete.

Anfang 2009 ließ sie den endgültigen Bruch vollziehen: Kohls Anwalt schaltete sich ein und teilte mir knapp mit, dass meine Mitarbeit an den Memoiren mit sofortiger Wirkung beendet sei. Gründe hierfür nannte er nicht. Juristisch hatte ich kaum eine Chance, dagegen vorzugehen. In Kohls Kontrakt mit dem Verlag, der für mich einem Knebelvertrag gleichkam, heißt es: »Der Autor ist jederzeit berechtigt, die Zusammenarbeit mit Herrn Dr. Schwan zu beenden und einvernehmlich mit dem Verlag einen Ersatz für Herrn Dr. Schwan zu bestimmen.« Dieser Ersatz freilich wurde bis zur Stunde nicht gefunden. Das dürfte kein Zufall sein. Die neue Frau an seiner Seite hat offenbar kein Interesse an einer Auseinandersetzung mit den Jahren 1995 bis 2002, die wir uns für den vierten Band vorgenommen hatten. Das war die Zeit des allmählichen Abstiegs, der späten Affären. Sie aber will wohl lieber Glanz und Ruhm, die Erotik der Macht. Und sie verlangt, darauf deutet alles für mich hin, nach der alleinigen Deutungshoheit über Helmut Kohls Leben.

Das traurige Ende der Autobiographie ist nur ein Beispiel von vielen. Dahinter steckt Methode. Der Regisseur und Drehbuchautor Thomas Schadt hat im Jahr 2006 für ein Fernseh-Dokudrama über den »Mann aus der Pfalz« ein dreißigstündiges Interview mit Kohl aufgezeichnet. Daraus wurde im Braintrust des Produzenten Nico Hofmann das Drehbuch entwickelt. Die Verhandlungen um dessen Freigabe, die, wie einem Essay Schadts zu entnehmen ist, in letzter Konsequenz von Frau Maike gesteuert wurden, erstreckten sich über beinahe zwei Jahre. Dreimal musste das Skript umgeschrieben werden. Dann endlich, im Oktober 2008, konnten die Dreharbeiten der Spielszenen beginnen, die schließlich, wie abgesprochen, im Schnitt mit den Originaltönen der Gespräche verwoben wurden. Der Film war fertig. Doch dann, im März 2009 – das war die Zeit, in der auch unser Autobiographieprojekt sein Ende fand –, ließ Maike Kohl-Richter wissen, dass ihr Mann und sie einer Verwendung der Interviews innerhalb des Dokudramas nun doch nicht zustimmen wollten.

Da soll, so scheint es mir, ein Lebenswerk unter Verschluss genommen werden. Die zukünftige Witwe nimmt das geistige Erbe vorsorglich in Gewahrsam: auch Dokumente der Zeitgeschichte, die vom Urheber einmal für die Öffentlichkeit bestimmt waren. Der Fall des Filmemachers Thomas Schadt ist mir eine Lektion. Nicht einmal den verabredeten Interviewfilm hat der arme Mann am Ende realisieren können. Im Mai 2009, so lesen wir in seinem beklemmenden Protokoll, »erhielt ich das von Frau Kohl handschriftlich redigierte Interviewskript. Zwei Drittel des Interviews waren darin als ›nicht freigegeben‹ gekennzeichnet. Bei der Hälfte des verbliebenen Drittels behielt sie sich eine endgültige Entscheidung vor. Zudem legte sie eine Wunschliste für die Dramaturgie vor, die mit meiner Vorstellung von einem Interviewfilm nichts gemeinsam hatte.« Über Helmut Kohls Alltag, seine Gedanken, sein Nachwirken bestimmt nur noch eine: die zweite Frau Kohl.

Vermutlich deshalb ließ sie auch mir – und hier schließt sich der Kreis – am Morgen des 12. März 2014 den Schatz mit den 200 Tonbandkassetten wegnehmen. Ob das wirklich auf Wunsch und Veranlassung ihres Mannes geschah, werden wir wohl niemals erfahren. In seinem Sinne, da bin ich sicher, war die Aktion gewiss nicht. Und so habe ich mich, als der Kölner Obergerichtsvollzieher vor mir stand, dazu entschlossen, unsere Gespräche, die umkämpften Kohl-Protokolle, nunmehr in ihrer Essenz zu dokumentieren. Sie werden das Bild des Kanzlers, der länger als jeder andere regierte, um entscheidende Facetten erweitern. In seine Memoiren sind die Interviews zu höchstens 10 Prozent eingeflossen. Nun aber wird nichts mehr gefiltert. Helmut Kohl darf Klartext reden. Doch die Zeit drängt, denn wer weiß, ob Maike Kohl-Richter, wenn sie in die Tonbänder hineingehört hat, auch das Zitieren aus diesem in der Tat brisanten Material verbieten lassen wird. Diesen Kohl, der direkt, derb, streitlustig, klug, gelegentlich zotig und ungerecht mit den Seinen ins Gericht geht, will sie offensichtlich nicht haben.

Die 200 Tonkassetten – für den Obergerichtsvollzieher abholbereit zu Päckchen gebündelt

II. Tilman Jens: Komm, wir heben einen Schatz!

1. Vom Geben und Nehmen

Im Vorfeld des rheinland-pfälzischen Landtagswahlkampfs 1975[3] schrieb der amtierende Ministerpräsident einen persönlichen Brief an die Autobauer von Daimler-Benz und bat um eine Spende für seine CDU. Joachim Zahn, der Vorstandsvorsitzende, reagierte prompt und sandte ein Kuvert nebst einem Scheck in Höhe von 50 000 D-Mark. Eine diskrete Aufmerksamkeit. Der Empfänger in der Mainzer Staatskanzlei sah indes zu Dankbarkeit keinen Anlass und schickte das Wertpapier indigniert zurück, *»mit dem Ausdruck des Bedauerns, dass das Unternehmen offensichtlich jetzt Probleme habe und ich sie nicht schädigen wolle«.* Kurz: Helmut Kohl verlangte mehr. Er kannte die gängigen Sätze. Kollege Hans Karl Filbinger hatte aus Untertürkheim gerade eine Viertelmillion bekommen.

Der Fortgang der kleinen Geschichte ist aufschlussreich. Kohl erzählt sie, als sei sein Spenden-Coup das Normalste der Welt. Ein alter Duzfreund und gelegentlicher Miturlauber am Wolfgangsee, Hanns Martin Schleyer, Vorstandsmitglied des düpierten Konzerns, schaltete sich damals ein, *»erschien ganz aufgeregt in der Staatskanzlei und sagte, das könne ich doch nicht machen. Er fühle sich von mir persönlich beleidigt. Ich sagte ihm, dass ich meinen Brief nicht zurücknehmen werde. Wenn er mehr geben würde, sei die Sache in Ordnung. Dann gaben sie 100 000 D-Mark.«* Für Kohl ist das nur recht und billig. *»Die* hatten ja nicht zuletzt mit unserer und meiner Unterstützung den großen Lastwagenbetrieb in Wörth gebaut. Das Land hatte viel für sie gemacht.« Da wird man zum Wohle der eigenen Partei doch ein wenig nachkobern dürfen! Politische Handreichungen sind nicht umsonst. Für Helmut Kohl ist das offenbar ein Geschäft auf Gegenseitigkeit. Wohl selten hat ein führender Repräsentant unseres Gemeinwesens die geschmierte Mechanik des Gebens und Nehmens so ungeniert beschrieben. Und das in Gegenwart eines Journalisten.

Kohl ist sich nicht der leisesten Schuld bewusst. Er hat die Herausforderungen des politischen Tagesgeschäfts einfach nur nach eigenem Gusto geregelt. Schwarze Kassen? Der Begriff gefällt ihm nicht. Aber ein Herrscher über Hunderttausende von Parteimitgliedern braucht nun einmal ein prall gefülltes Konto zur diskreten Verfügung. »Wir mussten Tragödien ausbügeln. Wir hatten ja zum Beispiel mehrmals Selbstmorde, bei denen die Kassenlage der betroffenen Familien katastrophal war und man zu helfen versuchte. Wenn dann die Reifenhändler kommen und sagen: ›Da sind noch 6000 D-Mark offen von Reifen, die nicht bezahlt wurden!‹ – Was macht man dann? Man kann natürlich sagen, das muss durchkonjugiert werden. Und dann steht man dauernd in der Zeitung. Das hat eine unglaubliche Wahlwirksamkeit.« Auch ganze Landesverbände oder Unterorganisationen der Partei, wie die Sozialausschüsse, klagt der Altkanzler beim Rapport im Ping-Pong-Keller, hätten beständig über ihre Verhältnisse gelebt. »Wir waren immer blank.«

Da hilft dann nur noch Schmugeld, bevorzugt in bar, Zuwendungen, gewährt »mit der klaren Maßgabe, dass ich sie einsetze, wie ich es für richtig halte«. Wie gerne hätte er im Parteiengesetz einen Passus verankert gesehen, dass bei 5 Prozent der Einnahmen »nicht nachgewiesen werden muss, woher sie kommen. Mit diesen 5 Prozent wären all unsere Probleme gelöst gewesen.«

Aber leider stieß er auf taube Ohren. So hat er sich eben selber geholfen – und das nicht erst im Zusammenhang mit den Ende 1999 aufgeflogenen Millionenspenden. Was blieb ihm auch anderes übrig?

Schon damals in der Flick-Affäre, dem ersten großen Skandal seiner Kanzlerschaft, ist ihm, wie er beteuert, im Untersuchungsausschuss und erst recht in den Medien bitter Unrecht geschehen. Er sieht sich als Opfer des Konzernbevollmächtigten und Duzfreundes Eberhard von Brauchitsch, eines notorischen Aufschneiders, der seinem Chef Friedrich Karl habe wöchentliche Erfolgsmeldungen präsentieren müssen. Und eines Tages, Kohls Wortwahl ist vielsagend, »*hat der Staatsanwalt das Haus Flick überfallen und alle Akten mitgenommen*«. Wegen ebendieses Überfallkommandos habe »*die Sache dann einen fürchterlichen Geruch gekriegt, weil sich auch dem Eberhard seine Aufzeichnungen*« unter den erbeuteten Dokumenten befanden, penible »*Eintragungen ›wg. Lambsdorff‹, ›wg. Kohl‹ und ›wg. Strauß‹*«. Aber das seien Fehldeklarierungen eines Geltungssüchtigen gewesen. »*Eberhard hat einen Haufen Scheißdreck geschrieben, um seine Bedeutung zu vergrößern.*«

Unstrittig ist: Der Flick-Konzern hat in den siebziger Jahren nach einem Aktiengeschäft mit der Daimler-Benz AG, dank Fürsprache des Bundeswirtschaftsministeriums, rund eine Milliarde D-Mark an Steuern erlassen bekommen. Im Gegenzug flossen, gern abgewickelt über Düsseldorfer Bankschließfächer, Spenden satt an alle damals im Bundestag vertretenen Parteien. Auch CDU-Chef Kohl erhielt zur Verwendung nach eigenem Gusto eine Zuwendung von 50 000 Mark. Und die Gattin bekam im Namen des Konzerns zum Geburtstag frei Haus eine große Büchse mit schwarzem Kaviar geliefert, weil, wie der Altkanzler im Gespräch am 2. Juni 2001 treuherzig eröffnet, »*Hannelore Kohl nun einmal Kaviaresserin ist*«. Unerträglich findet

Kohl allerdings, dass der Manager den kostbaren Störrogen *»beim Flick in der Kasse abgerechnet hat«*. So wurde den Kohls der Verzehr gründlich vergällt. *»Das hat mir furchtbar geschadet damals.«*

Zornig hat er sich dann vom *»guten Eberhard«* abgewandt. *»Das ist Hass bis aufs Lebensende.«* Dass jeder andere Staatsdiener – ob nun Richter, Streifenpolizist oder Sachbearbeiter in einer Führerscheinstelle – bei einer vergleichbaren Vorteilsnahme mit Fug und Recht seinen Job verloren hätte, will Kohl nicht in den Kopf. Daraus macht er im Gespräch keinen Hehl. Gesetzestexte sind anscheinend für andere da!

Ihm ist das wechselseitige Geschäft, das Prinzip von Leistung und Gegenleistung, längst zur Selbstverständlichkeit geworden. An das böse Wort Korruption mag er nicht denken. Am 10. März 2002 kommt er im Zuge der Bilanz seiner Erfolge auf die Papenburger Meyer-Werft zu sprechen. Das Unternehmen hat, nach seiner Fürsprache bei der Regierung in Jakarta, hundertzwanzig Fährschiffe nach Indonesien geliefert. *»Ohne mich hätte die Werft die Aufträge nicht bekommen. Das war für die eine ganz große Sache.«* Kohl fügt hinzu, als ob sich dies in einem Rechtsstaat nicht von selbst verstünde: *»Ich habe dafür nichts bekommen.«* Aber mehr als einen warmen Händedruck erwartet er wohl doch. Jedenfalls bittet Hannelore Kohl die Werft um eine Spende für ihren Hilfsfonds, der Verletzten des zentralen Nervensystems zugutekommt. Die Meyer-Werft überweist in den für die christliche Seefahrt wirtschaftlich angespannten Zeiten immerhin 25 000 D-Mark. Helmut Kohl aber rechnet in anderen Größenordnungen. *»Das ist absolut lächerlich. Ich bin nie wieder dorthin gekommen.«* Ohne Bimbes läuft nichts!

Den Vertretern des politischen Establishments wird nachgesagt, dass sie die Wahrheit gern dehnen, biegen und – wenn es eng zu werden droht, der eigene Machterhalt auf dem Spiel steht – auch populistisch ins schiere Gegenteil verkehren. Was so ein Volksvertreter wirklich denkt, erfahren wir, »die Menschen draußen im Land«, nur selten. Eben darum sind die Kohl-Protokolle ein paradigmatisches Dokument. Der Altkanzler, das ausgemusterte Alphatier, braucht keine Kreide mehr fressen, muss nicht länger Wähler mit kaum haltbaren Versprechen verlocken. Er darf nun rücksichtslos sein, im edelsten Sinn. Unbeschwert von Skrupeln und quälendem Selbstzweifel offenbart er, wie in unserer Republik Politik gemacht wird – oder zumindest über Jahrzehnte gemacht wurde.

Nehmen wir ein Beispiel: Wer die Regierungsgeschäfte einer der größten Wirtschaftsnationen Europas führt, der hat, sollte man annehmen, einen Fulltime-Job rund um die Uhr zu verrichten. Nebentätigkeiten verbieten sich. Kohl aber macht im Zwiegespräch eine bemerkenswerte Rechnung auf. *Von meiner Arbeitszeit gingen 50 oder 60 Prozent ab für die Arbeit als Parteiführer.«* Und damit ist – in der Hauptsache – keineswegs die oft mühsame Überzeugungsarbeit gemeint, mit der die auf die unterschiedlichsten Flügel verteilten CDU-Parlamentarier auf Linie gebracht werden sollten. Nein, Kohls politische Heimat war nicht die Fraktion, nicht das Kabinett, sondern zuallererst die Partei. Er kannte die Personalstruktur jedes Kreisverbands, der die Keimzelle des vielbeschworenen Systems Kohl war. *»Wenn die Leute dort ein Problem hatten, gingen sie nicht nach Bonn zum Generalsekretär, sondern sie gingen zu Helmut Kohl.«* Und der hatte, wenn irgend möglich, ein offenes Ohr.

In Plön oder Paderborn Parteikonflikte schlichtend, in Thüringen die Kandidatenfindung für eine Bürgermeisterwahl vorantreibend – so hat der mächtigste Mann der Republik also den Großteil seiner Tage verbracht. Über die Hälfte seiner Anstrengungen galt den eigenen Leuten! Mit welchem Recht eigentlich?

Mag ja sein, der Job des deutschen Kabinettschefs ist, gemessen an den Magnaten der Wirtschaft, heillos unterbezahlt. Und niemand wird leugnen, dass es letztlich die Parteien sind, die eine Regierung tragen. Da ist der Dialog Teil des politischen Überlebens. Kohl aber, der in seinen Anfängen die Trennung von Kanzlerschaft und CDU-Vorsitz gefordert hatte, ließ Staats- und Parteiamt in bisweilen ans Groteske reichender Manier miteinander verschmelzen. Er benennt das ganz offen, als er zurückschaut auf den Sommer 1989.

Monate vor dem Mauerfall steht Kohl mit dem Rücken zur Wand. In der CDU rumort es. Der Kanzler verliert dramatisch an Rückhalt. In den Meinungsumfragen liegt die Union rund 10 Prozent hinter der SPD. Franz Schönhubers Republikaner erstarken. Eine Gruppe von Verschwörern in den eigenen Reihen – darunter Lothar Späth, Rita Süssmuth, Kurt Biedenkopf und der als Generalsekretär geschasste Heiner Geißler – will auf dem Bremer Parteitag, der zur Legende werden sollte, die Ära des allmächtig Gewordenen mit einem Paukenschlag zur Mitte der Legislaturperiode beenden. Zumindest als CDU-Bundesvorsitzender scheint er verbraucht, vielleicht sogar als Kanzler. Lothar Späth bringt sich seit Monaten mit staatstragenden Interviews ins Gespräch. Kohl steckt in der Bredouille und braucht dringlich Erfolge. Doch die sind, jedenfalls auf dem Feld der Innenpolitik, derzeit nicht zu erzielen.

Dann aber naht, in letzter Minute, glückliche Rettung aus Ungarn. Die Regierung Németh lässt Kohl wissen – kurz bevor er am 10. September 1989, von einem akuten Prostataleiden gepeinigt, zum Schicksalskonvent an die Weser aufbricht –, dass man in wenigen Stunden die Grenze nach Österreich öffnen werde. Schlag Mitternacht soll die Eilmeldung über die Agenturen gehen: Tausende von wartenden DDR-Bürgern dürfen ausreisen! Tage vorher hatte es auf Schloss Gymnich ein nur von den Außenministern begleitetes Geheimtreffen zwischen dem ungarischen Ministerpräsidenten und dem deutschen Kanzler gegeben. Dabei wurde Wirtschaftshilfe in Höhe von einer Milliarde D-Mark in Aussicht gestellt. Nun revanchieren sich die Magyaren. Die sensationelle Nachricht drohte allerdings, wie Kohl fand, um entscheidende Momente zu spät zu kommen. Denn der traditionelle Parteitagspresseabend, »wo das Fressen und Saufen für die Journalisten stattfand«, begann bereits um acht, »das heißt, ich hätte die Pressekonferenz des Bremer Parteitags eröffnet und hätte nicht sagen können, dass in diesem Moment die Grenzen geöffnet werden«. Also bitte vier Stunden eher die Schlagbäume hoch!

Augenblicklich drängt Kohl auf die Vorverlegung des weltgeschichtlichen Moments, auf seine Integrierung in den Fahrplan des Parteitags. »Ich habe den Németh angerufen und gesagt, er soll früher aufmachen. Daraufhin haben die das dann zeitgleich gemacht. Und ich bin aufgestanden und habe mitgeteilt: ›In diesem Augenblick wird die ungarische Grenze geöffnet.‹ Das war natürlich ein ungeheures Ereignis auf dem Parteitag. Insofern kann man durchaus die Meinung vertreten: Der war am Arsch des Propheten und war schon gelyncht oder hatte schon den Strick um den Hals. Und jetzt ist er noch einmal vom Galgen heruntergesprungen.« Die Wiederwahl war – wenn auch mit vergleichsweise mageren 77 Prozent Zustimmung – gesichert. Rädelsführer Späth wagte sich nicht aus der Deckung, wurde abgestraft und flog aus dem CDU-Präsidium.

Die beherzt vorgetragene Parabel über die Nähe von Parteiklüngel und internationaler Diplomatie mag bewerten, wer immer das mag. Unsere Dokumentation aber hat nicht zu richten. Nicht über den Filz von Regierungsamt und Parteiarbeit, nicht über die Akquise von Spenden, nicht über des Altkanzlers Umgang mit der Macht, den Medien und mit den Menschen. Das ist – erinnern wir uns etwa an Hans Leyendeckers Enthüllungen, an Jürgen Leinemanns beklemmend genaue Porträts in seinem Buch *Höhenrausch* – oft genug geschehen. Auch Würdigungen des Lebenswerks – sorgsam abwägende Biographien ebenso wie devote Huldigungen – sind in hinreichender Anzahl verfasst. Und wer die zentralen Etappen der Kohlschen Wirkmacht in offizieller Lesart nachverfolgen möchte, ist mit dem Spendentagebuch sowie den drei erschienenen Bänden der detailversessenen *Erinnerungen* bestens bedient.

In diesem persönlichen Findebuch der Zeitgeschichte kommt Helmut Kohl in direkter Rede zu Wort. Die interessierte Öffentlichkeit hat einen Anspruch darauf zu erfahren, wie dieser epochale Staatsmann tief im Innersten dachte. Das ist dann die ungefilterte Wahrheit aus ureigener Sicht: Vermächtnis und Bekenntnis zugleich. Oder, erteilen wir ihm selber das Wort: »*Ich hatte sicher meine Mängel, aber das größte Arschloch war ich nicht.*«

2. Die Minusfigur: Ein Selbstbild

Sogar im Wahlkampf, in den er für sein Leben gern zog, hat er sich schmerzhafte Schrunden und »*blau angelaufene Füße*« geholt. Beim Bad in der Menge »*gab es Menschen – und das passierte häufiger als man glaubt –, die einem im Vorbeigehen ans Bein treten*«. Manche haben ihr Schuhwerk sogar mit Nägeln gespickt. Andere schütteln ihm die Hand und drücken dann martialisch zu. »*Die lächeln dich an und tun dir weh.*« Immer wieder wird er malträtiert von »*hasserfüllten Zeitgenossen*«. Aber ein Helmut Kohl kassiert Schläge nicht klaglos. Der haut zurück. »*Ich habe vielen Leuten die Zehen ramponiert. Wenn einer trat und ich genügend Raum hatte, stellte ich mich blitzartig mit vollem Gewicht auf die Zehen, was bei meinem Gewicht eine Belastungsprobe war.*« Das Modell der handgreiflichen Konfliktlösung hat sich bewährt. Unvergessen sind die Bilder von der Großkundgebung am 10. Mai 1991 in Halle, als er sich zum blanken Entsetzen seiner Sicherheitsleute höchstpersönlich einen Demonstranten vorknöpfte, der ihn mit Eiern beworfen hatte. Freimütig bekennt der praktizierende Katholik: »*Ich bin unfähig, die andere Wange hinzuhalten.*« Auch die Bergpredigt und das Gebot christlicher Nächstenliebe stoßen gelegentlich an ihre Grenzen.

Nach diesem Credo hat er gelebt. Er war Nahkämpfer aus Passion, auf Marktplätzen, in Bierzelten und erst recht im politischen Alltag. Wer Kohl provozierte oder gar seine Macht in Frage stellte – so wie es, seiner Auffassung nach, etwa Heiner Geißler, Kurt Biedenkopf, Norbert Blüm oder Richard von Weizsäcker gewagt hatten –, der konnte gewiss sein, irgendwann würde sich Kohl rächen, der sich auf die Kunst der geschickten Attacke bestens verstand. Schon als Schüler hat er Wasserball gespielt. Diese Sportart lebt bekanntlich von einer Mixtur aus Eleganz und verschlagenem Tackling. Die Zuschauer beklatschen den elegant-kraftvollen Wurf; unter Wasser aber wird rüde gehakelt, gezurrt und getreten. Sogar Mordversuche sind überliefert. Das war für Kohl möglicherweise eine Lektion fürs Leben: Oben bleiben wird nur, wer sich die Rivalen, und sei es auch unsanft, vom Leib hält.

Beim Gespräch am 20. August 2001 kommt Kohl auf Bernhard Vogel zu sprechen, der ihn 1976 als Ministerpräsident von Rheinland-Pfalz beerbte und dort zwölf Jahre später recht kläglich an seiner Partei scheiterte. Er schätzt den alten Studienfreund noch immer. »*Er war mit Recht sehr beliebt.*« Aber er hatte ein folgenschweres Problem: »*dass er nie draufschlug. Der Haifisch, der hat Zähne, direkt im Gesicht. Und die muss man in einer Führungsposition auch zeigen.*« Und dann sagt Kohl einen fürwahr erhellenden Satz, der zeigt, wie er denkt, wie er funktioniert: »*Man muss von Zeit zu Zeit losprügeln, damit Opfer da sind.*« Als Täter lebt es sich offenbar besser.

Aber jetzt, da er für seine *Erinnerungen* Bilanz macht, liegt Kohl selber am Boden. Er ahnt, so richtig aufstehen wird er nie wieder. Zehn Tage nachdem Hilde Seeber, die altgediente Haushälterin, den Leichnam von Hannelore Kohl im Oggersheimer Schlafzimmer aufgefunden hat, macht sich der Witwer seine Gedanken, in welcher Tonlage seine Autobiographie abzufassen ist, die nun erst recht zu schreiben sei. Vordergründig räsoniert er an diesem Sonntagmorgen nur über die Birthler-Behörde, die angekündigt hat, seine gesammelten Stasi-Unterlagen zur journalistischen und wissenschaftlichen Aufarbeitung freizugeben. Schon bald aber wird er höchst grundsätzlich. »*Aus prinzipiellen Erwägungen*«, gibt der Altkanzler am 15. Juli 2001 zu Protokoll, wolle er »*der Nachwelt hinterlassen, dass ich Opfer bin*«. In seiner Selbstwahrnehmung ist er, der in der Spendenaffäre das Gesetz, den im Lauf der Jahre fünfmal geleisteten Kanzler-Eid auf die Verfassung gebrochen hat, der Verfolgte: »*Der Rechtsstaat ist in Bezug auf mich längst abgeschafft.*«

Das Gemeinwesen also ist schuld, dass er nach seiner Abwahl am Pranger steht – als Betreiber eines christdemokratischen Schwarzgeldsystems, als Vertuscher von Spendernamen, als Gegner der Pressefreiheit, der mit einem Heer von Anwälten seine Stasi-Akten unter Verschluss halten will, und jetzt sorgt er auch noch als Ehemann für Schlagzeilen, den zumindest eine Mitschuld am Suizid seiner Frau treffe. Dabei sieht die Wahrheit – wenn es nach Kohls Selbsteinschätzung geht – so ganz anders aus. Er hat doch nur an seinen innersten Grundsätzen festgehalten. Wer wird das einem Großen der Zeitgeschichte verübeln? »*Ich habe mich in der Spendengeschichte nicht gebeugt und habe keine Namen genannt. Ich werde sie auch nie nennen. Und so wie ich in dieser Sache zu meinem Prinzip stehe, stehe ich auch zu meinem Prinzip, dass ich nicht zulasse, dass es in einem Land in Ordnung sein soll, dass die Stasi-Ratten aus der Gruft hervorkriechen und ihren Gestank verbreiten.*«

Ich lasse all das nicht zu, sagt er, und suggeriert, dass er noch immer der Herr im Ring sei, der das Geschehen kontrolliere. So viele oft aussichtslos scheinende Kämpfe hat er schon gewonnen. Gewiss, jetzt liegt er, der Champion über Jahre, angezählt in den Seilen, aber den finalen Knock-out will er in einem letzten Kraftakt verhindern. Die Memoiren sollen es richten – und dem wahren Helmut Kohl in aller Öffentlichkeit Gehör verschaffen. »*Der entscheidende Fehler ist das total falsche Bild von Helmut*

Kohl«, klagt der Altkanzler, der von sich gern in der dritten Person singularis spricht und verstimmt meint: »*Der Helmut Kohl durfte keinen Erfolg haben.*« Schon Ende der siebziger Jahre, als er noch Oppositionsführer im Bundestag war, haben ihn »*die Arschlöcher vom Auswärtigen Amt*« bei Staatsempfängen stets am Katzentisch platziert.

Er hat mächtig am Rad der Geschichte gedreht und ist doch, in der Rückschau, für so viele ein Tölpel geblieben: die Birne eben, das Kult-Spottbild, das der Cartoonist Hans Traxler und seine Freunde vom Satiremagazin *Titanic* Anfang der achtziger Jahre ersannen. Weit über hunderttausendmal hat sich *Birne – Das Buch zum Kanzler* in den ersten Jahren seiner Kanzlerschaft verkauft. »Bei uns in der Pfalz, das erzählt die Legende, soll es drobbe auf der Dannstadter Höh einen Birnbaum gegeben haben, von dem sich im Monat April des Jahres 1980 eine Birne löste und mit dumpfem Aufschlag zu Boden fiel«, fängt das Bilderbuch an. Und Eckhard Henscheid verfasst eine rundum gemeine, semidokumentarische *Biographie einer Jugend*, in der Hannelore nur »die blonde Bärbel« heißt. Der beharrlich Vorgeführte kann bis heute über all das nicht lachen.

»*Ich hatte keine Freude, Birne zu sein, die Birne, die nichts las und die nichts konnte. Dabei hat Birne in den fünfziger Jahren unter anderem auch Philosophie studiert.*« Er schüttet seinen Gesprächspartnern das Herz aus. Der Versuch einer Gegenwehr wirkt beinahe rührend. Er konzediert ja bereitwillig, er sei, auch wenn ihn seine Schulfreunde »Helle« nannten, nicht unbedingt »*eine Kreuzung zwischen Einstein und Messias*« gewesen. Doch warum nur ist es immer er, der mit Hohn und Spott übergossen wird? »*Hannelore sagte, dass ich die Feindschaft auf mich ziehe, selbst wenn ich gar nichts mache.*«

Wenn es schon zur Bewunderung nicht mehr reicht, will er – so scheint es – wenigstens Mitleid, Empathie für einen Mann,

der, wo immer etwas schieflief, als Sündenbock herhalten musste. Kohl nennt ein Beispiel: die Abstimmung zur Hauptstadtfra-
ge 1991. Ja, er hat damals energisch für Berlin plädiert. Aber da
war er nur einer von vielen. Doch »*der Kampf der Berlingegner
in Bonn richtete sich nicht gegen Schäuble und Brandt, sondern
gegen mich. Die Plakate, die dort hingen, lauteten doch, dass
Kohl Bonn zerstören will.*« Warum immer er? Und warum hört
die Treibjagd nicht auf, selbst jetzt, wo er doch schon Jahre nicht
mehr Kanzler ist?

Die Sozialdemokraten, meint er, haben es besser. Sie regieren
nun an der Seite der Grünen und werden von der öffentlichen
Meinung, von den verhassten Blättern aus Hamburg, in Watte
gepackt: Gerhard Schröder, der – so Kohl – in der Frage der
Wiedervereinigung allzu zögerlich war, und erst recht der amtierende Bundespräsident Johannes Rau, dem in der West-LB-Affäre tatsächlich viel Nachsicht zuteilwurde. Kohl findet das rundum ungerecht: »*Gegen die jetzige Mafia, die an der Macht ist, ist
nie demonstriert worden.*« Er redet sich in Rage, beginnt, entgegen seiner sonstigen Gepflogenheit, sogar am rechten Rand zu
fischen. Hätten nicht wenigstens die Ultras Klartext reden können? Aber »*niemand von den Rechtsradikalen hat wirklich deutlich gemacht, dass der Schröder ein Verräter ist – und die ganze
Mischpoke in der Frage der deutschen Einheit. Wenn Namen
auftauchen, bin ich es immer.*«

Immer ich! Gewiss: Er, der sich nie vorstellen konnte, dem
Staat, etwa als Minister, in der zweiten Reihe zu dienen, hat ger-
ne regiert, aber sein öffentliches Erscheinungsbild hat er gehasst.
Letztlich seit Übernahme des Kanzleramts im Herbst 1982 fühlt
er sich als »*Dorftrottel*« verhöhnt. Als einer, von dem man – Klaus
Staecks Plakat hat er niemals vergessen – bestenfalls einen Ge-
brauchtwagen kaufen könne. Er war die liebste Zielscheibe von
Comedians und Kabarettisten. Wenn Dieter Hildebrandt an

Kohl dachte, wuchs der Mitbegründer der Lach- und Schießgesellschaft über sich hinaus und machte den Kanzler, der Matthias Claudius' »Abendlied« auf ganz eigene Weise rezitierte. »Der Mond, meine Damen und Herren, das möchte ich hier in aller Offenheit sagen, ist aufgegangen! […] Und aus den Wiesen steiget das, was meine Reden immer ausgezeichnet hat: der weiße Nebel wunderbar.«

All die Scherze auf seine Kosten hat er über Jahrzehnte mannhaft weggesteckt. Vielleicht vermochte die schwindelerregende Höhenluft der Macht den Zorn zu betäuben. Doch jetzt, da er unten ist und die Freunde sich abkehren, beginnt das verletzte Ego zu schmerzen. *Die ganze Voreingenommenheit – ›der ist kulturell ein Barbar!‹ – wurde ja systematisch präpariert. Der Weltbürger Schmidt. Der Weltbürger Brandt. Und jetzt kommt dieser Pfälzer, der nicht einmal richtig Deutsch kann.«* Geradezu masochistisch betet er den Rosenkranz der erlittenen Demütigungen herunter. Die Narben sind noch immer nicht verheilt.

Die Verursacher der Blessuren kennt er genau: die Roten, mit denen er sich schon als Jungunionist in den fünfziger Jahren beim Plakatekleben die Nase blutig geprügelt hat. Das war eine Lehre fürs Leben. »*Ich habe nicht generell etwas gegen Sozialdemokraten, aber ich weiß, wozu sie fähig sind …*« Unter anderem dazu, »*eigene Arbeitsgruppen*« zu gründen, die nur ein einziges Ziel hatten: fiese Methoden zu ersinnen, »*wie man dem Kohl das Wasser abgraben kann, dem Bauern aus der Pfalz*«. Niederträchtig habe der politische Gegner fortan mit dem Klischee operiert, »*dass die Pfalz nie eine Landschaft war, die einen positiven Appeal hatte*«, sondern als »*Land hinterm Mond galt, in dem die Rüben wachsen, die Meiler glimmen und die Köhler noch Holzkohle machen. Es gab in Rheinland-Pfalz keinen einzigen Köhler, aber das war egal. Das Etikett klebte an mir: Ich war Provinzler. Das ist immer weiter kultiviert worden und im Prinzip über sechzehn Jahre hängen geblieben.«* Einerlei, ob es derlei gezielte Desinformationskampagnen jemals gegeben hat oder ob diese Annahme einer gewissen Paranoia geschuldet ist: Der vermeintliche Koloss, der ewige Kanzler, scheint tief getroffen. Er badet in Selbstmitleid und klagt über einen *»Vernichtungsfeldzug«.*

Wenn wir den Postleitzahlen glauben, wohnt er schon lang in 67071 Ludwigshafen, in einem eingemeindeten Stadtteil der Industriemetropole zwischen Neckar und Rhein. Bei der BASF hat er sich einst erste Sporen verdient. Freund und Feind aber stempeln ihn als Oggersheimer ab, als Bewohner einer Reihenhaussiedlung fernab vom Schuss. Unter dem weltweit verbreiteten Stigma des unersättlichen Saumagenfressers hat er gelitten: *»Das wurde bewusst zur Diffamierung eingesetzt. Der Begriff ›Saumagen‹ hat sich doch hervorragend für einen Depp aus der Provinz geeignet.«* Er sieht sich zum Affen gemacht, bis heute.

Jeder amerikanische Präsident, der ihn in seinen Bungalowwänden besuchte, *»hat ein Vorkommando gehabt, wo da immer mit dem roten Telefon die ganze Garage mit Elektronik vollgestellt wurde. Da stand immer drauf: ›Kanzler Kohl, Oggersheim‹, da stand nie ›Ludwigshafen‹.«* Noch Jahre später scheint er zutiefst gekränkt. Er wäre so gerne ein klein wenig Weltbürger gewesen, einer, der *»wie Helmut Schmidt glänzendes Englisch spricht«,* auch wenn das Polyglotte, wie er sagt, im Endeffekt nicht den großen Staatsmann ausmache. Und dennoch nagt es an ihm.

Es ist kaum zu verstehen: Kohl hat die Geschicke der Republik über sechzehn Jahre bestimmt, trickreich, beharrlich und hemdsärmelig auch. Viermal haben ihn die Wähler im Amt bestätigt. Am Ende seiner Regentschaft stehen die deutsche Einheit, der Euro. Selbst hartgesottene Gegner haben lang schon Respekt vor seiner Lebensleistung, attestieren ihm: Übertriebene Furcht,

Selbstzweifel oder gar Skrupel hatte er nie. Er war zur rechten Zeit am rechten Ort. Ein Macher. Ein Täter im ureigentlichen Sinne. Und nun zimmert er, jetzt da die Macht auf alle Zeit fort ist und der Ruf mit eigenem Zutun erheblich lädiert, an einem Selbstbild des ewig – natürlich zu Unrecht – Verfolgten! Einer Kreatur, die nach Mitleid verlangt. Im Dialog mit seinem Ghostwriter gefällt er sich in der neuen Rolle seines Lebens: Helmut Kohl, das Opfer undankbarer Parteifreunde, die seit Bekanntwerden der CDU-Spendenpraxis über ihn herfallen, das Opfer der Stasi, die ihm über Jahrzehnte nachgestellt hat, das Opfer der Medien, allen voran von *Spiegel, Zeit* und *Stern*, der »*aus allen Rohren schießenden Mafia aus Hamburg*«. Er fühlt sich höhnisch verkannt über Jahrzehnte: als »*Minusfigur*«, als »*Depp und Elefant*«, als »*Tollpatsch*«, als »*Trampeltier mit Schuhgröße fünfundvierzig*«. Für manchen Fraktionskollegen, dem er in diesen Tagen als einfacher Abgeordneter im Bundestagsfahrstuhl begegnet, ist er – Kohl benennt es im autobiographischen Gespräch freimütig – schlicht »*eine Heimsuchung der Existenz. Sie gucken mich an, als käme ich von einem anderen Stern.*«

Die Rückschau auf die eigene Vita ist an Bitterkeit kaum zu überbieten. Wer hat ihn jemals bewundert, geliebt oder wenigstens in seiner historischen Größe erkannt? Nicht einmal seine CDU habe ihn, beklagt er sich, seinerzeit mit Euphorie erst zum Parteivorsitzenden und später zum Kanzlerkandidaten gewählt. Zumindest in den Anfängen hätten die vermeintlichen Freunde in ihm kaum mehr als einen Notnagel gesehen. Es gab halt keinen, der probater schien. Gleich dreimal zitiert er im Verlauf der autobiographischen Einvernahme den bitter-chauvinistischen Dichtersatz, den er, im Taumel der Enttäuschung, einmal Bertolt Brecht und ein andermal Kurt Tucholsky zuschreibt: »*In Ermangelung einer anderen schläft man mit der eigenen Frau.*« Er kann sich des Gefühls nicht erwehren: Umworben, begehrt, so richtig gewollt war er nie, man hat ihn allenfalls geduldet. Er fürchtet, dass den Ruhm, der ihm zusteht, eines Tages andere kassieren. *»Die Ruhe kommt erst, wenn ich in der Grube liege«*, prophezeit er beim Gespräch am 22. Oktober 2001 und gefällt sich einmal mehr im Spiegelbild des hartnäckig Verkannten. Man will ihm seinen Platz im Olymp einfach nicht gönnen. *»Wenn ich vor vier Jahren gestorben wäre, wäre heute ganz klar, dass Hans-Dietrich Genscher die deutsche Einheit gemacht hätte, unterstützt von Weizsäcker und einer ganzen Gruppe.«* Noch aber lebt er und mag, gelegentlich nah am Paranoiden, von der fixen Idee einfach nicht lassen, dass die vielen Feinde, die er mittlerweile hat, seinen Namen wie seine Leistungen für immer aus den Geschichtsbüchern streichen wollen.

Eine Schmach vor allem scheint er niemals verwunden zu haben: dass seine wuchtige Rede zum 40. Jahrestag der Befreiung von der Nazidiktatur nie aus dem großen Schatten der Ansprache seines ewigen Kontrahenten Richard von Weizsäcker treten konnte. Der Bundespräsident vermochte am 8. Mai 1985 im Bundestag ein epochales Zeichen zu setzen. Kohl hatte wenige Tage zuvor zum gleichen Thema im einstigen Konzentrationslager Bergen-Belsen gesprochen. Es war in der Tat einer seiner besseren Auftritte als Rhetor. Er erinnerte an »die Verbrechen am polnischen Volk, an das Leid, das den Völkern Mittel- und Osteuropas in deutschem Namen zugefügt wurde«. Er gedachte »der Kriegstoten der Sowjetunion«. In knappen, schmucklosen Sätzen kämpfte er sich durch historisch vermintes Terrain. »Für die Untaten der NS-Gewaltherrschaft trägt Deutschland die Verantwortung vor der Geschichte. Diese Verantwortung äußert sich auch in nie verjährender Scham. Wir werden nicht zulassen, dass etwas verfälscht oder verharmlost wird.«

Die Reaktionen vor Ort, schwärmt Kohl, seien *»ungeheuerlich«* gewesen. Auch Ignatz Bubis, der Vorsitzende des Zentralrats der Juden, habe ihm Anerkennung gezollt. »*Aber schlagartig nach diesem Termin ist die Rede verschwunden.*« Er war stolz auf seine Botschaft über den Umgang mit der braunen Vorzeit, aber kaum einer hat die Worte des deutschen Kanzlers wahr- oder ernstgenommen. Alle Welt redete nur über von Weizsäcker, dessen Vortrag der gekränkte Kohl eine »Anbiederungsrede« nennt. Er gibt sich entrüstet: »*Die eine Rede hat nie stattgefunden, und die andere ist eine Bilderbuchrede fürs deutsche Schulbuch. Das ist aus meiner Sicht ein kardinales Beispiel, wie man fälschen kann.*« Die Memoiren, hofft er, könnten die Dinge endlich ins Lot bringen und der Nachwelt dokumentieren, »*wer die erste Rede gehalten hat*«.

Es scheint, als wollte sich dieser Mann von über siebzig Jahren in einem kindlichen Wettlauf beweisen: Wer als Schnellster am Katheder anschlägt, hat gewonnen. Für Helmut Kohl steht der Sieger fest. Er hat in der Tat siebzehn Tage vor dem »*Freiherrn*«, wie er von Weizsäcker gern nennt, über den Tag der Kapitulation, den Tag der Befreiung gesprochen. Der Bundespräsident hat in seine Rede gar eine jüdische Weisheit eingeflochten, die auch der Kanzler zuvor in Bergen-Belsen zitierte: »Das Vergessenwollen verlängert das Exil, und das Geheimnis der Erlösung heißt Erinnerung.« Ja, es gibt Parallelen, und doch sind die Unterschiede gravierend.

Kohl hat am 21. April 1985 gewiss nichts Falsches gesagt in der niedersächsischen Gedenkstätte. »Die Mahnung dieses Ortes darf nicht verloren gehen, darf nicht vergessen werden.« Redlich versucht er, das Entsetzen über den Terror in Bilder zu fassen: »Zwölf Jahre lang war das Licht der Menschlichkeit in Deutschland und in einem Teil der Jahre in Europa von allgegenwärtiger Gewalt überdeckt.« Mit wuchtigen Adjektiven treibt er das Gewicht seiner Sätze nach oben. Die Gedanken der Nazis waren »teuflisch«, ihre Vorurteile »primitiv«, ihre Brutalität »gewissenlos«. All das ist

nicht sonderlich originell. Aber was zählt im politischen Tagesge-
schäft schon das Handwerk der Rhetorik? Nicht frei von Häme
erinnert er im ausgedienten Ping-Pong-Keller an das Exempel
Strauß: *»Der Franz Josef war ein großer Redner mit wunderbaren
Bildern. Aber die Leute haben ihn nicht zum Kanzler gewählt.*«
Auch Richard von Weizsäcker hält einiges vom akkurat gesetz-
ten Wort. Über Wochen hat er an seiner Jahrhundertrede gefeilt.
Der 8. Mai ist für ihn »kein Grund zum Feiern«. Verbale Platz-
patronen sind ihm zuwider. Er spricht nachdenklich und leise.
Er reflektiert über das Wesen der Schuld (ein Begriff, den der
Kanzler umgeht). Die Metaphern, die er bemüht, sind stimmig.
»Neben dem unübersehbar großen Heer der Toten erhebt sich
ein Gebirge menschlichen Leids.« Und ebendies benennt der
Bundespräsident höchst konkret. Der Erste Bürger der Republik
ehrt das Andenken der Toten des Krieges, der sechs Millionen
ermordeten Juden, der umgebrachten Sinti und Roma, der getö-
teten Homosexuellen. Ausdrücklich würdigt er die »Opfer des
deutschen Widerstandes, des bürgerlichen, militärischen und
glaubensbegründeten, des Widerstandes in der Arbeiterschaft
und bei Gewerkschaften, des Widerstandes der Kommunisten«.
Am Ende steht bei Weizsäcker ein Appell, der scheinbar ganz
harmlos daherkommt und der es doch in sich hat – gerade wenn
man die Rede aus einer Distanz von beinah dreißig Jahren betrachtet. »Schauen wir am heutigen 8. Mai, so gut wir es können,
der Wahrheit ins Auge.« Zu dieser Wahrheit gehört für Richard
von Weizsäcker im Frühling 1985 der Verweis auf die deutsche
Einheit. Denn auch ein gemeinsames Trauma verbindet. »Wir
Deutschen sind ein Volk, eine Nation. Wir fühlen uns zusam-
mengehörig, weil wir dieselbe Geschichte durchlebt haben. Auch
den 8. Mai 1945 haben wir als gemeinsames Schicksal unseres
Volkes erlebt, das uns eint.« Nur vier Jahre später, 1989, sollte
sich zeigen: Das war ein visionärer Blick nach vorn.

Kohl indes hat eine eher konventionelle Gedenkrede gehalten, die ohne Zweifel ehrenwert war und die Zuhörer aufrief »zur Trauer, zur mahnenden Erinnerung und zur Versöhnung«. Allerdings: Die rhetorische Übung diente nicht zuletzt der eigenen Sache, denn der Kanzler stand in diesen Wochen mächtig unter Beschuss. Er hatte sich in den Kopf gesetzt, beim nahenden Staatsbesuch des amerikanischen Präsidenten Ronald Reagan zum Jubiläum des Kriegsendes auch einen Besuch auf dem Soldatenfriedhof Bitburg ins Programm zu nehmen. Der pfälzische Totenacker beherbergt jedoch auch Mitglieder der deutschen Waffen-SS. Entsprechend ließ der Aufschrei im In- und Ausland nicht lange auf sich warten. Die geplante Kranzniederlegung, protestierte Gideon Hausner, der einst Eichmann in Jerusalem angeklagt hatte, sei »ein Sieg Hitlers«. Das war gewiss übertrieben, aber ein gerüttelt Maß an historischer Unsensibilität verriet die Wahl des Gedenkhaines schon.

Das Kapitel Bitburg, auf das Kohl im Gespräch beharrlich zurückkommt, gehört zu den besonders schmerzlichen Erfahrungen in seiner an Skandalen nicht armen politischen Vita. Da konnte ein über jeden Zweifel erhabener Auftritt in Bergen-Belsen, an einem Ort der Opfer, durchaus willkommen erscheinen. Auch Ronald Reagan war innenpolitisch wegen der geplanten Visite des Soldatenfriedhofs massiv unter Druck geraten: »Das, Herr Präsident, ist nicht Ihr Platz. Ihr Platz ist bei den Opfern der SS!«, hatte ihm Elie Wiesel, der Vorsitzende der amerikanischen Holocaust-Kommission, eingeschärft. Also entschied der mächtigste Mann der Welt, dass er, gemeinsam mit Kohl, am 5. Mai 1985, Stunden vor seiner Visite in Bitburg, Bergen-Belsen einen Besuch abstatten werde. Hier Anne Frank, dort die Waffen-SS: Im tollkühnen Spagat geht es durch die jüngste deutsche Geschichte.

Die Kanzlerrede aus dem April schien vielen kaum mehr als ein wohlkalkuliertes Vorprogramm. Dass in diesen Tagen durch den *Spiegel* auch noch eine private Äußerung des amtierenden Sprechers der Bundesregierung Peter Boenisch publik wurde, es sei »das Letzte, dass man noch vierzig Jahre nach Kriegsende durch KZs laufen muss«, machte das Ganze nicht einfacher.

Das alles ist bei der Bewertung der Kanzlerworte mitzubedenken, die – aus dem Blickwinkel des Vortragenden – in grobem Undank verkannt wurden. Mehr als ein Jahr danach, im Juni 1986, wird das Presse- und Informationsamt seine Rede und die Richard von Weizsäckers in einer schmalen Broschüre mit dem Titel *Nachdenken über unsere Geschichte* nebeneinanderstellen. Und als es dann später ans Memoirenprojekt geht, bittet er seine Gesprächspartner eindringlich: »*Habt ihr nicht einen gescheiten Menschen bei der Hand, der die beiden Reden vergleichen könnte?*« Die synoptische Anstrengung jedoch wäre kaum zu Gunsten des Altkanzlers ausgefallen. In den *Erinnerungen* werden Weizsäckers Gedanken mit keiner Silbe bedacht, und Kohl darf sich im Kapitel »Vierzig Jahre danach« rühmen, seine »Grundsatzrede« in Bergen-Belsen sei »eine der wichtigsten Bewertungen und Analysen zur jüngsten deutschen Geschichte, die ich während meiner Kanzlerschaft gegeben habe«. Der einzig gültige Maßstab bleibt immer er selbst, Helmut Kohl.

Natürlich ist er tief im Innern klug genug, um zu wissen, dass er, was das Reflexionsniveau angeht, gegen den intellektuellen Geist in der Villa Hammerschmidt chancenlos ist. Und auch in der Kunst der Rede. In Bonn pfeifen es selbst die Parteifreunde vom Dach, dass der Regierungschef nun einmal kein Rhetor ist. Ein wohlmeinender Mitpfälzer aus Landau, der CDU-Politiker Stephan Eisel, einst stellvertretender Leiter des Bonner Kanzlerbüros, hat das Drama in einem Buchessay auf den Punkt gebracht: Wenn Kohl eine große Rede vom Blatt liest, dann hört sich das an wie das Telefonbuch, und wenn Weizsäcker das Telefonbuch vorliest, hört sich das an wie eine große Rede, wie »eine geistige Wegweisung«. Was das Gedenken an den 40. Jahrestag der Kapitulation angeht, kommt erschwerend hinzu, dass der Bundespräsident nicht das Telefonbuch verlesen und der Kanzler keine wirklich bedeutsame Rede gehalten hat.

Kohl aber versucht – es steht zu vermuten: wider besseres Wissen – beim Gespräch im heimischen Keller Gehör zu finden für die Annahme, dass seine *»Rede zum Anlass des 40. Jahrestages der Befreiung des KZs in keinem Deut hinter der Rede des Weißhaarigen zurückgetreten ist«.* Wie sehr muss er unter der eloquenten Lichtgestalt leiden! Er mag ihn nicht einmal beim Namen nennen, den Bundespräsidenten, der ihn in den Schatten gestellt hat (und die Bitburger Kanzlerrede in seinen Memoiren mit keiner Silbe erwähnt). »Der Weißhaarige!« Wer Kohl die Schau stiehlt, wird herabgewürdigt; es ist das alte Muster. *»Ich hätte sicherlich weniger Streit gehabt, wenn ich nicht auch mit Genuss beleidigt hätte«,* bekennt er am 22. Juli 2001, noch ganz unter dem Eindruck von Hannelores Tod. Er ist tieftraurig. Aber die üble Nachrede bereitet noch immer Vergnügen: *»Es war ein Teil meiner Lebensfreude, diese Subjekte zu beleidigen.«*

Zu diesen Subjekten zählte eigentlich jeder, der Helmut, dem Barocken, die Laune verdarb, seine Pläne und Strategiespiele durchkreuzte: der politische Gegner, aber vor allem die Spezies der vermeintlichen Parteifreunde.

3. »Er ist natürlich einer der Dreckigsten« – Helmut Kohl und seine Parteifreunde

Von einer traurigen Begegnung mit Konrad Adenauer erzählt Helmut Kohl über die Monate hinweg gleich dreimal. Im Herbst 1963, kurz nach Adenauers nicht eben freiwilligem Rückzug aus dem Kanzleramt, hat er ihm in dessen Bonner Büro einen Besuch abgestattet. *»Er stand an der Tür und sagte: ›Sehen Sie, Herr Kohl, man hat mich davongejagt wie einen Hund.‹ Ich sagte daraufhin: ›Herr Bundeskanzler, das können Sie doch so nicht sagen.‹ Doch er wiederholte: ›Man hat mich davongejagt wie einen Hund.‹ Ich sagte: ›Aber das können Sie doch so nicht sagen, Herr Bundeskanzler, Präsident Gerstenmaier hat Sie mit der höchsten Formel des Dankes verabschiedet: Er hat sich um das Vaterland verdient gemacht.‹ Adenauer hat abgewunken. Das war nichts, was ihn hätte beeindrucken können.«*

Die Geschichte gefällt ihm. Der Alte spricht Kohl aus der Seele. Davongejagt fühlt er sich nicht minder. Gewiss, auch über ihn sind direkt nach seiner Abwahl Worthülsen wohliger Wertschätzung ausgekübelt worden. Aber insgeheim schien jeder nur froh, dass er nun endlich fort war. Wie Adenauer damals ist Kohl in seiner Zeit auf der Regierungsbank nur noch einfacher Abgeordneter, zurückgefallen ins Glied. Nach dem Bekanntwerden der Spendenaffäre wird er von weiten Teilen der Fraktion geschnitten. Im Parlament hat er nur noch einen wahren Freund. Das ist der sächsische Bauer Gottfried Haschke, der von 1991 bis 1993 einmal Parlamentarischer Staatssekretär im Bundeslandwirtschaftsministerium war. Das einstige LPG-Mitglied, das nach der Wende seinen alten Familienhof zurückkaufte und nun 110 eigene Kühe hält, versorgt ihn mit Informationen aus erster Hand. »*Das Erste, was ich vor 9 Uhr sage, ist: ›Haschke, wieviel Milch hast du heute eingenommen?‹ Und dann erzählt er mir auch noch, dass die Besamungskosten heute oft höher sind als der Verkaufspreis des Kalbes.*«

Und wenn er einmal zu spät im Plenum eintrifft, bewährt sich der treue Hinterbänkler Haschke, der zu wissen scheint, was er dem Kanzler der Einheit schuldet. »*Bis ich komme, hält er einen Platz frei, wo ich immer hinwill, an der Ecke, damit ich die Füße ausstrecken kann.*« So müsse er nicht neben irgendwelchen Abgeordneten sitzen, »*mit denen ich mich nicht unterhalten will*«. Oder, mag sein, auch sie sich nicht mit ihm. Die Partei, die ihm einmal alles war, hat zu weiten Teilen mit dem tief gefallenen Übervater gebrochen. Die Isolation setzt ihm zu. Aber jetzt, da er Lebensbilanz macht, gibt es kein Halten mehr.

Die einstigen Unionsgefährten – seien sie nun christlich-demokratisch oder christlich-sozial – werden in ein »Who is Who« verfrachtet, das wie mit Dreschflegeln verfasst zu sein scheint. Die Enzyklopädie der süßen Rache beginnt mit Abelein, Manfred: »*Scharfmacher in der Deutschlandpolitik. Aber er ist dann halt vergammelt. Da kann man nichts machen. Der Charakter hielt die Begabung nicht ein.*« In diesem Ton geht es geradlinig fort bis zu Zimmermann, Friedrich, den ihm die CSU 1982 ins Kabinett geschickt hatte: »*Er war sieben Jahre[4] Minister gewesen, von dienstags bis donnerstags. Im Herbst fanden die Treibjagden statt. Da war seine Anwesenheit dann noch reduzierter.*«

In einer Art Blitzüberprüfung durchleuchtet er die Recken aus dem einstigen Parteipräsidium. 1990 war es besonders grausam zusammengesetzt. *»Sauber war Rühe, hinterfotzig war Blüm. Nicht hinterfotzig war Albrecht, hinterfotzig war Stoltenberg, aber nicht mutig. Hinterfotzig waren Süssmuth, Geißler und [Christa] Thoben. Walter Wallmann war nicht direkt hinterfotzig. Kiep muss man auch noch dazurechnen.«* Umzingelt also von einer Schlangenbrut, hat er das Vaterland vereint.

In CDU und CSU scheint es kaum jemanden zu geben, mit dem Kohl nicht noch irgendein Scharmützel auszutragen hat. Manche touchiert er nur kurz – mit einem kleinen, schmerzhaften Tritt im Vorbeigehen. Jürgen Rüttgers: *»Jede Dynamik ist weg. Dem sein Horizont ist [seine Heimatgemeinde] Pulheim.«* Bernhard Jagoda, der langjährige Präsident der Bundesanstalt für Arbeit: *»ein trottelhaft katholisches Subjekt«.* In diesem Stil geht es weiter.

Freiherr Constantin von Heereman, der einmal Präsident des Bauernverbands war und den Kohl kurzzeitig für das Amt des Landwirtschaftsministers im Auge hatte: *»Die größte Niete, total ungeeignet – außer für Aachener Karneval!«* Matthias Wissmann, 1993 der Shootingstar im Kabinett: *»In einem bestimmten Zeitabschnitt war er lausbübisch, aber er war kein Großer. Er hat bei der Verjüngung gar nichts erbracht, weil er typologisch ein alter Mann ist.«* Und von Angela Merkel hält er erst recht nichts: *»Diese Dame ist ja wenig vom Charakter heimgesucht.«* Da könne *»man sich nur bekreuzigen«.* Auch seine Vertraute Juliane Weber habe regelmäßig das Weite gesucht, sobald *»die Dame Merkel«* im Anmarsch gewesen sei. Genug!

Da erteilt ein Schulmeister unter seinen Zöglingen Verhaltens- und Charakternoten, die sich zumeist zwischen mangelhaft und ungenügend bewegen. Zu einer gewissen Hoffnung gibt allenfalls Volker Rühe Anlass. Der Nachfolger Heiner Geißlers im

Amt des Generalsekretärs erhält von Kohl immerhin das Prädikat »*eher nützlich*«, wobei bereits das Epitheton »eher« genaugenommen infernalisch ist. Ein Held scheint er jedenfalls nicht eben zu sein. Bei seiner Kandidatur 1989 in Bremen hatte Rühe »*natürlich die Hosen gestrichen voll*«.

Begründungen für die apodiktischen Urteile finden sich selten. Er argumentiert nicht. Er klebt Etiketten. Hannelore Rönsch, drei Jahre Bundesministerin für Familie und Senioren: »*Sie ist immer sehr gut angezogen, war aber dem Amt intellektuell nicht gewachsen.*« Manches ist originell: »*Ernst Albrecht hatte eine eigenartige Religiosität, war ein Mittelding von evangelisch, katholisch und Rudolf Steiner.*« Anderes ist kryptisch und wirkt ziemlich abgedreht: »*Rita Süssmuth wurde aus den Dessous herausgezogen, um der neue Staat zu sein.*« Wieder anderes ist schlicht justiziabel. Von Doktor L., einem recht prominenten Fraktionskollegen aus dem Süddeutschen – wir werden seinen Namen nicht nennen –, behauptet der Ex-Kanzler, der sich selbst so beharrlich von Gott und der Welt verleumdet sieht: »*Der galt immer als Agent der DDR.*«

Auch Gerhard Stoltenberg, in Kohls ersten zehn Kanzlerjahren einer der mächtigsten Minister, zuständig zunächst für die Finanzen, dann für die Verteidigung, wird in wenigen Sätzen zerlegt. »*Stoltenberg machte seine Arbeit gut, war aber in allen Fragen immer dubios, weil er das Gefühl hatte, er wäre der Bessere gewesen. Aber er kam nie aus dem Loch raus.*« Er hat sich, da ist Kohl sicher, als den besseren Kanzler gesehen. Mit solchen Leuten ist nicht gut marschieren. Und Protestant war er auch noch, das kam erschwerend hinzu. »*Stoltenberg war keine feste Burg, auf die man bauen konnte. Er war immer feige, in protestantischer Weise feige und falsch.*«

Einmal, lang bevor er Bundeskanzler wurde, hat Kohl ihn in Kiel besucht. Ein heißer Sommertag in den siebziger Jahren. »*Wir waren beide Ministerpräsidenten, und ich war Parteivorsitzender. Ich saß bei ihm im Landeshaus an der Förde, und er machte überhaupt keine Anstalten, Kaffee oder Ähnliches anzubieten. Er war berühmt, wenn nicht berüchtigt für seinen Geiz.«* Stoltenberg muss für ein paar Minuten in den Landtag. Kohl nimmt derweil im Vorzimmer Platz, *»in dem zwei ganz reizende Damen saßen, die die bei uns in Rheinland-Pfalz gängige liberalere Tonart nicht kannten, sondern eher verschüchtert waren. Ich war eine Autorität für sie. Ich legte mein Portemonnaie auf den Tisch und fragte, ob nicht jemand in eine Konditorei fahren und einen großen Zwetschgenkuchen kaufen und einen schönen Kaffee kochen könnte. Ich gab der Dame mein Portemonnaie, so wie ich das immer in meinem Büro gemacht habe. Diese Methode bewährte sich, vor allem bei Frauen.«*

In eine hübsche, auch wenn nicht gänzlich gender-korrekte Anekdote verpackt, entwickelt Kohl ein aufschlussreiches Psychogramm, das freilich nur vordergründig den nickeligen Landesvater Stoltenberg beschreibt. In erster Linie zeichnet Kohl ein recht genaues Selbstporträt. Es ist das Bild eines begnadeten Menschenfängers, der eben nicht allein ein grober Klotz war, sondern seine Weggefährten mit überraschenden Gesten der Wertschätzung für sich zu gewinnen verstand. Die Kieler Vorzimmerdamen genauso wie den CDU-Kreisvorsitzenden oder einen der großen weltpolitischen Lenker. Bisweilen genügte schon ein freundliches Telefonat ohne direkten Anlass: *»Ich sagte mir einfach, jetzt möchte ich John Major anrufen und ihm guten Tag und etwas Freundliches sagen. Ich sagte dann: ›Ich freue mich, deine Stimme zu hören.‹ Ich wusste, dass es den anderen nicht immer gut ging.«* Er weiß, so schafft man Vertrauen.

Manchmal helfen auch kleine Präsente. Kohl ist ein Virtuose im Schenken. *»Ich hatte immer gute Leute, die mich dabei unterstützt haben. Das Geschenk ist ganz wichtig, jedoch nicht* *wegen seines Werts, sondern wegen der Zuwendung, die in dem Geschenk liegt. Wenn man weiß, dass jemand dies oder jenes gern isst, und bringt bei Gelegenheit eine Kleinigkeit mit, die ihn möglicherweise an seine Jugend oder sonst was erinnert, müsste es mit dem Teufel zugehen, wenn in diesem Moment keine Reaktion erfolgt.«* Darum hat auch die Geschichte in Stoltenbergs Dienstresidenz ein glückliches Ende genommen. Als der Ministerpräsident aus dem Landtag zurückkommt, erwarten ihn Berge von Kuchen.

Was dann geschah, hat Kohl auch bald dreißig Jahre später noch aufs Genaueste vor Augen. *»Stoltenberg fragte: ›Wieso?‹ Ich sagte: ›Weil ich das bestellt habe und nicht einsehe, hier zu sitzen ohne Kuchen.‹ Er wusste nicht, ob er ärgerlich oder freundlich sein sollte. In dem Moment gab mir die Dame mein Portemonnaie zurück.«* Der Hausherr erstarrt. Was geht hier vor? *»Wenn ich in diesem Moment den beiden Damen unter den Rock gelangt oder die Brüste betastet hätte, hätte er nicht so bestürzt sein können wie bei der Tatsache, dass ich seinen Sekretärinnen mein Portemonnaie gegeben habe. Das ging nicht in seinen Kopf. Diese Szene habe ich nie vergessen, und die Frau auch nicht, die ich nie mehr getroffen habe. Wenn sie heute Oma ist, wird sie ihren Enkeln die Geschichte erzählen, als Kohl damals in Kiel war.«*

Auch ihm ist die menschelnde Episode offensichtlich wichtig. Der Umstand, dass er zwei ihm persönlich unbekannten Mitarbeiterinnen Stoltenbergs vor vielen Jahren einmal seine Geldbörse überließ, scheint dazu angetan, unsere Sympathie zu wecken. So sähe er sich gerne verewigt. Ob aber nicht eher das weitverbreitete Klischee stimme, dass er misstrauisch sei, hat ihn Schwan gefragt. Die Antwort Kohls war salomonisch: *»Nicht misstrauisch zu sein ist ja ein Akt extremer Dummheit, was ich immer zu vermeiden versuchte. Aber ich hatte das Grundprinzip, den Ver-*

trauensvorschuss vorweg zu geben und ihn erst dann einzu-
sammeln, wenn es schlecht geht.« Dann allerdings setzt es Prügel. Das haben vor allem die »Bremer Stadtmusikanten« erfahren,
die gescheiterten Putschisten vom CDU-Parteitag im September
1989, als die Umfragewerte für die Union tief im Keller waren.
»Wer antritt und will einen anderen politisch umbringen, muss
damit rechnen, dass der sich zur Wehr setzt«, hat er 2001 im
Gespräch mit Sandra Maischberger gesagt. In den Memoiren
sollen die niedergeschlagenen Meuterer ihre angemessene Wür-
digung erfahren: »Blüm muss kurz und schmerzlos behandelt
werden. Ich habe kein Problem damit zu sagen, dass ich mir im
Nachhinein vorwerfe, dass ich ihm in der sachlichen Arbeit zu
lange gefolgt bin. Aber bei ihm muss das Wort ›Verräter‹ in irgendeiner Form rein.« Immerhin habe sich dieser »reine Opportu-
nist« in letzter Sekunde von den Verschwörern losgesagt, als er
sah, dass der Aufstand kaum Chance auf Erfolg hatte. »Er ist gerade noch rechtzeitig in den Büschen verschwunden. Blüm war
immer ein Wackelpeter.«

Rita Süssmuth, »die Schreckschraube, die sich wegen günstiger Todesfälle in der Frauenunion hochhievte ins Kabinett«,
schien von gefährlicherem Kaliber zu sein. Immer wieder hatte
sie ihren Bundesvorsitzenden daran erinnert, dass Macht in einer
Demokratie teilbar sein sollte. Der Bremer Parteitag bot die
ersehnte Möglichkeit, ein Exempel zu statuieren – und Kohl
zumindest aus einem seiner Ämter zu drängen. Jetzt, beim Ver-
fassen der Lebenserinnerungen, ist für ihn die Stunde der Ge-
genrechnung gekommen. »Irgendwo muss durchschimmern,
dass all diese Leute das, was sie geworden sind, nur mit meiner Unterstützung geworden sind und dass der Satz meiner
Mutter ›Die Hand, die segnet, wird zuerst gebissen‹ richtig ist.«
Nicht nur einmal zitiert er diese Weisheit aus dem Volksmund
herbei.

Heiner Geißler? Hat ihn nicht erst Kohl groß und berühmt gemacht? Und was war der Dank? Widerworte, Intrigen und das Geraune vom neokonservativen Rechtsruck in der Partei. Und am Ende stand die Beteiligung an einer finsteren Verschwörung. Wie oft hat Kohl – wegen Geißlers Alleingängen – Ärger mit der CSU bekommen. Er hat dennoch zu seinem Generalsekretär, diesem »Narr und Rechthaber«, gehalten. Die beiden waren einander so wesensfremd nicht. Zwei katholische Glaubenskrieger im Dienst der Union, in der Attacke bisweilen maßlos und allzeit bereit zum Gefecht mit dem Feind. Beißhemmung: für beide ein Fremdwort. »Ein Kanzler muss sich in der Schlacht tummeln.« So hat bekanntlich auch Generalsekretär Geißler seinen Einsatz an der vordersten Politfront verstanden. Gewiss nicht ohne Zufall gibt er seinem publizistischen Rückblick auf die Ära Kohl den Titel *Zeit, das Visier zu öffnen.*

Aber nach zwölf Jahren war, hier wie dort, die Teamfähigkeit verschlissen. An den Tag, an dem er dem Abtrünnigen – wenige Wochen vor dem Treffen der CDU-Basis in Bremen – den Stuhl vor die Tür gesetzt hat, erinnert sich Kohl mit Erleichterung und spürbarem Genuss. »Ich sagte zu ihm: ›Du hast mit dem Parteitag nichts mehr zu tun.‹ Er schaute mich ungläubig an. ›Du hast mit dem Parteitag nichts mehr zu tun. Nach dem Parteitag bist du kein Generalsekretär mehr. Ich werde dich nicht vorschlagen.‹ Da schrie er auf, packte affenartig seine Sachen zusammen und verließ laut schreiend das Lokal. Von dieser Stunde an trommelte eine Buschtrommel durch Bonn und Deutschland. Ich hatte den Krieg eröffnet.« Offenkundig ist die Nichtnominierung Geißlers kein demokratischer Ablösungsprozess, sondern die Niederschlagung eines Staatsstreichs. »In der Presselandschaft gab es großes Röhren.«

Viel zu spät habe er den wahren Charakter seines engsten Mitarbeiters durchschaut, mit dem er sich mit Gewissheit nie wieder an einen gemeinsamen Tisch setzen werde. Hannelore habe ihn immer gewarnt. »*Sie hatte Geißler schon früh als Verräter erkannt, sie sagte immer, dass er mich hintergehen würde. Ihre Meinung über ihn war absolut verheerend.*«

Die Manier, in der Kohl den Konflikt mit Geißler aufbereitet, scheint typisch für den Umgang mit seinen parteiinternen Gegnern. Er sucht nicht die Auseinandersetzung in der Sache. Er schmäht den langjährigen Mitkämpfer persönlich, er stellt ihn sogar auf eine Stufe mit den bis zu den Zähnen bewaffneten Putschisten gegen Gorbatschow im August 1991. »*Es waren ja seine nächsten Leute, die geputscht haben. Der Typ Geißler. Er wird ganz bitter, wenn er darüber redet.*«

Und ein Geizkragen sei der Schwabe aus Oberndorf am Neckar gewesen, nicht zuletzt in materiellen Dingen stets nur auf den eigenen Vorteil bedacht. Das Ministeramt in Rheinland-Pfalz habe er nur deshalb, zuletzt unter Bernhard Vogel, bis zum Sommer 1977 ausgesessen, damit »*er seine zehn Jahre voll hatte, um pensionsberechtigt zu sein*«. Auch als er dann seinen politischen Schwerpunkt nach Bonn verlegte, sei er das alte Sparbrötchen geblieben. Damit dies ja nicht vergessen werde – und natürlich um ein Stück Zeitgeschichte zu sichern –, entwirft der abgetretene Parteifürst mit dem Elefantengedächtnis eine maliziöse Skizze Geißlers.

Im »Langen Eugen«, in den engen Büroräumen des Bonner Abgeordnetenhochhauses, logierte, um Diäten zu sparen, mancher Parlamentarier auch über Nacht, »*so wie der Generalsekretär Geißler. Der hatte die ganzen Jahre über keine Wohnung. Der übernachtete immer in einer Abstellkammer im Adenauer-Haus. Der hat doch Geld gespart, natürlich. Eine ganze Menge übernachtete im Büro des Langen Eugen. Das war bekannt. Die zogen dort ein Feldbett raus. In diesem Loch zu übernachten, ist auch eine Frage der eigenen Kulturbemühungen. Das Haus war ja so, dass wenn einer einen Furz gelassen hat, man das vier Etagen drunter gehört hat. Da waren auch weibliche Abgeordnete. Wenn die zum Stöhnen gebracht wurden, hat das ganze Haus mitgehört.«*[5]

Und dennoch, beim Abschied von Geißler klingt auch eine Portion Wehmut mit. Kohl weiß noch immer um die Qualitäten seines einstigen Generalsekretärs, der *»aus der Sicht der Parteiarbeit der mit Abstand beste war, wenn ich den Mangel an Loyalität beiseitelasse«*. Einer seiner vielen verlorenen Söhne. Weit nüchterner sieht er den zweifellos klügsten Kopf im Trupp der Königsmörder. Kurt Biedenkopf, den er seit Grundschulzeiten kennt, scheint in seinen Augen schon immer ein zwielichtiger Geselle gewesen zu sein, von Ehrgeiz und Eifersucht getrieben. *»Der hat es nicht ertragen, dass meine Macht immer deutlicher geworden war.«* Obwohl nach einem 1987 dramatisch verlorenen Zweikampf mit Norbert Blüm um den Vorsitz im mächtigen CDU-Verband Nordrhein-Westfalen spürbar geschwächt, hat Biedenkopf kurz vor der Bremer Zusammenkunft mit einem Papier, in dem er beredt die Trennung von Bundesvorsitz und Regierungsführung eingefordert hatte, für mächtigen Wirbel gesorgt. In seinem *Deutschen Tagebuch* zeichnet Biedenkopf für den September 1989 ein finsteres Bild der unter einer bleiernen Kanzlerschaft erstarrten Republik. »Wie Mehltau legt sich Mittelmäßigkeit übers Land. Die Macht und die Pfründe sind zum alles bestimmenden Kriterium geworden.«

Kohl wird die Passage kennen. Als er 2001, durchaus mit eigenem Zutun, am Boden liegt, sagt er nur: *»Der wechselt die Front. Das hat er immer gemacht.«* Und dann kommt ihm eine charakteristische Geschichte aus dem April 1976 in den Sinn. Da hat er, in Österreich Kräfte tankend, mit seinem damaligen Generalsekretär eine Wanderpartie in Schruns unternommen. Die Bundestagswahlen standen bevor. Kohl war Spitzenkandidat, auch wenn das sein ewiger Gegenspieler aus München, Franz Josef Strauß, in keiner Weise goutierte. *»Biedenkopf und ich lagen bei strahlendem Sonnenschein auf der Wiese. Er erklärte mir dann, es sähe gut aus für die Wahl, und er wolle Verteidigungsminister werden. Ich hatte nichts dagegen.«* Zufrieden trat der Professor tags darauf die Rückreise an, ins Eigenheim nach NRW, wie er sagte.

Dann aber nahm – es gab ja noch kaum Mobiltelefone – das Schicksal seinen Lauf. *»Weil ich etwas vergessen hatte, rief ich ihn am nächsten Morgen zu Hause an. Da wohnte er noch in Bochum, glaube ich. Seine damalige Frau sagte mir, er sei nicht da. Er sei noch für drei Tage unterwegs. Ich schluckte einen Moment, weil er zu mir gesagt hatte, dass er heimfährt.«* Wenig später schaut auch Strauß in Schruns vorbei. Die beiden sitzen am Pool des maroden Kurhauses. Aus dem Lautsprecher tönt der Badenweiler Marsch. *»In der Zeit waren nur alte Weiber dort. Damals sah ich zum ersten Mal ganz reiche Frauen, die ihre jungen Beischläfer bei sich hatten.«*

Schnell kommt der Bayer zur Sache. *»Mit der ihm zu eigenen Süffisanz sagte er mir: ›Pass auf mit deinem Generalsekretär. Der ist nicht sauber.‹ Und dann erzählte er mir, dass Biedenkopf bei ihm war. Er war von mir zu Strauß nach München gefahren und hatte die Ingrid Kuhbier dabei«,* die damalige Geliebte, die Jahre später, in den Ehestand überführt, einmal Landesmutter Sachsens werden sollte. *»Der Franz Josef verpetzte ja alles.«* Er genießt seinen Triumph in vollen Zügen. Kohls Generalsekretär hat, wie es scheint, einen recht dreisten Mandantenverrat begangen. *»Wir [Strauß, seine Ehefrau Marianne und Kurt Biedenkopf] waren zusammen mit der Ingrid in der Sauna. Ich solle ja nicht glauben, dass Biedenkopf mein Mann sei. Das stimmte leider. Ich hatte zum ersten Mal gemerkt, dass er hinter meinem Rücken ganz schön falsch war, dass er mir – ohne Not – ins Gesicht hinein gelogen hatte.«* Für das verwerfliche Delikt zieht

Kohl zwei seiner liebsten Schimpfworte aus dem Köcher: »*Das war hinterfotzig und dreckig. Punkt. Aus. Und Feierabend!*«

Ein Jahr später – der Bundestagswahlkampf 1976 gegen die Koalition Schmidt/Genscher ging denkbar knapp verloren – war für Brutus Biedenkopf dann tatsächlich Feierabend. Er wird als Generalsekretär durch Heiner Geißler ersetzt. Aber in seiner wendigen Wesenheit bleibt der Professor für Kohl auch noch auf dem Bremer Parteitag gefährlich.

Den eigentlichen Rädelsführer indes, der im Handstreich den CDU-Bundesvorsitz erobern wollte, möchte Kohl am liebsten nur mit verachtendem Schweigen bestrafen. Das würde ihn, der nicht frei von Eitelkeit ist, gewiss treffen. Lothar Späth ist in der Partei ohnehin jäh gefallen. Die Tiefe seines freien Falls hat beinah Kohlsche Dimensionen. »*Er ist natürlich einer der Dreckigsten. Aber die Frage bleibt, ob wir ihn überhaupt erwähnen sollten.*« Dann bekommt das Cleverle aus Sigmaringen doch seine Prügel. Der habe, schimpft Kohl, seinen Charakter schon beim Sturz seines Amtsvorgängers Filbinger demonstriert. »*Sein Verhalten war für mich degoutant, obwohl ich kein Filbinger-Fan bin. Aber das war eine Nuance zu clever.*« Schwan fragt nach und will wissen, ob er im Ernst glaube, dass es Späth war, der den einstigen Marinerichter hat fallen lassen. »*Das ist vielleicht das falsche Wort*«, kontert Kohl und metaphert unbestreitbar geistreich: »*Späth hatte dafür gesorgt, dass die Leiter fehlte, auf der er hätte heruntersteigen können. Insofern fiel er.*«

Immer und ewig habe Späth aus dem Verborgenen heraus agiert und auch im Umgang mit der DDR nicht die gebotene Distanz gewahrt. Da sei, sagt Kohl, wohl so manche vertrauliche Information über die deutsch-deutsche Grenze gelangt und im Osten gerne abgeschöpft worden. »*Ich bin sicher, dass Lothar Späth lieferte, natürlich nicht für Geld. Aber als großer Butler hatte er unentwegt Spezialkontakte. Schon vor der De-Maizière-Wahl duzte er sich mit dem Berghofer von Dresden. Bevor ich an der Kirche war im Dezember 1989 duzte er sich schon mit ihm. Ich bin ganz sicher, dass da noch sehr viel mehr war.«[6]* Dampft man die Aussage ein, dann bleibt an Fakten nur dies: Kohl erinnert sich, dass Parteifreund Lothar Dresdens Oberbürgermeister Wolfgang Berghofer im Dezember 1989 beim Vornamen genannt habe. Mehr hat er nicht in der Hand. Er äußert raunend einen Verdacht.

Besonderes Vergnügen gilt einem vielbeachteten Schlüsselroman des vormaligen Pressereferenten und Ghostwriters des Landesvaters, Manfred Zach. *»Späths Barde«,* wie ihn Kohl nennt, seziert in *Monrepos oder Die Kälte der Macht* mit viel Insiderkenntnis den eiskalt betriebenen Aufstieg eines Ministerpräsidenten namens Oskar Specht. Aber eben auch dessen »letzte politische Ölung«, die Traumschiffaffäre, die den langjährigen Günstling der Medien über einen von der Industrie bezahlten Luxusurlaub in der Ägäis straucheln ließ.

Aufgedeckt hat das Ganze im Winter 1990/91 ausgerechnet der *Spiegel,* der Späth in den Jahren zuvor durchaus verbunden schien. »Nach den Wahlniederlagen in Berlin geht das Wort vom ›großen Befreiungsschlag‹ um«, ist in der Ausgabe vom 20. März 1989 zu lesen. »Die Hoffnungen der Christenunion ruhen auf Lothar Späth.« Nun hat sich das Blatt gewendet, und Kohl ergeht sich in Schadenfreude. *»Der Späth hat sich dieser Mischpoke angeschlossen. Sie haben ihn hochgeschrieben. Dann haben sie ihn fallen lassen und schrieben plötzlich die ganzen Sauereien bis dort hinaus.«* Das hat er nun davon. Wäre er doch dem Beispiel seines Kanzlers gefolgt. *»Ich rede nicht mit dem* Spiegel. *Ich gebe dem kein Interview. Ich lese den nicht. Und bin übrigens nicht gegen den* Spiegel, *auch nicht gegen die Müllabfuhr in Bonn, aber ich bleibe trotzdem nicht über Nacht in der Kläranlage.«* Wen er wohl mehr hasst, die Blattmacher aus Hamburg oder den Verräter aus Schwaben?

Seit dem versuchten Putsch ist zum Zeitpunkt der Gespräche in Oggersheim weit mehr als ein Jahrzehnt vergangen. Doch Kohl ist unversöhnlich geblieben. Mit jedem der »*Bremer Stadtmusikanten*« hat er gebrochen. Einmal, im Juli 2001, weist Schwan darauf hin, dass Späth als Topmanager bei Jenoptik, einst VEB Zeiss-Jena, höchst erfolgreich sei. Da knurrt Kohl: »*Das endet im Fiasko. Denkt an mich. In diesem Unternehmen ist keine Spur von Jubel mehr.*« Er gönnt ihm nichts. Beinahe hat es den Anschein, als hoffe er, dass der einstige Kontrahent bald wieder ganz unten ist. Mit seiner Prognose sollte sich Helmut Kohl allerdings irren. Als Späth im April 2002 seinen Abschied im kommenden Jahr ankündigt, kann er auf die besten Zahlen in der Konzerngeschichte verweisen. Dass er beim Börsengang des Unternehmens möglicherweise Fehler zu verantworten hätte, schmälert seinen Erfolg nicht wirklich.

Manch andere Verwünschung eines Parteifreunds hingegen klingt im Nachhinein fast schon prophetisch. Am 22. Juli 2001 kommt Kohl, eher beiläufig, auf den niedersächsischen CDU-Landesvorsitzenden zu sprechen. Sein Name: Christian Wulff. Auch er, »*der auf ganz jung macht*«, hat sich in letzter Zeit über den Ehrenwortgeber aus Ludwigshafen recht despektierlich geäußert. Jetzt, bei der Arbeit an den *Erinnerungen*, bietet sich Gelegenheit, um beherzt zurückzubeißen. »*Das ist ein ganz großer Verräter. Gleichzeitig ist er auch eine Null. Er hat nur Pech. Neulich saßen eine ganze Reihe Niedersachsen in einem Restaurant. Ich ging vorbei, und einige sehr anständige Leute sagten, ich solle mich doch ein bisschen dazusetzen. Das tat ich und sagte: ›Ich mache das, aber nur unter der Bedingung, dass ihr eurem Landesvorsitzenden ausrichtet, dass er vierzehn Tage nach der nächsten Landtagswahl einen Brief von mir bekommt, in dem ich ihm zu seiner Wahl zum Vizepräsidenten vom Landtag gratuliere. Der wird das. Das ist voraussehbar.*‹« Nun denn,

Christian Wilhelm Walter Wulff ist dann 2003, der Unkenrufe zum Trotz, Ministerpräsident geworden – aber letztlich doch dramatisch gescheitert, so wie von Kohl böse geweissagt: Er wird wohl als Null in die Geschichtsbücher eingehen.

Auch lang schon dahingeschiedene Parteigrößen bleiben nicht verschont. Bruno Heck (1917–1989) war der erste Generalsekretär der CDU. *»Meine Frau mochte ihn nicht. Ein Mann, der seiner Frau sechs Kinder hinsetzt und dann dauernd weggeht, hatte bei ihr kein Erbarmen.«* Einerlei, ob er nun selber ein guter Ehemann und Familienvater war oder nicht: Wenn er will – und der Drang zum Draufhauen einen Moment erlischt –, kann Kohl ein sensibler und ungemein präziser Beobachter sein. Bernhard Vogel gehört zu den wenigen, von denen er sich nach seinem Abgang als Kanzler nicht mit Häme und Undank verfolgt sieht. Das tut ihm gut. Und doch hat Kohl den Kommilitonen von einst nie so wirklich für voll genommen. Schon 1974 hätte er lieber Heiner Geißler als seinen Nachfolger im Amt als Landesvorsitzender der CDU Rheinland-Pfalz gesehen als den verhinderten Wissenschaftler Vogel. Allein, die Partei wollte es anders – und hat ihm, als Kohl, in Bonn zu höheren Aufgaben berufen, 1976 abtrat, den Weg ins Amt des Ministerpräsidenten geebnet.

Aber vermag einer wie Vogel erfolgreich zu regieren? Das Psychogramm, das Kohl von seinem Epigonen zeichnet, verrät einiges darüber, wie er selbst sein politisches Handwerk verstand: *»Bernd Vogel war leider gar nicht autoritär, und er kam ohne Frau. Das sah man ihm auch an. Er ist bis ins Alter typologisch Junggeselle geblieben. Er gehört zu jenen Menschen, die vom Frühjahr direkt in den Herbst gehen. Er hat keinen Sommer. Er hat jugendlich spritzig begonnen. Der Sommer fiel aus. Und in den letzten vier Jahren in Mainz war gar nichts mehr.«* Das mag nicht ganz falsch sein. Die Fußstapfen des Vorgängers waren, wenn wir Helmut Kohl folgen, einfach zu groß. Der hat am Mittelrhein seit 1969 einen bürgernahen, effizient arbeitenden und sinnenfrohen Kleinstaat geschaffen, zu dem – in unterschiedlichster Funktion – etwa Heiner Geißler, Roman Herzog, Norbert Blüm und ebenso die resolute Staatssekretärin Hanna-Renate Laurien gehörten, die ihren Kultusminister, Vogel eben, mit Freuden kommandierte. Lauter interessante, eigenwillige Leute. Aber das Sagen hatte letztlich immer nur einer: Kohl, der unumstrittene Boss.

Im Memoirengespräch vom 19. März 2001 kommt er auf den eigenen, von vielen Pfälzern schmerzlich bedauerten Rückzug als Ministerpräsident zu sprechen, auch auf die Wahl Bernhard Vogels. Eigentlich aber sagt er, dass ihm sein Nachfolger das Wasser nicht reichen konnte. Und zumindest die Art, wie er das sagt, ist schwer erträglich. »*Bernhard Vogel hat furchtbar gelitten unter dem Schatten und hat nichts gemacht. Man kann auch boshaft sagen, das Lachen und die Lebensfreude sind aus der Staatskanzlei ausgezogen. Die haben ja keine Feste gefeiert. Die haben keine Weiber angefasst. Also auch hier waren sie der Lebenslust abhold. Die haben natürlich auch was getrunken. Aber man konnte keine Feste feiern mit der Hanna-Renate Laurien. Das konnte man nur machen, wenn der Boss da war, der gesagt hat: ›Laurienchen, du hältst jetzt dein Maul und trinkst noch einen weiteren Schnaps!‹ Das hat sie dann gemacht. Aber der Bernhard Vogel hätte das ja nie zu ihr gesagt. Im Ministerium war sie ja stärker als der Minister, von ihrer ganzen Art her.*«

An kleinen Zoten hat Kohl bei diesem autobiographischen Männergespräch spürbar Vergnügen. Auch als ihm am 4. Juni 2001 Markus Schächter in den Sinn kommt. Der war zu dieser Zeit Intendant des ZDF und hat in den siebziger Jahren, zur Amtszeit von Bernhard Vogel, die Öffentlichkeitarbeit im rheinland-pfälzischen Kultusministerium unter besagter Hanna-

Renate Laurien geleitet. Kohl ist mit der eindrücklichen, freimütig anstrengenden Frau, von Freund und Feind »Hanna Granata« genannt, lang schon zerstritten. Das verschafft sich dann so Luft: »*Ich kann gar nicht verstehen, wie der Schächter unter dem großen Busen der Laurien überhaupt Luft schnappen konnte.*« Auch eine junge CDU-Kandidatin aus Hessen, Kristina Köhler, die später als Kristina Schröder bei Angela Merkel Familienministerin werden sollte und dem Altkanzler, einen Fotografen von *Bunte* im Schlepptau, 2002 die Aufwartung gemacht hatte, wird mit eindeutigen Komplimenten bedacht: »*Ich will ihr nicht zu nahe treten, sie ist durchaus intelligent. Sie weiß genau, wie man die Sachen einsetzt, dass die Journalisten glasige Blicke bekommen.*«

Kohl ist sich natürlich darüber im Klaren, dass er im heimischen Tonstudio keine Selbstgespräche führt, dass sein Gegenüber Heribert Schwan nicht nur Historiker, sondern vor allem Journalist ist, zu dessen Profession es gehört, Informationen zu hinterfragen, zu bündeln und der Öffentlichkeit zugänglich zu machen. Und ebendas kommt Helmut Kohl gelegen. Er hält die eigene Isolation vor allem in der eigenen Partei nicht mehr aus, all die Nachgeborenen in der Fraktion, die zu ihm nur noch »Herr Kohl« und nicht mehr »Herr Bundeskanzler« sagen. Er spürt, seine Zeit ist abgelaufen, und sieht sich von Heckenschützen umzingelt. Es gibt so viele, die augenscheinlich noch eine offene Rechnung mit ihm haben.

Im Clinch liegt Kohl auch mit dem parteiinternen Dauerrivalen Barzel, den er 1973 – nach einem gescheiterten Anlauf zwei Jahre zuvor – als CDU-Vorsitzenden recht brachial gestürzt hatte. Nun übt er sich in Verbindlichkeit: »*Ich habe seine Ablösung betrieben.*« Barzel hat die Schlacht verloren, der ewige Pechvogel: beim Misstrauensvotum gegen Willy Brandt mit Zutun der Stasi gescheitert, als Kanzlerkandidat im Herbst 1972 chancenlos, als Präsident des Deutschen Bundestags nach einer – wie sich später herausstellen sollte – haltlosen Verdächtigung im Zuge der Flick-Affäre 1984 zum Rücktritt genötigt. Dieser Rainer Candidus Barzel, auch im Privaten vielfach vom Schicksal geschlagen, hat 2001 ein Memoirenwerk vorgelegt, das sich bereits auf den ersten Blick als Generalabrechnung mit Kohl zu erkennen gibt.

Den Schutzumschlag von *Ein gewagtes Leben* schmückt eine Fotografie aus besseren Zeiten: Bundestagspräsident Barzel, im Dienstfrack und mit silbernem Binder, nimmt Kanzler Kohl am 29. März 1983 den Amtseid ab. Die Momentaufnahme scheint – im Licht des Spendenskandals von 1999 – geradezu eine Steilvorlage, die Barzel, der stets eloquente Doktor der Rechte, im Schlusskapitel seiner Erinnerungen erbarmungslos nutzt: »Mich bedrückte und bedrückt, dass Kohl in meine Hand seinen Eid auf die Verfassung geleistet hatte! Artikel 23 unseres Grundgesetzes bestimmt: ›Die Parteien müssen über die Herkunft und Verwendung ihrer Mittel sowie über ihr Vermögen öffentlich Rechenschaft geben.‹ Kohl weigerte sich, stellte sein Wort über unsere Verfassung. ›Rex legibus solutus‹ (Der König ist an das Gesetz gebunden). So entstand unsere Rechtskultur. Diese Grundnorm verletzte und verletzt Kohl.« Deutlicher kann man es kaum sagen.

Anfang Oktober 2001 – das Barzel-Buch ist eben erschienen – wird das Werk im Oggersheimer Souterrain eingehend erörtert. Nein, Kohl hat es noch nicht gelesen und versichert, dass er dies auch niemals tun werde. So hat er es immer gehalten. Missliebige Lektüre über die eigene Person nahm er nicht in die Hand. Und war doch stets haarklein informiert. Früher haben die Referenten penible Zusammenfassungen erstellt. Heute lässt er sich die gemeinsten Passagen im Rahmen der Gespräche über seine Memoiren vorlesen. Manchmal stöhnt er kurz auf: »*Unglaublich, was der Mann da schreibt. Das ist ein solcher Scheiß!*« Nach einer kurzen Pause fügt er, auch im Blick auf die Weizsäcker-Memoiren hinzu. »*Das sind alles Rachebücher.*« Vielleicht ist die Vermutung nicht ganz falsch. Aber würde Kohl nicht am liebsten selber ein solches Rachebuch schreiben?

Besonders ungehalten reagiert Kohl, wenn ihm Barzel etwa vorhält, mit seinem umstrittenen Diktum von »der Gnade der späten Geburt« all diejenigen alleingelassen zu haben, denen diese Gnade nicht zuteilgeworden war. »*Das habe ich doch nie so gesagt. Die Gnade der späten Geburt, der Satz geht doch weiter: dass diejenigen, die die Gnade der späten Geburt haben, Verständnis haben müssen für die, die in diese schicksalhafte Situation geraten sind und den moralischen Auftrag haben, die Kenntnis an die Jüngeren weiterzugeben. Das ist doch aus dem Zusammenhang gerissen. Das ist das genaue Gegenteil. Er fälscht.*« Der Nationalsozialismus als »schicksalhafte Situation«: ob ein solches Dementi die Sache besser macht?

Insgesamt gibt sich Kohl in seiner Bewertung Barzels ungewohnt wortkarg, obwohl der auf 440 Buchseiten in die Vollen gegangen ist. »So wie ich es mit Kohl erlebte, ist es in den obersten Führungsgremien der CDU, auch nicht bei Adenauer, noch nie zugegangen: Kohl führte nicht, er herrschte. Er nahm stets den größten Teil der Redezeit in Anspruch und trug weitschweifig vor.« Das Zitat muss ihn doch treffen, ist das nicht harter Tobak? Doch Kohl gibt sich gelassen: »*Was heißt hier ›harter Tobak‹? Warum haben denn die Leute immer den Gleichen gewählt? Das ist furchtbar einfach: Die wollten einen Herrscher haben.*« Diesem Wunsch hat er gerne entsprochen. Als dann der Quälgeist Schwan freilich die erwähnte Barzel-Passage zur Spendenaffäre und dem Artikel 23 Grundgesetz verliest, hat der Alte genug. Tonband aus. Die Arbeit an den Memoiren ist für heute beendet.

Bei diesem Reizthema verstummt er, windet sich oder wird heftig. Wer ihn kritisiert, der ist sein Feind und wird auch als solcher behandelt. »*Es war nicht illegal, was ich machte.*« Leute wie Norbert Blüm, der gesagt hat, dass es keine Versöhnung geben könne, »solange Kohl einen Gesetzesbruch hinter seinem Ehrenwort verbirgt«, seien undankbare »*Mistkerle. Der Blüm hat doch die Sozialausschüsse finanziell absolut ins Elend geritten. Der hat sich doch nie um etwas gekümmert. Und ich musste meinen Kopf hinhalten.*«

Auch Peter Müller, seinerzeit Ministerpräsident im Saarland, hat bei Kohl »Signale tätiger Reue« vermisst, zu denen für ihn eben auch ein Geständnis, die Nennung der Spendernamen, kurz: die Rückkehr in die Legalität gehörte. Das kommt für den demissionierten Ehrenvorsitzenden nicht in Frage. Kohl schlägt zurück: Müllers Landesverband habe doch nur dank des Großmuts der Bundespartei überlebt. »*Müller ist charakterlich wirklich eine Null. Wie der sich in der Spendengeschichte aufgeregt hat! Er war schon damals dabei, als beispielsweise dieses Genie Töpfer, dieser Ökonom von großen Gnaden, der jetzt in afrikanischen Höhlen herumlungert, Landesvorsitzender war. Müller kennt doch die Verhältnisse und weiß, wer ihm geholfen hat. Er hätte ja nicht sagen müssen, dass sie dankbar sind, sondern er hätte in Erinnerung an damals das Maul halten können.*«

Einmal in Fahrt geraten, plaudert Kohl ein wenig aus dem Nähkästchen und gewährt, am Beispiel des Saarlands, einen kleinen Einblick in die verschlungenen Wege der innerparteilichen Geldflüsse. »*Nach unserer Satzung müssen die Landesverbände eine Summe X entsprechend der Mitgliederzahl an die Bundespartei abliefern. Die Saarländer waren seit Röders Abtritt*[7] *immer bankrott gewesen. Töpfer war der größte Bankrotteur von allen. Auf dem Bundesparteitag musste im Rechenschaftsbericht vorgetragen werden, dass alle Delegierten, die gewählt wurden, ihre Beiträge abgeführt haben. Die saarländischen Beiträge aber waren nicht abgeführt. Das war auf einem Parteitag vor einer Saarwahl, und den Delegierten wurde dann mitgeteilt, dass sie nicht stimmberechtigt seien. Das war sehr werbewirksam für die* Saarbrücker Zeitung. *Die saarländische Partei hinterließ daraufhin einen Schuldschein, den die Bundespartei anerkannte. Das hieß: juristisch gesehen war der Rückstand bezahlt. Wir hatten nun einen Schuldschein, aber eben noch lange kein Geld.*« Und keiner hat gefragt, wie sich die Differenz von Soll und Haben in gebotener Diskretion ausgleichen ließ.

Er, der Übervater seiner Partei, musste dann persönlich den Karren aus dem Sumpf ziehen, die Drecksarbeit erledigen, für die sich Angela Merkel, seit 2000 CDU-Vorsitzende, natürlich zu fein sei. »*Die Merkel hat das doch nie gemacht. Im Landesverband hatte sie einen Saustall, und der Bundesgeschäftsführer*[8] *ist ein bürokratischer Ochse.*« Ein Helmut Kohl habe wenigstens selber die Ärmel hochgekrempelt. Und jetzt auf einmal zeigen sie alle auf ihn. »*Wenn ich den Peter Müller sehe, wie er sich hervortut. Er saß doch damals dabei*«, als die Saar-CDU Geld einforderte. Und der Töpfer sei schon im Bundeskabinett eine Fehlbesetzung gewesen: »*Als Minister taugte er nichts. Er war ein großer Sprücheklopfer und verbrachte viel Zeit damit, abends in Bonn mit der ganzen journalistischen Mischpoke Karten zu spielen, was er sehr gut kann.*«

»Mischpoke«, das schöne jiddische Wort – im Deutschen meist als Synonym für eine familiär-verschworene Bande mit vielen schwarzen Schafen gebraucht –, hat es ihm angetan. Diese Mischpoken machen Kohl das Leben schwer, ganz einerlei, ob es sich nun um die »Spiegel-*Mischpoke*« handelt, um »*Weizsäcker und seine Mischpoke*« oder um den »*Mischpokenverein um Walther Leisler Kiep*«. Letzteren, diese vornehm-hanseatische Erscheinung mit besten Kontakten zur Wirtschaft – als langjähriger Schatzmeister der CDU steht er im Zentrum des Spendenskandals –, verabscheut der bodenständige Pfälzer in besonderem

Maße. Kiep, schon 1971 unter Barzel im Amt, ist ihm eine rundum zwielichtige Figur, die vor dem Bremer Parteitag in den Reihen der Großindustrie als möglicher Kanzlernachfolger gehandelt wurde. *»Ich habe sehr früh erkannt, dass er eine goldene Hand hatte. Man wusste nicht genau, welche Ausbildung er hatte. Ich fand ihn vor als neuen Star mit Kennedy-Look und 1000er BMW und schwarzer Motorradkleidung, mit der er durch die Höhen und Tiefen des Taunus fuhr. Zu dieser Welt hatte ich gar keinen Zugang. Ich war ein Mensch aus Ludwigshafen, der kaum Kontakt zur eigentlichen Industrie hatte, abgesehen von der Chemie. Aber die Chemieleute fuhren nie die größten Autos. Das waren Typen aus einer Tiefstaplerregion, die einen ganz anderen Lebensstil hatten.«* Unter den Tisch fällt bei dieser Übung in Bescheidenheit freilich, dass Kohl sich bekanntlich nicht nur im Kreise der »Badischen Anilin & Soda-Fabrikanten« bewegte, sondern sich auch von Flick und Kirch bezahlen ließ.

Wieder einmal verrät das von Kohl entworfene Psychogramm möglicherweise mehr über den Verfasser als über das Objekt der Abhandlung. Kiep erscheint als der leibhaftige Gegenentwurf zum Kohlschen Selbstbild vom volksnahen Aufsteiger, der sich ein Leben lang treu blieb. *»Der unsägliche Kiep«* mit dem silbergescheitelten Haupthaar aber ist ein feiner Pinkel aus besserem Hause, Sohn eines Korvettenkapitäns und Vorstandsmitglieds der »Hamburg-Amerika-Linie Louis Leisler Kiep«. *»Er sprach perfekt Englisch und war in Istanbul zur Schule gegangen.«* Da wird, könnte man meinen, das alte Märchen von Schneewittchen und der bösen Königin, »in deren Herzen Neid und Hochmut wie ein Unkraut wuchsen«, in die Jetztzeit übertragen. In einer Mischung von Bewunderung und Missgunst kommt Kohl in den Gesprächen immer wieder auf die Weltmännischen in seiner Umgebung zurück, einerlei ob sie nun Kiep, Schmidt oder Wörner hießen, die ihm eines voraushatten: Sie konnten sich in einer Weltsprache verständigen. Selbst *»Genscher gab ein hinrei-ßendes Englisch von sich und war ganz stolz, dass er perfekt Englisch sprach«.*

Dabei ist so ein lupenreiner Oxford-Sound, wie Kohl am Beispiel Kiep paradigmatisch zu erläutern versucht, noch lange kein Beweis für die Rechtschaffenheit des Eloquenten. Auch ein »native speaker« kann ein abgefeimter Charakter sein. Auf seinen einstigen Schatzmeister ist Kohl jedenfalls verdammt schlecht zu sprechen. Der hat ihm, als über die fatale Spendengeschichte gerade ein wenig Gras zu wachsen begann, noch einmal kräftig in die Suppe gespuckt. Die sogenannte Kiep-Million sorgte im Frühjahr 2001 für wenig vorteilhafte Schlagzeilen.

Zufällig, so tat Kiep öffentlich kund, habe er auf seinem Privatkonto eine schon vor Ewigkeiten gebuchte Anweisung in Höhe von – inklusive Zinsen – einer Million D-Mark entdeckt, die er, kann ja passieren, nicht recht zuordnen konnte. Vielleicht war's ja eine Spende für die CDU. Aber das sei ihm erst weit später aufgedämmert. Also hat er – nach schlappen zehn Jahren – den Betrag an seine Partei überwiesen. Das warf natürlich Fragen auf. Kohl, der wie kein anderer um die finanziellen Winkelzüge seiner Partei wusste, soll sich erklären – und ist auf dem Höhepunkt der erneuten Affäre entsprechend wütend auf den Parteifreund mit dem einwandfreien englischen Akzent, der die CDU am Nasenring vorführte: *»Ich hätte es nicht für möglich gehalten, dass Kiep im Sinne hat, sich Geld aus der Kasse zu nehmen.[9] Da habe ich sicherlich den gravierendsten Fehler gemacht.«* Helmut Kohl versteht die Welt nicht mehr. Sein ganzer Kosmos scheint bevölkert von Schurken und Versagern.

Dass der maßlose Rückblick im Zorn den Rahmen der Autobiographie sprengt, ist Kohl nicht verborgen geblieben. Aber sein Ghostwriter wird schon die geeignete Verwendung dafür finden, wie Kohl in der ihm eigenen burschikosen Art am

31. August 2001 noch einmal ausdrücklich klarstellt. Eigentlich erzählt er gerade von der Feier zum 60. Geburtstag von Hans-Jochen Vogel, wo der Münchner Großintendant August Everding, so wie er es gern tat, den Jubilar alsbald vergaß und vor allem eine Laudatio auf sich selber hielt. Dann aber fällt ein für die Einordnung der Kohl-Protokolle entscheidender Satz: *»Das ist für dein viertes Buch, das du in dreißig Jahren machst, wenn du gar keine Haare mehr hast.«*

Die Bemerkung ist nicht eben taktvoll, verrät aber eines: Kohl weiß und scheint ausdrücklich damit einverstanden zu sein, dass alles, was er im Gespräch preisgibt – gezielt preisgibt, wie man annehmen darf –, schon an die Öffentlichkeit gelangen wird, auch wenn vieles in die offiziellen *Erinnerungen* zunächst keinen Eingang findet. Kohl weiß, dass sich sein Gesprächspartner die Protokolle irgendwann noch einmal vorknöpfen wird. In dreißig Jahren aber, anno 2031, wird Schwan 87 sein. Gar so lang mag er, zumal angesichts der zuletzt aus dem Hause Kohl vorgetragenen juristischen Anstrengungen, nicht warten. Wer will ihm das verübeln?

Die vom Wegschluss bedrohten Kohl-Protokolle sind von besonderer Brisanz, solange viele der dort erwähnten und oft heftig attackierten Personen der Zeitgeschichte noch in der Öffentlichkeit stehen, zumindest aber in der Erinnerung der Leserschaft sind. Der Altkanzler selber hat da einst seinem Befrager ein wesentliches Ziel der eigenen Erinnerungsarbeit anvertraut. *»Es geht um die Neugier der Leute, die man befriedigen muss. Neugier heißt: Was ist das für ein Kerl? Wo kommt er her?«* Kohls politische Herkunft aber lässt sich nun einmal ohne die Partei nicht erklären, die ihm weit über ein halbes Jahrhundert die eigentliche Heimat war und deren Personal er in der Rückschau so meinungsfroh kommentierte.

4. »Kalt wie ein Fisch ...« –
Helmut Kohls politische Gegner

Gewiss, den dringlichen Empfehlungen von Matthäus 5,44 ist er nicht immer gefolgt. Die in der Bergpredigt geforderte Liebe des Feindes hätte seine Möglichkeiten zur Mäßigung dann doch überstiegen. Bemerkenswert aber scheint, dass Kohls politische Gegner, von Ausnahmen abgesehen, zumeist glimpflicher davonkommen als die teils lustvoll, teils verbittert gescholtene Riege der eigenen Parteifreunde. Gelegentlich müht er sich sogar mustergültig um Fairness, räumt ein, dass in Willy Brandts sozialliberaler Regierungsrunde mit den Ministern Alex Möller (Finanzen) und Helmut Schmidt (Verteidigung) *»Leute der obersten Garnitur«* saßen – und Gregor Gysi nennt er gar einen *»intelligenten Seckel«*. Das aus seinem Munde ist beinahe schon ein Ritterschlag.

Oskar Lafontaine – bei der Bundestagswahl 1990 immerhin Kohls SPD-Gegenkandidat ums Kanzleramt und später Mitbegründer der »Linken« – darf sich besonderer Wertschätzung erfreuen. Kohl preist ihn als *»nachdenklichen Mann«*, als eine *»bedeutende Figur«*, als einen *»der intellektuell spritzigsten und interessantesten«* Köpfe, die er je unter den Sozialdemokraten ausmachen konnte. Schon als junger Parteirebell habe der Saarländer die eigenen Reihen aufgemischt. *»Der war der Lümmel,* *der auf Ärger aus war.«* Solch juvenile Renitenz erinnert Kohl wohl an seine eigenen Anfänge. Schade, *»Lafontaine hat nicht zu den Vorkämpfern der deutschen Einheit gehört. Aber was ich ihm gar nicht hoch genug anrechnen kann, ist seine europäische Gesinnung. Hier waren wir in vielen Fragen nahezu deckungsgleich. Er hatte tiefe Sympathie für Frankreich, was zwischen uns ein ausgesprochenes Bindeglied war.«* Hat der schwarze Riese am Ende einen tiefroten Doppelgänger?

Schwan spricht die verblüffenden Gemeinsamkeiten an, die sein Gegenüber am Mikrophon doch bemerkt haben müsse. »Man sagt, dass Ihnen dieser Mann zwar völlig fremd, aber doch irgendwo ähnlich gewesen sei.« Kohl reagiert unwillig: *»Ich weiß nicht, wer das sagt, weil ich das für einen absoluten Blödsinn halte.«* Kurz darauf lenkt er ein, jedenfalls ein bisschen: *»Ja, wir sind einander ähnlich bei unserer Liebe zum Essen und Trinken, in unserer Lebensfreude und dass wir mit Macht umgehen können.«* Die Lust auf die Macht, auf Europa und auf die Genüsse des irdischen Daseins: das sind, mit Verlaub, so wenige Berührungspunkte nicht.

Warme Worte findet er auch für seine beiden Vorgänger im Kanzleramt. *»Willy Brandt und Helmut Schmidt haben das Ansehen Deutschlands in der europäischen Welt gemehrt. Sie waren hochangesehene Repräsentanten«* – auch wenn der Hamburger Hanseat mit dem unstillbaren Drang zu Mentholzigaretten für Kohl *»hinsichtlich der Menschlichkeit keine besonders anziehende Gestalt war«*. Wehner benahm sich, aller inhaltlichen Differenzen zum Trotz, *»ganz ungemein höflich«*. Und den sozialdemokratischen Verteidigungsminister Georg Leber hätte Helmut Kohl sich sogar als Bundespräsidenten vorstellen können. Als Kohl in seiner Funktion als Oppositionsführer 1978 im Zuge der Affäre um einen illegalen Lauschangriff des Militärischen Abschirmdienstes Leber frontal anging, *»war das aus meiner*

Sicht eine der schwierigsten Reden im Bundestag. Ich musste Lebers Rücktritt fordern – und ich war innerlich total dagegen. Ich hielt ihn für einen prima Mann. Aber er war nicht zu halten.« Mit Gerhard Schröder, dem *»Autokanzler«*, allerdings hat Kohl seine Schwierigkeiten, und so zeichnet er am 4. Oktober 2001 ein eigentümlich weitsichtiges Psychogramm seines Nachfolgers: *»Aus dem wird auch in hundert Jahren nichts. Sein Problem ist, dass er nicht wirklich Gefühle der Freundschaft empfindet. Er ist von Hannover weg und hat nahezu alle sitzen lassen, abgesehen von Steinmeier. Er ist kalt wie ein Fisch. So wird er auch in einigen Jahren abgehen. Dann lässt er das Messer in der Seite stecken und geht ans große Geld.«* Diese geharnischte Charakterstudie verrät viel über die eigene Kunst des Regierens: Ohne Fraternität Kohlscher Art ist keine erfolgversprechende Politik möglich. Darüber ließe sich gewiss streiten. Aber in seiner Prognose der Zukunft Schröders, der sich, kaum dass er abgewählt war, von Wladimir Putin in Sachen Gas teuer einkaufen ließ, war der alte Mann aus Oggersheim beklemmend genau. Man kann gegen Kohls System der Seilschaften sagen, was immer man will, aber mit einem brutalen Anführer wie dem gegenwärtigen Herrscher im Kreml hat er sich niemals näher eingelassen.

Auch wenn es mitunter anders scheint, ist der CDU-Grande natürlich kein Freund seiner politischen Gegner. Auch die bekommen ihr Fett weg, mehr als genug. Über Franz Müntefering, der Kohl in der Spendenaffäre hart angegangen war, urteilt er: *»Man kann ja nicht sagen, dass der Generalsekretär der SPD ein Ehrenmann ist.«* Und Herta Däubler-Gmelin, *»die fanatische Justizministerin«*, scheint ihm manchmal *»von blindem Hass getrieben«*; Walter Momper, Berlins Regierender Bürgermeister im Herbst der Wende, *»ein Rüpel«*; Michael Naumann, Schröders Kulturstaatsminister und späterer Herausgeber der *Zeit*, sieht sich apostrophiert als *»Schwätzer vor dem Herren«*. Und an seinem Gegenkandidaten bei der Bundestagswahl 1983, dem lang-jährigen SPD-Fraktionsvorsitzenden Hans-Jochen Vogel, der »praktisch nach dem Abstillen in die Politik aufstieg«, bemängel-te er, dass der ein Mensch sei, »der immer im Dienst ist«, was freilich eher als Marotte, als Sünde der lässlichen Art zu Buche schlägt. So sind sie, die Linken, die nun einmal »sinnlich gestört sind. Das sind keine Menschen, die aus dem Vollen schöpfen. Das sind asketische Typen, die vor allem ein schlechtes Gewis-sen haben. Bei denen wird man bestraft, bevor man gesündigt hat.« Da war Kohl von einem anderen Kaliber.

Eigentlich stört er sich vor allem daran, dass die schwarzen Schafe in der SPD von den Medien meist nachsichtiger behan-delt würden als deren Pendants bei den Christdemokraten. So auch der immer wieder mit Stasi-Vorwürfen konfrontierte bran-denburgische Ministerpräsident Manfred Stolpe: »Wenn der Stolpe zur CDU gegangen wäre, hätte er sich niemals länger als ein halbes Jahr halten können. Wenn einer belastet ist, dann ist er das.« Für einen anderen skandalumwitterten Sozi indes hegt der Altkanzler, wenn auch in der ihm bisweilen eigenen Art, re-gelrecht Mitleid: Rudolf Scharping, sein Gegenkandidat 1994, wäre unter einem Kanzler Kohl nicht in die Wüste geschickt worden, jedenfalls nicht wegen ein paar Poolfotos in der *Bunten*, die Schröders Verteidigungsminister 2001 mit seiner Gräfin zeigten. Um sich mit ihr zu verlustieren, »flog er nach Mallorca, und daraus wurde eine Staatsaktion gemacht, als gäbe es nichts Wichtigeres in den Hirnen der Menschen«.

Es ist ein Jammer, dass all jenes, was nach 1994 geschah, nicht mehr in der bewährten Solidität der ersten drei Memoirenbände dokumentiert werden konnte. Nicht die Jahre des fünften und letzten Kabinetts Kohl, nicht die sich dramatisch verschärfenden Wirtschaftsprobleme im deutschen Osten, wo die Einigungseu-phorie verflogen war und sich Parteien vom äußersten rechten

Rand in den Landesparlamenten etablierten. Es fehlen die entscheidenden Schlachten um die Einführung des Euro; es fehlt der Überraschungscoup vom 3. April 1997, seinem 67. Geburtstag, als Kohl ex cathedra, in einem Interview mit der ARD, seine erneute Kandidatur für die kommende Bundestagswahl im Oktober 1998 verkündete, womit das Ende der Freundschaft zu Wolfgang Schäuble seinen Anfang nahm.

Es fehlen die erbitterten Kämpfe mit dem sozialdemokratisch dominierten Bundesrat, der allseits beklagte »Reformstau«, 1997 zum Wort des Jahres erkoren. *»Wir müssen in dem Buch wörtlich schreiben, dass es uns nicht gelungen ist durchzusetzen, dass derjenige, der nicht arbeitet, weniger bekommt als der, der arbeitet. Das eigentliche Ergebnis dieser Jahre ist – ganz brutal ausgedrückt –, dass wir zu viel Geld ausgeben für Leute, die es weder verdient haben noch benötigen, und zu wenig für Leute, die es verdient haben.«* Letztlich ist das, nur ein wenig drastischer formuliert, die Essenz des Hartzschen Regelwerks, das der Nachfolger Schröder durchs Parlament pauken sollte. Gerade dieses Kapitel wäre, was die Innenpolitik betrifft, zentral für das Gesamtwerk der *Erinnerungen* gewesen. Doch vom letzten Kapitel der Ära Kohl blieb nur ein großes weißes Blatt.

Dabei hat er doch in seinem Keller auch den finalen 98er Wahlkampf in der ihm eigenen Deutlichkeit analysiert. Vor allem der Streit um die Lohnfortzahlung, die Lockerung des Kündigungsschutzes, die ersten Eingriffe ins soziale Netz hätten, sagt Kohl, seine Niederlage besiegelt. Trotzig schaut er zurück: Die 1994 zum Ausgleich des Arbeitgeberanteils an der Pflegeversicherung beschlossene Abschaffung des Buß- und Bettags, von *»reiner Interessenhascherei«* in Misskredit gebracht, hält er *»auch weiterhin für absolut in Ordnung«*. Das teure Recht auf Frühverrentung dagegen hätte nie und nimmer verabschiedet werden dürfen. *»Es war ein großer Sündenfall, sich auf die Lüge-*

rei der Gewerkschaften und der Unternehmen einzulassen, dass wir neue Arbeitsplätze schaffen würden, wenn wir die Leute früher in Pension schicken. Das war ein volkswirtschaftlich monströses Tun.« Und die Einschnitte bei der Lohnfortzahlung im Krankheitsfall? »Das war richtig. Nur der Zeitpunkt, das vor der Wahl zu machen, war falsch. Da bin ich Schäuble aufgesessen. Man kann mit Reformen in Deutschland keine Wahl gewinnen.«

Und so kam dann Gerhard Schröder. Für die Entscheidung der Wähler findet Kohl eine recht knappe Formel: »Das war eine Entwicklung des Zeitgeists: Jetzt wollen wir diesen Typ sehen, der Zigarren raucht, elegant daherredet und großer Intellektueller ist. Das zeigt doch die ganze Erbärmlichkeit. Er ist weder ein Intellektueller noch sonst was.« Trotzdem zieht Gerhard Schröder ein ins Kanzleramt und macht den Grünen Joschka Fischer zu seinem Vize. Diesen Mann, der ihn als »drei Zentner fleischgewordene Vergangenheit« bezeichnet hatte, will Kohl sich für seine Memoiren noch einmal gründlich vorknöpfen. Und das tut er dann auch, am 24. Mai 2001.

Kohl erzählt von seinen Besuchen in China, die »immer eine Reise zu Freunden waren. Aber ich war auch Türöffner für die Industrie in enormem Umfang.« Inzwischen aber regiert Rot-Grün in Berlin. »Die Schröder-Administration hat keinen Sinn für diese Leute. Aber die Chinesen müssen natürlich wissen, wen sie vor sich haben. Für die ist ein Mann wie der Außenminister der Bundesrepublik Deutschland, Exzellenz Josef Fischer, eine absolute Zumutung. Der ist auf der Straße herumgerannt. Der wäre auch auf diesem Platz[10] herumgerannt. Der ist keiner, der Sympathien weckt. Doch die Chinesen wollen verlässliche Leute.« Und eben keine Barrikadenstürmer.

Mit den einst stramm linken Veteranen unter den Ökopaxen wird er sich niemals vertragen: Jürgen Trittin, der damalige Bundesumweltminister, kommandiere noch immer »Truppen von *barbarischen Schlägern«.* Der Anwalt Christian Ströbele, der ihn im CDU-Spendenausschuss mit präzisen Nachfragen traktierte, ist schlicht *»ein Subjekt«,* ein Nomen, das zu Kohls liebsten Verwünschungen zählt. Und vor vielen Frauen, die 1983 auf linksalternativem Ticket mit Latzhosen, Wollröcken und Blumen im Haar in den Bundestag einzogen, schaudert es ihn noch heute. Das sind für ihn *»die Weiber der Grünen«.*

Auch ein Parteiführer außer Diensten kommt nun einmal ohne liebgewonnene Feindbilder, ohne Einsatz einer kleinen Stinkbombe nicht aus. Wenn es aber nicht um die Reizfiguren der ersten Stunde wie Fischer oder auch Petra Kelly, *»diese Agentin«,* geht, zeigt sich Kohl, wie bei den Sozialdemokraten, im Umgang mit den Grünen augenfällig moderat. Eine Frau wie die Katholikin Christa Nickels, gelernte Krankenschwester und Mitgründerin der nordrhein-westfälischen Grünen, hätte sich der Mann, der mehr als ein Vierteljahrhundert CDU-Chef war, gut in der eigenen Partei vorstellen können. Und vor Nickels Kollegin Bärbel Höhn, eine volle Dekade Landesministerin für Umwelt in Düsseldorf, hat er Respekt: *»Die steht noch für etwas.«*

Helmut Kohl legt Wert auf die Feststellung, dass er mit den Anliegen der Grünen zu weiten Teilen durchaus konform geht: *»Ich war nie atomkraftsüchtig.«* Und immer schon sei er ein Freund des Waldes gewesen. *»In der Frage von Ökologie und Tierschutz war ich absolut auf der Höhe.«* Die an der Schöpfung begangenen Sünden kennt er aus unmittelbarer Anschauung: *»In Sachen Luftverunreinigung muss man jemandem, der in der Hohenzollernstraße in Ludwigshafen aufgewachsen ist, keinen Nachhilfeunterricht geben.«* Permanent stieg dort dichter, stinkender Nebel auf. Dann betrug die Sichtweite oft gerade einmal drei Meter. *»Man hätte hier nie Häuser hinbauen dürfen, wo der Neckar in den Rhein mündet.«*

Genaugenommen wären große Teile der Grünen, all die Wertkonservativen, in der CDU bestens aufgehoben, meint Kohl im Rückblick und übt sich in ungewohnter Selbstzerknirschung. *»Dass wir den Gruhl damals haben ziehen lassen, war ein ganz schwerer Fehler, der mir unterlaufen ist.«* Der Umweltschützer Doktor Herbert Gruhl, promovierter Germanist, saß für die Union seit 1969 im Bundestag, was ihn nicht daran hinderte, sechs Jahre später eine »Schreckensbilanz unserer Politik« zu publizieren, die zum Megaseller wurde: *Ein Planet wird geplündert.* Mit seinem Fraktionsvorsitzenden Kohl hat er sich bald danach überworfen, 1978 ist es zum Eklat gekommen: Gruhl verließ mit viel Aplomb die CDU. Sein Abgeordnetenmandat aber hat er seiner einstigen Partei nicht zurückgegeben, saß für den Rest der Legislaturperiode als Unabhängiger im Bonner Parlament und gründete die »Grüne Aktion Zukunft«, einen Vorläufer der Grünen, von denen sich der gebürtige Sachse allerdings bald schon wieder distanzierte.

»Er war ein schwieriger Mann«, sagt Kohl, der im Umgang mit anderen Abweichlern nicht eben die Samthandschuhe auszupacken pflegte, *»aber man hätte ihn richtig pflegen müssen.«* Nur, wäre Ende der siebziger Jahre konsequentes ökologisches Umdenken gegen den Widerstand des mächtigen Wirtschaftsflügels durchsetzbar gewesen? Gruhl war damals Einzelkämpfer. Eine besondere Rücksichtnahme auf ihn wäre in der Fraktion kaum ohne Konsequenzen geblieben. *»Es ist nun einmal so: Wenn einer, der gegen den Strich bügelt, dafür belohnt und nicht bestraft wird, hat man sofort diejenigen, die sagen: ›Ich bin anständig, und mir hilft niemand.‹«* Und doch, das weiß der Stratege Kohl: Bei Gruhl, der enttäuscht und aus gutem Grund seine politische Heimat aufgab, hätte man eine Ausnahme machen sollen. Noch acht Jahre nach dem Tod des Parteidissidenten im Jahr 1993 beklagt er beim Nachdenken über seine Lebensbilanz einen *»schweren Verlust«.*

Nein, dem Gros der Grünen und Roten gilt die Bitternis, die Kohl in den Jahren 2001 und 2002 beim Rückblick auf seine Vita empfindet, allenfalls am Rande. Wie aber sieht es mit den Freien Demokraten aus, den ewigen Mehrheitsbeschaffern, die der liberale Bundespräsident Theodor Heuss mit schwäbischer Selbstironie »das Waagscheißerle« nannte? An Kohls Seite haben sie ein Zwitterdasein geführt, waren Konkurrent und Bündnispartner zugleich. Und darum werden sie auch, just dieser Doppelrolle entsprechend, mit einer recht ausgewogenen Mixtur von Lob und Tadel bedacht, mit nicht gar so viel Nachsicht, wie sie gelegentlich der SPD und den Grünen zuteilwurde, aber eben doch ohne den unversöhnlichen Groll, den die Parteifreunde von ihrem verstoßenen Übervater zu hören bekommen.

Gute und Böse scheinen proportional bestens verteilt. Die FDP war vorrangig nützlich. Sie *»hatte nie ein erotisches Verhältnis zu Europa«*, aber Helmut Kohl hat sie gebraucht. Mit Hans-Dietrich Genscher hatte er bereits vor dem Machtwechsel im Herbst 1982 Tuchfühlung aufgenommen. Schon als der Mann aus Halle Mitte der sechziger Jahre Bundesgeschäftsführer bei den Liberalen gewesen sei, habe er sich mit ihm angefreundet. *»Da habe ich viele Informationen aus der FDP bekommen, weil wir oft zusammensaßen.«* Den »treuen Mischnick«, Skatspieler und von 1968 bis 1991 Vorsitzender der FDP-Bundestagsfraktion, hat er gern gehabt: *»Er war in der FDP der Seriöseste.«*

Willi Weyer, langjähriger Innenminister Nordrhein-Westfalens und von 1974 bis 1986 Präsident des Deutschen Sportbundes, war ihm vertraut, weil der *»für alles, was im Leben gut und schön ist, zu haben war«*. Und Josef Ertl, den Landwirtschaftsminister, dem ein Hang, die Hand aufzuhalten, nachgesagt wurde, hat er 1982 aus sozialliberalen Vorzeiten in sein erstes Bundeskabinett übernommen, obwohl der frischgewählte Kanzler eigentlich lieber Ignaz Kiechle von der CSU auf diesem Posten gesehen hätte. Aber Ertl, zu dem Kohl »*immer hervorragende Beziehungen hatte*«, wollte partout noch einmal einer schwarzgelben Koalition dienen. Also hat er ihn bis zu den Neuwahlen im März 1983 im Amt gelassen. Diese Respektsbekundung hinterließ bei Thomas Dehlers Erben Eindruck.

Aber selbstverständlich gibt es in deren Reihen auch ganz andere. Burkhard Hirsch, nach Abwahl der Regierung Kohl 1998 Sonderermittler zur Klärung der Akten- und Datenvernichtung im Kanzleramt: Für Kohl ist er »*der Akteneinsammler, der mich niemals gewählt hat*«. Hildegard Hamm-Brücher, die in ihrem Herzen auch unter Kohl eine Sozialliberale blieb und den Kanzler nach dem Mauerfall immer wieder mit ihrer Forderung nach augenblicklicher Anerkennung der Oder-Neiße-Grenze zur Weißglut brachte, wird als »*diese Spezialziege, eines der bösartigsten Weiber in der Geschichte der Republik*«, tituliert. Walter Scheel nennt er gern den »*Hoch-auf-dem-gelben-Wagen*«. Kohl schätzt ihn überhaupt nicht. Scheel habe schon in den siebziger Jahren, als es in Moskau die Ostverträge auszuhandeln galt, vor allem gewaltige Wodka-Partys geschmissen. »*Gegen Bahr war der Außenminister Scheel schwach. In Moskau spielte Bahr die Geige. Und nicht Scheel.*«

Ungemein boshaft fällt der Angriff auf die honorige Liselotte Funcke aus, »*die Frau, die mich immer gehasst hat*« und die sich in ihrer Funktion als Ausländerbeauftragte der Bundesregierung Anfang der neunziger Jahre gegen eine Verschärfung des Ausländerrechts stemmte. Die sei – anders als etwa der Sportsfreund Willi Weyer – »*bei allem, was im Leben schön und gut ist, zu kurz gekommen. Sie hätte eine evangelische Äbtissin werden können, aber dann hätten sich die Nonnen alle umgebracht.*« Immerhin sehen sich auch die wirtschaftsliberalen Hardliner gehörig in den Senkel gestellt. Otto von Lambsdorff hatte Kohl

1982 mit einem für die SPD unannehmbaren Thesenpapier entscheidend mit zur Macht verholfen. Vor einem vernichtenden Urteil des Altkanzlers bewahrt ihn das nicht: Der Graf – *»einer der indiskretesten Leute, die ich in meinem Leben kennengelernt habe. Der kann das Wasser nicht halten«* – sei letztlich ein Büttel des Großkapitals gewesen. *»Der war immer in großem Umfang unterwegs im Geldtransport. Für die Masse der Bevölkerung tat er gar nichts, sondern nur für die Banken.«* Lambsdorff habe *»das Thema Marktwirtschaft ganz groß geschrieben und dann mit kleiner Schrift das Wort sozial hinzugefügt«*.

Da fühlt sich der Christdemokrat Kohl sogar einem erbitterten Gegner von einst bedeutend näher, einem Darling der Medien, *»für den Schriftsteller die große Leier drehten. Der ganze Weltsozialismus heulte auf vor Sympathie mit tränenden Augen.«* Auch für Mitterrand war Willy Brandt *»der Inbegriff des anständigen Deutschen«*. Wie oft hat ihm dieser Mann, der für Kohl *»kein holzschnittartiger Gegner«* war, die Butter vom Brot genommen, die Schau gründlich verhagelt! Helmut Kohl scheint grün vor Neid beim Blick auf seinen charismatischen Vorvorgänger, der mit dem Slogan »Willy wählen« die Lust am freudigen Aufbruch beschworen hatte, während am Ende der Regierungszeit des Pfälzers der Aufruf stand, das Wahlvolk möge sich des schwarzen Betonklotzes endlich entledigen: »16 Jahre Kohl sind genug!« Und den Friedensnobelpreis, nach dem der Kanzler der Einheit über Jahre schielte, der blieb Brandt vorbehalten. Nach der Spendenaffäre, das weiß Kohl, wird er ihn nicht mehr bekommen. Nicht einmal gemeinsam mit Mitterrand. Das sei schreiendes Unrecht, das Werk einer hundsgemeinen Verschwörung: *»Da haben massive politische Kräfte eingewirkt.«*

Und dennoch, die Protokolle zeigen: Willy Brandt ist er, über die Parteigrenzen hinweg, mit Ehrfurcht begegnet. Die Umstände von Brandts Rücktritt 1974, ausgelöst durch die Enttarnung von Brandts Mitarbeiter Günter Guillaume als DDR-Spion, empören Kohl, der selber erfahren hat, wie es sich anfühlt, wenn man geschasst wird, einerlei ob nun als Kanzler oder, wie ihm es erging, als Ehrenvorsitzender seiner Partei. Das waren, sagt er, Machenschaften, hier wie dort: *»Brandt ist zurückgetreten worden. Ich fand die Art und Weise ganz unerträglich.«* Über Jahre haben sich die beiden Ungleichen fortan auf *»einen regelmäßigen Schoppen«* getroffen. Den Moment, an dem das Eis vollends gebrochen sei, erinnert Kohl genau: 1974 stand die Diskussion über eine Neufassung des Abtreibungsparagraphen 218 im Bonner Parlament an. Eine Gewissensentscheidung für alle Abgeordneten. Der damalige CDU-Parteivorsitzende und rheinland-pfälzische Ministerpräsident Kohl möchte sich abstimmen mit Kanzler Brandt. Der empfängt ihn gern und erzählt eine Geschichte, die Kohl sein Lebtag nicht vergessen wird.

Es war eine Begegnung unter vier Augen. Die CDU war weitgehend, aber keineswegs geschlossen, gegen die Liberalisierung des Paragraphen, die SPD in ihrer Mehrheit dafür. Willy Brandt, Sohn einer unehelich geschwängerten Mutter, die vermutlich wusste, was Gewissensnöte bedeuten, habe ihm damals offen und ehrlich signalisiert, dass auch er in dieser Frage seine Zweifel habe. Abtreibungsfreigabe ja oder nein? *»Er schaute mich nachdenklich an und sagte: ›Herr Kollege Kohl, haben Sie einmal darüber nachgedacht, was aus mir geworden wäre, wenn meine Mutter so wie die Mehrheit meiner Fraktion gedacht hätte?‹«* Das habe seine Beziehung zu Brandt *»menschlich auf eine neue Grundlage gestellt«*.

Und so ist es geblieben, noch über die Tage der Einheit hinaus. Kohl war es auch, der Brandt auf dessen ausdrückliche Bitte als einer der letzten am Sterbebett im Oktober 1992 in Unkel besuchte. *»Es ging zu Ende. Ich fuhr zu ihm hin. Er war bettlägerig. Aber als ich kam, war er richtig angezogen. Ich sagte: ›Herr Kol-*

lege Brandt, warum sind Sie jetzt aufgestanden und quälen sich?‹ Er sagte: ›Wenn mein Bundeskanzler kommt, bleibe ich nicht im Bett liegen.‹« Was folgte, *»war ein schwieriges, menschlich sehr bewegendes Gespräch. So nahe waren wir uns ja nicht. Er sprach die ganze Zeit vom Sterben.«* Brandt habe noch einmal sein Leben rekapituliert und ihm dann aufgetragen, *»wie er die Totenfeier haben wollte«*. Felipe González, der spanische Ministerpräsident und Brandts Mitstreiter bei der Sozialistischen Internationale, solle reden am Grab. *»Nicht lange nach meinem Besuch erhielt ich den Anruf, dass er gestorben sei. Ich war plötzlich in der misslichen Lage, dass das Kanzleramt seinen Tod bekanntgeben musste.«* Selbstverständlich ist er dann auf dem Berliner Waldfriedhof dem Sarg des Kollegen Brandt gefolgt.

Das spätere Verhalten der Witwe seines vertrauten Gegners, mit dem er zeitlebens per Sie blieb, hat ihn dann ziemlich verwundert, wie er 2001 im Oggersheimer Keller erzählt. Brigitte Seebacher-Brandt, die ihrer Vorgängerin Rut die Teilnahme am Begräbnis verweigerte, hatte ein Druckwerk verfasst, das ihren Gatten national-konservativ zu vereinnahmen suchte und die Deutungshoheit über das Lebenswerk Willy Brandts beanspruchte. *»Es war kein faires Buch, es war eine Schande«*, poltert Kohl – nicht ahnend, dass ihn wenige Jahre später, nach seinem verhängnisvollen Sturz 2008, noch zu Lebzeiten ein ähnliches Schicksal, das der faktischen Entmündigung, ereilen sollte.

5. Die doppelte Hannelore

Die beiden sind kaum voneinander zu unterscheiden. Sie sind gleich alt bis auf die Stunde. Sie tragen denselben Namen. Sie haben dasselbe Schicksal. Und doch könnten die Frauen unterschiedlicher nicht sein. Die eine, das ist die Hannelore Kohl der frühen Protokolle vom Februar bis zu ihrem Freitod im Juli 2001. Die andere ist die Hannelore Kohl der Memoirengespräche danach, die sich bis in den Oktober 2002 zogen. Die erste, die Frau aus Fleisch und Blut, scheint nur wenig mehr als eine Fußnote zu sein. Damenprogramm, derweil der Gatte Geschichte schreibt. Die zweite aber, die erinnerte Hannelore, die ist allgegenwärtig. Immer wieder klingt ihr Schicksal an. Sie war, im Rückblick, die schönste, die wertvollste seiner Ikonen, auf alle Fälle seine deutlich bessere Hälfte. *»Auf den Parteitagen gab es das Ritual, dass die Frau Kohl begrüßt wurde und stürmischer, lang anhaltender Beifall losbrach. Kein Mensch spendete mir Beifall auf den Parteitagen.«*

Hannelore zwei, die erinnerte Gefährtin, scheint die Inkarnation guter Tugenden. *»Sie war selten verletzend. Sie war das Gegenstück von mir.«* Und dennoch: *»Sie konnte gut hassen.«* Jedenfalls, wenn es nottat. Ihr will er mit seinen Memoiren ein Denkmal setzen. Jeden einzelnen Band seiner Erinnerungen möchte er ihr widmen. Für Hannelore, wieder und wieder. *»Wir müssen mit dem Hinweis beginnen, dass wir eine lebenslange*

Beziehung von fünfzig Jahren hatten, was ja ziemlich ungewöhnlich ist.«

Hannelore eins hingegen hat Kohl meist beiläufig erwähnt. Nicht ohne Respekt, aber recht emotionslos. Ihre Geschichte ist rasch erzählt, denn in den Kellergesprächen hat sie wenig Raum eingenommen. Sie ist *»eine Frau, die man ansehen kann und die perfekt Französisch spricht. Dass ich miserabel Französisch spreche, wurde dadurch weggewischt.«* In jüngeren Jahren *»sah sie glänzend aus«* und wollte nicht weg aus der Pfalz, als sich ihr Mann von der Bundespolitik gerufen fühlte. Sie ist ihm natürlich dennoch gefolgt. Und nach der CSU-Intrige im bayerischen Kreuth, als die Strauß-Partei Anstalten machte, sich bundesweit auszudehnen, musste sie weinen.

Am 20. Mai 2001 lobt er ihre Verdienste in der Hannelore-Kohl-Stiftung und zieht einen Vergleich zu den anderen Kanzlergattinnen, der für seine Hannelore natürlich ausgesprochen freundlich ausfällt. *»Sie war die erste Kanzlerfrau, die voll und ganz im öffentlichen Leben stand. Konrad Adenauer hatte keine Frau mehr. Frau Erhard war kränklich und trat nie in Erscheinung. Frau Kiesinger war eine Matrone. Frau Brandt trat am Anfang sehr an die Öffentlichkeit. Dann gab es private Probleme, und sie trat kaum mehr in Erscheinung. Frau Schmidt trat allenfalls mit der Botanisiertrommel an die Öffentlichkeit. Und meine Frau war in vollem Einsatz. Es gibt in der jüngeren Geschichte kein zweites Beispiel, jedenfalls auf der Ebene der Kanzler, wo Vergleichbares geleistet wurde.«* Die Sätze bezeugen ohne Zweifel Anerkennung. Und doch möchte man meinen, Kohl verlese gerade den Wortlaut einer hochoffiziellen Urkunde bei der Verleihung eines Bundesverdienstkreuzes am Bande. Die Zeiten der Komplimente scheinen vorüber.

Und dann auf einmal ist alles ganz anders. Der Flachbau in der Marbacher Straße: ein Totenhaus! *»Nach dem Tod seiner Frau* *war er ein anderer«*, hatte Kohl im April über Franz Josef Strauß gesagt, *»das war ein Einschnitt für ihn«*. Nun steht er selber vor dieser Zäsur. Es ist ein gebrochener Mann, der am Morgen des 14. Juli, vier Tage nach dem Requiem, die Türe öffnet, gezeichnet von Hannelores einsamem Tod, mitgenommen aber auch von einem heftigen Familienstreit, der dem Gottesdienst im Dom zu Speyer[11] vorausgegangen war. *»Die Beerdigung war ja am Mittwoch. Und in der Nacht von Montag auf Dienstag hatten wir hier die schlimmste Aufführung.«*

Kanzler Gerhard Schröder hatte sich zur Trauerfeier angesagt. Das passte den Söhnen Peter und Walter überhaupt nicht. Sie drohten damit, es zum Skandal kommen zu lassen. *»Sie sagten: ›Wir wollen dir nur sagen, wir werden nicht nach Speyer in den Dom gehen. Wir werden nicht dabei sein, wenn der Schröder an den Sarg geht. Du musst ihm das verbieten. Es ist im Sinn der Mama.‹ Dann ist das natürlich eskaliert, vor allem beim Walter, der mehr der Alte ist und sofort explodiert.«* Selbst in den vermutlich schwersten Stunden seines Lebens war Kohl als konflikterprobter Kämpfer gefordert.

Am Ende der quälend langen Auseinandersetzung (*»das ging Stunde um Stunde!«*) spricht der Patriarch ein Machtwort: *»Wenn ihr nicht geht, dann gehe ich auch nicht. Aber ihr müsst wissen, das ist ein ungeheurer Eklat. Ihr schadet eurer Mutter.‹ Das wollten sie nicht und sind dann von dem Trip weggekommen.«*[12] Die Zeit seit dem 5. Juli war blankes Entsetzen. Jetzt will er reden, seinen Gefühlen, mag sein: auch seinem schlechten Gewissen, Luft machen. Für den Rest des Totenmonats beraumt er, sage und schreibe, sieben lange Sitzungen für die Memoirenarbeit an. Sogar die Kondolenzschreiben, die er in unterschiedliche Gruppen vorsortiert hat, geht er mit den beiden Besuchern durch... *»90 Prozent sind Briefe ohne Adresse, einfache Beileidsbekundungen. Unangenehm ist, dass Geld dar-*

in ist.« Diese Sendungen werden von seinem Berliner Büro bearbeitet.

Auch Bundestagskollegen und CDU-Kreisverbände haben kondoliert. *»Sie werden ein Kuvert mit einem Foto vom Trauergottesdienst und dem Sterbebild bekommen. Es bleibt eine dritte Gruppe übrig, bei der ich mich mit einem Einheitstext bedanken werde, angefangen mit dem König von Spanien, der Königin von England und so weiter. Auch die komplette chinesische Führung hat geschrieben.«* Einiges, was ihn menschlich bewegt habe, werde er auch *»richtig beantworten«*, anderes hingegen mit Gewissheit beiseitelegen. *»Ich habe nicht die Absicht, mich bei Frau Süssmuth zu bedanken, obwohl sie einen hinreißenden Brief geschrieben hat.«* Auch Richard von Weizsäcker wird vergebens auf ein Dankeswort warten. *»Das tu ich mir nicht an.«*

Von jetzt an wird die Verstorbene im Zentrum der Gespräche stehen: die wehmütige Erinnerung an die Partnerin, von der alle Last abgefallen ist. *»Nun endlich hatte sie keine Schmerzen mehr. Sie lag im Bett, so friedlich, so entspannt, wie ich sie seit Monaten nicht gesehen hatte.«* Sensibel, wie es ihm, dem alten Haudegen, mancher gewiss nicht zugetraut hätte, beschreibt er, Tage nach dem Suizid, die letzten Stationen ihrer qualvollen Krankheit, ausgelöst 1993 durch eine Penicillin-Unverträglichkeit. *»Sie wollte auf keinen Fall, dass man sie findet und reanimiert.«*

Mag sein zum ersten Mal ist Kohl in der Lage, sich in die Frau, die ihm über vierzig Jahre lang angetraut war, hineinzuversetzen. Jeder Sonnenstrahl hatte ihr wehgetan, die neue Wohnung in Berlin hat sie mit schwarzem Krepp-Papier verhängen wollen. Beim Urlaub am Wolfgangsee *»lief sie mit einem ganz ungewöhnlichen Schirm herum. Das war ein Schirm aus einem Stoff, aus dem Ballkleider gemacht werden. Aus diesem Stoff hatte sie auch einen Badeanzug und eine Kappe.«* Im vergangenen Jahr aber traute sie sich nur nächtens ins Wasser.

Geschwächt von schweren Medikamenten, waren ihr die Haare ausgefallen. »*Das war ein furchtbarer Verlust. Ich glaube, dass man das als Mann nicht nachvollziehen kann.*« Fortan trug sie Perücke. Allenfalls Hilde Seeber, die Frau seines Chauffeurs und Haushälterin seit Jahrzehnten, durfte sie noch in natura sehen; auch als das Haupthaar in den letzten Monaten wieder nachwuchs, mochte Hannelore Kohl sich niemand anderem ohne Perücke zeigen. Aufs Sterbebett aber habe sie sich, erinnert sich Kohl, das letzte Wiedersehen vor Augen, ohne ihre Zweitfrisur gelegt. »*Dort lag sie tot mit ihren eigenen Haaren und sah sich dadurch viel ähnlicher.*«

Im Moment tiefster Erschütterung holt er sich die glücklichen Tage des Anfangs ins Gedächtnis zurück. Geradezu innig beschwört er eine ganz große Romanze, die begann, als der Krieg eben zu Ende war. »*Ich lernte sie 1947 in der Tanzstunde kennen. Sie kam mit einer Freundin. Man musste noch Briketts mitbringen, um den Saal zu heizen. Wenn nicht genügend Heizmaterial da war, konnte die Tanzstunde nicht stattfinden. Immerhin, die Währungsreform nahte. Ich lief in die Tanzstunde mit so einem Quäkeranzug, in den ich viermal reinpasste. Sie kam mit einem aus Fahnen zurechtgeschnittenen Tanzkleid.*«

Dann sind sie gemeinsam durch den Rhein geschwommen, und die Dinge nahmen ihren Lauf. Er war monogam bis auf die Knochen und hat auf keine andere auch nur ein Auge geworfen. »*Ich hatte ja eine Freundin, also war mit Mädchen gar nichts.*« Hat Hannelore für ihren Verehrer nicht sogar Gedichte geschrieben? »*Natürlich*«, sagt Kohl in der ersten Keller-Sitzung nach ihrem Tod, »*meine Frau hat sie mir doch hinterlassen.*« Erstaunte Frage: »Sind Sie wirklich ab der Tanzstunde miteinander gegangen?« Der Einwurf gefällt ihm. Es tut gut, sich an diesem 14. Juli 2001 der unbeschwerten Vorzeit zu erinnern. »*Ja, so war es. Wenig später ging sie zur BASF, und ich war Student. Sie war natür-*

lich mit eingebunden in meine politische Tätigkeit, die sie aber nicht sonderlich mochte.«

Nur nicht wieder aktiv werden in irgendeiner Partei! *»Das war das Signum einer ganzen Generation: ›Wir sind gebrannte Kinder und wollen nie wieder etwas mit Politik zu tun haben!‹«* Wilhelm Renner, Hannelores Vater, hatte schon früh, am 1. April 1933, seinen Beitritt zur NSDAP erklärt und war später dann zum Direktor in einem gleichgeschalteten Rüstungskonzern, der Leipziger HASAG, aufgestiegen, was der Schwiegersohn recht gnädig ummantelt: *»Er war ein normaler deutscher Ingenieur und Mitläufer, kein großer Nazi. Er war politisch ein Kleinstkind.«* Nun ja, er war immerhin technischer Direktor eines NS-Musterbetriebs der Rüstungsindustrie, ein verlässlich arbeitendes Rädchen in der Kriegsmaschinerie. Das aber will Kohl nicht wahrhaben, der von übler Nachrede der Medien spricht. *»Das hat der Stern dann ganz groß aufgeblasen.«*

Den Renners aber stand ein Bräutigam ins Haus, der mit seiner für 150 D-Mark gebraucht gekauften Lambretta – *»der Starter war dauernd kaputt und kostete 17,50 D-Mark«* – von einer Parteiveranstaltung zur nächsten übers Land knatterte: *»Wer wie ein Bulldog durch die Gegend fuhr, war ich«*, wobei er die einzige Tochter der Renners, die nur ein klappriges Herrenfahrrad besaß, gern auf den Sozius packte. Dem pater familiae schmeckte das überhaupt nicht. Der Heirat der beiden, anno 1960, mit anschließender Hochzeitsreise nach Eboli, wo *»eine Schlampe ganz wundervolle Spaghetti«* kredenzte, wurde allenfalls widerwillig der Altvorderen Segen erteilt. *»Erst als ich Ministerpräsident wurde, war ich in etwa satisfaktionsfähig.«*

Ohne Zweifel, Hannelore kam aus besseren Verhältnissen als der jüngste Sohn eines Finanzbeamten aus der Pfalz, als der Nachkömmling, der über den Lebensstil der Renners im Dritten Reich einfach nur staunte: *»Mein Schwiegervater hatte ein*

Dienstauto mit Fahrer.« Aber am Ende des Krieges hatte die Familie – auf der Flucht vor den anrückenden Russen – alles verloren. Den Chauffeur, die Villa in Leipzig, beinahe den gesamten Besitz. Fluchtpunkt Mutterstadt, rund zehn Kilometer von Ludwigshafen entfernt! Von dort aus fuhr Hannelore Renner jeden Tag mit der Bahn ins Ludwigshafener Mädchengymnasium und musste dort reichlich Spott ertragen. *»Meine Frau kam mit einem klaren sächsischen Akzent hier in die Schule. Sie war unter den Kindern automatisch ein Außenseiter.«* Es ist fast ein Leitmotiv: Damals war sie die Außenseiterin, später sieht er sich dazu gestempelt.

Hannelore zwei, derer Helmut Kohl nun, selber an den Rand gedrückt, in spürbarer Rührung gedenkt, scheint eine Seelenverwandte. Der Pfälzer und die blonde Sächsin: *»Wenn einer leicht Bayerisch spricht, ist da etwas Urlaubsmäßiges drin. Wenn man aber Sächsisch oder Pfälzisch spricht, gerät man in die Nähe eines Outsiders. Beim Sächsischen kommt Ulbricht noch dazu.«* Sie waren ein bodenständiges Tandem, angetreten, um sich gegen den Argwohn ihrer Mitmenschen zu verteidigen. *»Meine Heimat ist die Pfalz. Meine Sprache ist das Pfälzische, ob mir das passt oder nicht, ob das vornehm ist oder nicht. Es ist ja die ganze Verklemmtheit der deutschen Germanisten, die so ein Hochsprach-Syndrom haben.«*

Er sei stolz auf seine Frau, bekennt der Witwer am 14. Juli 2001, neun Tage nach ihrem Tod, weil sie, die Friedfertige, am Ende immerhin *»zwanzig, dreißig pfälzische Schimpfworte kannte«.* Und das, obwohl sie, sosehr sie sich auch anstrengte, doch immer eine Fremde in diesem Landstrich geblieben ist. *»Das Thema Heimat war bei ihr ein wichtiger Punkt. Ihre Heimatstadt war Leipzig. Hier [in der Pfalz] entwickelte sie kein Heimatgefühl. Die Heimat war verloren. Sie war keine Pfälzerin im eigentlichen Sinn – und sie war auch nicht scharf darauf.«*

Diese Erfahrung der Fremdheit, des Nicht-erwünscht-Seins, die Hannelore früh machte, hat später das Ehepaar vereint: das Gefühl, dass sie verlacht, verkannt, verfolgt werden. Und das nicht nur wegen des Fatums, ihre Mundart nicht verleugnen zu können. Wie vieler Gegner haben die beiden sich in ihrer gemeinsamen Zeit erwehrt, der Roten, der falschen Parteifreunde, des ruchlosen Mediengesindels.

Die Erinnerung an seinen 70. Geburtstag ist noch recht frisch: April 2000. Die Spendenaffäre kochte. Ein ganzer Tross von Journalisten ist ihm auf den Fersen. »*Das Haus war schon seit Wochen von Fernsehteams bewacht. Wir fuhren durch die alten Gassen von Oggersheim, damit sie uns nicht folgen konnten. Man stöberte uns dann im Elsass auf. Ich war sehr betroffen, aber sie noch viel mehr. Das hat ihre Seele verletzt.*« Überall wähnen sie Feinde und Ehrabschneider. Auch der *Spiegel* habe doch nur den einen Wunsch: »*Dieser Felsbrocken muss abgeschliffen und zerstückelt werden, bis er in der Grube ist.*« Die Attacken wegen seines Spenderehrenworts sind für Kohl nur der Höhepunkt einer langen Kampagne. »*Es ging von vornherein um die Vernichtung meiner Existenz, die sie auch als ihre Reputation empfand.*« Das schweißt zusammen.

Wie oft hat Hannelore Kohl schon allein deshalb Prügel bezogen, weil sie die Frau vom Kohl war. »*Meine Frau wurde als Ableger von mir angegiftet.*« Sie scheinen ein und dasselbe Schicksal zu teilen. »*Ich werde bestraft für meinen historischen Erfolg*«, resümiert er, von Selbstmitleid nicht frei, am 15. Juli 2001. Hannelore, fügt er hinzu, sei es kaum besser ergangen. Ihre Großtaten für die Hirnverletzten wurden mit kleiner Münze entlohnt. »*Der Etat des Bundeskanzlers für seine Frau war absolut lächerlich. Sie bekam eine Halbtagsschreibkraft, worüber man angesichts des Posteingangs nur lachen konnte. Sie war unter den Kanzlerfrauen ein Unikat. Sie war viel mehr für das Land da als alle ihre Vorgängerinnen, sowohl im Ausland als auch im Inland.«* Aber wer hat den beiden ihre Verdienste ums Gemeinwohl gedankt?

Sie hat die Kränkungen weggesteckt und, jedenfalls nach außen, unverbrüchliche Solidarität mit ihrem Mann demonstriert. Sie will sogar zum Katholizismus übertreten, als protestantische Theologen, Vertreter ihrer eigenen Kirche also, sich vor dem heimischen Bungalow gegen den von Kohl vehement propagierten Nato-Doppelbeschluss erheben. *»Sie war evangelisch, aber sie stand zu ihrer Kirche*[13] *sehr distanziert, weil sie die Angriffe auf mich sehr verletzt hatten, zumal die Demonstrationen häufig vor unserer Haustüre stattfanden. Dann standen dort die evangelischen Pfarrer im Ornat und bei der Nachrüstungsdebatte sogar mit einem Sarg, was zu den übelsten Erinnerungen gehört. Schlimm war der hiesige Pfarrer. Sie wollte regelmäßig aus der Kirche austreten. Ich hielt sie immer davon ab.«*

Die Gespräche offenbaren, wie Kohl die Verstorbene einschätzt: als Frau, die ihren eigenen Kopf hatte – aber, wenn es ernst wurde, bedingungslos ihrem Mann beistand. Kohl zitiert, recht frei, einen Satz Johanna von Bismarcks: »Wer zu Otto böse ist, ist nicht gerade mein Fall.« Das schien auch das Credo der Hannelore Kohl, die mit ihrem Mann ein eher konventionelles Rollenverständnis teilte. *»Es ist sehr wichtig, dass man zu Hause Geborgenheit hat, eine Frau, die den Weg mitgeht, die ihn mitgestaltet mit Zuneigung und Liebe zu ihrem Mann, die durch dick und dünn geht, ihn tröstet bei Niederlagen ... das ist ein ganz großes Kapital des Mannes.«* Hannelore Kohl hat diese Erwartung bis zum Übersoll erfüllt. Auch bei der Spendenaffäre hat sie ihrem Mann, soweit dies ihre schwindenden Kräfte noch zuließen, den Rücken gestärkt, schon wegen der Familie (dieses gern beschworene Sehnsuchtsbild, das der Altkanzler wie kein anderer zu betonen vermochte), die, wie der Hinterbliebene sagt, ihr Ein und Alles war: »*Wenn es um die Kinder ging, wurde sie zur wilden Tigerin.*«

Mit Hannelore annähernd vergleichbar war allenfalls eine: Juliane Weber, die seit Ewigkeiten Vertraute, noch im Urlaub präsent, die Frau, die schon zu Mainzer Regierungstagen sicherstellte, dass der Kühlschrank ihres Herrn und Meisters stets für den Ansturm nächtlicher Besucher gefüllt war. Sie hat ihn über Jahrzehnte behütet und schien nicht selten gnädiger gestimmt als Hannelore. Juliane Weber war, wenn es um konkrete Politik ging, die Frau an seiner Seite, an der, sobald es ernst wurde, keiner vorbeikam: Sie konnte, geschickt zwischen Partei- und Staatsinteresse jonglierend, »*mit dem Straßenkehrer genauso reden wie mit dem Präsidenten der Vereinigten Staaten*«. Das war eine perfekte, von Gerüchten umrankte Symbiose, um die Hannelore Kohl sehr wohl wusste.

Scheinbar perfekt hat sie die ihr zugedachte Rolle in der Öffentlichkeit ausgefüllt, schon früh, als es, allen eigenen Kummer weglächelnd, galt, in Mainz die Frau des jung-dynamischen Ministerpräsidenten zu geben. »*Sie war eine hochgeschätzte Landesmutter, schon allein deswegen, weil sie keine Landesgroßmutter, sondern eine junge Mutter war.*« Jetzt, da sie tot ist, schwärmt er, innig wie ein Frischverliebter, von der Erwählten in ewigem Blond, »*die keine Oma war und rein durch ihre Erscheinung nicht primär mütterliche Gefühle weckte*«. József Antall, der Ministerpräsident Ungarns, sah in ihr »*eine Deutsche wie aus dem Bilderbuch*«. Auch François Mitterrand hatte bald ein Herz für Hannelore: »*Eine Deutsche, die so aussieht, keine germanische Walküre ist und perfekt Französisch spricht! Das war in Frankreich vier Fünftel der Miete.*« Die allseits umschmeichelte Kanzlergattin indes hielt den Staatspräsidenten für einen argen Filou: »*In ihren Augen war Mitterrand zu viel gallischer Hahn, was sie nicht mochte.*« Die Frau, von der Helmut Kohl so begeistert erzählt, hatte wenig mit dem höhnisch verbreiteten Klischee von der Barbiepuppe aus der Pfalz gemein. An Selbstbewusstsein hat es ihr augenscheinlich nicht gemangelt.

Sogar Zeitgenossen, die politisch anders dachten, vermochte sie spielend um den Finger zu wickeln. Berthold Beitz etwa, der Krupp-Manager und Weggefährte Willy Brandts, wurde regelmäßig schwach und erwies seine Gunst mit gewaltigen Spenden für die Hannelore-Kohl-Stiftung. »*Beitz lag ihr zu Füßen. Dort holte sie jährlich völlig selbstverständlich ihre Million ab.*« Da war mancher Parteigänger der CDU um einiges knauseriger. Den Namen von Elisabeth Noelle-Neumann, der Nestorin der deutschen Meinungsforschung, ließ man im Beisein von Frau Kohl jedenfalls besser unerwähnt. »*Über die Noelle konnte man mit Hannelore überhaupt nicht reden. Sie bot ihr Demoskopien an. Aber was sollte sie damit? Hannelore brauchte Bares.*« Beim Geldsammeln war Kohl seiner Frau, »*der Verkaufsbombe sondergleichen*«, gerne behilflich. Gerade als er noch mitten in der Macht stand, kam ihm Hannelores Gemeinsinn durchaus gelegen, denn das Engagement für die Hirnverletzten rückte auch den Gatten in ein günstiges Licht: »*Ich empfand ihre Tätigkeit als sehr große Hilfe, auch für mich als Bundeskanzler, da einem breiten Publikum gesagt wurde, dass Frau Kohl etwas Gutes machte.*«

Sie hinterließ Eindruck. Sie konnte charmant sein, doch wehe dem, der ihre Werte und Normen verletzte. Insgesamt viermal erzählt er die Geschichte ihrer Begegnung mit Prinz Bernhard der Niederlande. Es ist Ende Oktober 1971, die sozialliberale Entspannungspolitik steht hoch im Kurs, Willy Brandt hat Tage zuvor den Friedensnobelpreis zuerkannt bekommen, und das Königspaar aus Den Haag ist auf Staatsbesuch beim deutschen Nachbarn. Bundespräsident Gustav Heinemann lädt zum Empfang auf Schloss Dillenburg, dem alten Stammsitz der Oranier.

»*Prinz Bernhard sprach schwärmerisch über die kommunistischen Führer, vor allem über Breschnew. Seine Tischdame war meine Frau. Sie sagte nach einer Weile ganz rabiat, sie sei überhaupt nicht seiner Meinung: ›Wissen Sie, ich bin Zonenflüchtling.[14] Ich weiß, was die Wachtürme und die kommunistische Diktatur bedeuten. Das können Sie nicht verstehen, Königliche Hoheit. Sie kommen von einem anderen Stern als ich. Aber ich kenne die andere Seite. Und für mich gibt es überhaupt keine Entschuldigung.‹ Danach war der Dialog sehr knapp.*« Das hat Kohl imponiert.

Auch die bayerische Landesmutter, die Frau des ewigen Gegenspielers Franz Josef, hätte Hannelore Kohl gern Mores gelehrt. »*Hier war ihr Urteil aus den Feuersbrünsten des Lebens geboren. Der Marianne Strauß verübelte sie, dass die Kinder so unglaublich verzogen waren und nicht zur Bundeswehr gingen.*« Angst vor Konflikten schien ihr zeitlebens fremd gewesen zu sein: »*Sie legte sich beispielsweise mit Bernhard Vogel in Fragen der Schulpolitik an. Dem sagte sie ganz lässig, dass er keine Ahnung habe, da er weder Frau noch Kind habe.*«

Selbst Boris Jelzin sah sich alsbald in die Schranken gewiesen. »*Sie konnte wahnsinnig burschikos sein. Sie sagte: ›Boris, du trinkst jetzt nichts mehr. Und lass die Finger von den Frauen!‹ Wenn er dennoch tätschelte, sagte sie: ›Lass das!‹ Sie litt unter dem Trieb der Männer, sie anzufassen.*« Da war der russische Präsident, den sie trotz allem irgendwie mochte, nur einer von vielen. Wenn sie ihren Mann auf Wahlkampftour begleitete, galt es andauernd, ungewollten Körperkontakt zu erdulden: Händeschütteln, Schläge auf die Schulter … Sie hat unter all dem gelitten. Anders als Gatte Helmut war sie berührungsscheu, sittenstreng und prüde.

Einmal, am Ende des ersten Gesprächs nach ihrem Tod, seufzt er, seine Frau habe ihm verboten, im heimischen Swimmingpool ohne Badehose zu schwimmen, obwohl das sicher bequemer gewesen wäre. »*Da war sie ganz eigen. Und das nahm zu.*« Wenn sie auf der Straße eine Frau mit weitem Ausschnitt sah, sei Hannelore regelrecht ausfällig geworden. »*Sie sagte dann: ›Die läuft da rum und lässt das ganze Gesäuge heraushängen!‹ Dass Männer danach guckten, gehörte dazu, weil Männer ihrer Meinung nach ja abartig und auf diesem Gebiet verrückt sind.*«

Hannelore eins, die öffentliche Frau Kohl, war die Bewohnerin einer heilen Welt. Mit betoniertem Lächeln hat sie mit den beiden Söhnen für die Familienfotos vom Wolfgangsee posiert. Die andere Hannelore, deren Andenken der Witwer in den Gesprächen über sein Leben heraufbeschwört, ist eine vielfach gebrochene Frau, gezeichnet von den elenden Schmerzen der Krankheit und auch von den Traumata der Flucht in den letzten Tagen des Krieges. Vieles hat sie wohl niemals verwunden. Und doch scheint Kohl das Ausmaß der Verwundung nur in Ansätzen zu kennen.

Ja, sie hat ihm erzählt, dass Kämpfer der Roten Armee deutsche Frauen wie Dutzendware missbraucht hätten. »*Wer das hörte, musste annehmen, dass sie in der Nähe war. Das stimmte aber nicht*«, meint Kohl. Die Berichte aus ihrer Jugend seien ein wenig »*überdimensioniert*« gewesen. Kohl spricht von Erlebnissen, »*von denen sie gelesen oder durch andere gehört hatte, die sie aber persönlich mit Sicherheit nicht erlebt hatte*«. Angesichts solcher Aussagen fragt man sich unwillkürlich, ob er ihr wohl ernsthaft zugehört hat. Hat er sich bemüht, die kleinen, dunklen Andeutungen zu dechiffrieren? Hat er sich für seine Frau, für das Dasein von Hannelore eins, jemals wirklich interessiert?

Hannelore Kohl selbst hat es ausgesprochen: Das Mädchen Hannelore Renner wurde während ihrer Flucht von Leipzig nicht nur Zeugin, sondern Opfer von Vergewaltigung. Auch physisch trug sie schwere Verletzungen davon.[15] Vermutlich nicht zuletzt wegen dieser grausamen Erfahrung ist sie später beinahe jedem Russen mit Argwohn begegnet – worauf sich ihr Mann nie recht einen Reim machen konnte: »*Was die Russen angeht, gab es Lebensängste. Wenn man mit ihr darüber diskutierte, wurde sie böse.*« Aber warum das so war, hat Helmut Kohl zu ihren Lebzeiten offenbar nicht wahrhaben wollen. Er hat das Thema seit Schülertagen beiseitegedrängt. Vielleicht auch wegen sozialer Konventionen: Eine vergewaltigte Frau zu heiraten galt in den fünfziger und sechziger Jahren als gesellschaftlicher Makel. Vor allem aber war es ein Makel der Seele, über den so gut wie keine der betroffenen Frauen sprach. Ein Makel, der das ganze Leben überschattete.

6. Fünf Freunde

Schwärmend für die innige Verbindung mit zwei Studiengefährten im Tübinger Stift, dem jungen Hegel und dem jungen Schelling, hat einer der liebsten Dichter des Altkanzlers das Wesen der Männerfreundschaft auf den Begriff gebracht. »Wir sind«, schrieb Friedrich Hölderlin 1797 an seinen Bruder Karl, »wie eine Seele in drei Leibern.« Legen wir diese treffliche Definition zugrunde, dann war oder ist Helmut Kohl gleich in einer stattlichen Anzahl von Leibern zu Haus. Ohne Unterlass jedenfalls besingt er im Keller den guten Geist der Freundschaft. Wohin wir auch schauen: Seelenverwandte!

Er weiß sich mit dem Klerus im Bunde. Mit Kardinal Friedrich Wetter eint ihn ein *»sehr freundschaftliches«*, mit Kardinal Julius Döpfner gar ein *»ausgesprochen freundschaftliches Verhältnis«*, mit dem Mainzer Kardinal Karl Lehmann, den er seit Jahrzehnten aus unmittelbarer Nähe kennt, immerhin eine *»sehr freundschaftliche Beziehung«*. Der Stadtdekan von Ludwigshafen Monsignore Erich Ramstetter *»gehört zu den engsten«*, der katholische Pfarrer aus Mannheim *»zu den besten Freunden«*. Und da das beschworene Miteinander im Namen des Herrn, entgegen den vatikanischen Dogmen, keine Konfessionsgrenzen kennt, war Kohl auch mit dem 1993 verstorbenen Kirchenpräsidenten der Evangelischen Kirche der Pfalz, Theodor Schaller, *»ganz besonders befreundet«*.

Aber die Welt des Helmut Kohl wird nun einmal nicht allein vom Glauben regiert; im Freundeskreis dürfen auch die Größen aus der Wirtschaft nicht fehlen: Alfred Herrhausen (»*enger Freund von mir*«) oder der belgische Großunternehmer André Leysen, »*einer meiner besten Freunde*«. Auch Medienmogul Leo Kirch zählte zum inneren Zirkel. Ein wenig dahinter im Ranking ist Hanns Martin Schleyer plaziert: »*Wir hatten eine sehr persönliche Beziehung.*« Nicht ganz ein Freund, aber eben doch beinah.

Der Gleichklang der Seelen hat seine feinen Nuancen. Felipe González, der Sozialdemokrat aus Spanien, ist »*ein wahrer Freund*«, der mafiotische Giulio Andreotti »*ein alter*«, Henry Kissinger »*ein enger*« Freund. Mit dem Niederländer Wim Kok war es ein klein bisschen mehr. Da entspann sich eine »*enge und herzliche Freundschaft*«. Václav Havel indes konnte auf der nach oben hin offenen Skala der Vertrautheit nur einen Rang im Mittelfeld ergattern: mit ihm hatte Kohl »*eine sehr herzliche und freundliche Beziehung*«. Ganz oben aber, weit über all den anderen, thront ein einstiger Präsident der EG-Kommission, der französische Sozialist Jacques Delors: »*Ein treuer Freund, auch in schwierigen Zeiten.*«

Nur in der Heimat, erst recht in den Unionsparteien, scheinen sie rar, die echten Kerle in der Politik, mit denen sich durch dick und dünn gehen lässt. Ja, Roman Herzog, den nennt er »*meinen Freund*«. Auch Theo Waigel und Johann Wilhelm Gaddum, Finanzminister und Präsident der Landeszentralbank in Rheinland-Pfalz und Weggefährte seit Kohls Tagen als Mainzer Ministerpräsident, dürfen sich als solche begreifen. Aber die anderen in der CDU, die dieses Prädikat verdienten, die sind lange schon tot. Kurt Georg Kiesinger, der dritte Kanzler der Bundesrepublik, mit dem Kohl »*sehr befreundet*« war, wurde 1988, unweit von Hölderlins Grab, auf dem Tübinger Stadtfriedhof zur letzten Ruhe gebettet.

Das Wesen all dieser geradezu inflationär bekundeten Freundschaften wird selten erläutert. Kohl lässt Namen fallen, mehr nicht. Doch es gibt Ausnahmen, fünf Bünde unter Männern, die es näher zu betrachten gilt: des Altkanzlers Affinität zu einem Bayern, einem Badenser, einem Sachsen und zu zwei Bauernsöhnen aus Russland.

Nein, »*wir haben keine Lustehe geführt*«, stöhnt Kohl am 3. April 2001, seinem 71. Geburtstag – selbst an diesem Tag will er seinen Befrager nicht missen. Er gedenkt seines schwierigen Kumpanen Franz Josef Strauß, der ihm seit Beginn seiner Bonner Zeit das Leben sauer gemacht hat. Wenige Wochen später fallen noch deutlichere Worte. »*Wenn man gezwungen war, mit ihm im Bett zu liegen, ohne jeglichen Lustgewinn, ist man kaputtgegangen.*« Der bayerische Löwe ließ sich einfach nicht zähmen. Schon Kohls erste Kanzlerkandidatur, 1976, hat Strauß mit feindlichem Gebrüll begleitet. »*Ich stand ihm im Weg.*« Wenige Wochen, nachdem der Pfeifenraucher aus der Pfalz denkbar knapp gegen die Koalitionäre Schmidt und Genscher verloren hatte, folgte der Handstreich im Kurort Kreuth, wo die CSU auf Geheiß des großen Vorsitzenden ihre bundesweite Ausdehnung beschloss. »*Ein Schurkenstreich eigener Art. Der Grund war, mich zu verhindern.*«

Die schmähliche Aktion scheiterte, wie hinreichend bekannt. Das Straußsche Ansinnen, 1980 das Kanzleramt zu erobern, endete ebenso im Fiasko, trotz massiver Unterstützung des Verlegers Axel Springer, »*der mit ungeheurer Macht in den Strauß-Wahlkampf ging*«, trotz »*all der riesigen staatsmännischen Plakate: Franz Josef als neuer Bismarck!*« Noch gut zwanzig Jahre danach scheint Kohl, wieder einmal mit seiner Rolle als vermeintlicher Tölpel der Partei spielend, den einstigen Triumph in vollen Zügen zu genießen: »*Die Wahl war vorbei, der Jammer war groß – und der Trottel war noch immer da.*« Strauß aber zieht sich zurück in seinen Freistaat und wirkt dort fortan als weiß-blauer Ministerpräsident, als »*freischaffender Künstler*«, als einer, der dort, wo die Musik spielt, in Bonn, nicht mehr ernsthaft Kohls Kreise zu stören vermochte. Nicht einmal die Steuerfreiheit fürs Flugbenzin hat er – wenige Monate vor seinem Tod – durchpauken können.

Enervierend freilich waren sie wohl doch, die ewigen Querschüsse aus der Münchner Staatskanzlei, derer sich Kohl in extenso erinnert. »*Unentwegt wollte er den Waffenhandel verstärken. Er wollte, dass wir nach Saudi-Arabien und zugleich nach Israel liefern. Und natürlich müsse die Regierung endlich mehr für das Land Bayern tun. Straßenneubau, der Rhein-Main-Donau-Kanal! Er hatte jede Woche ein Projekt.*« Eine wahre Flut oft unflätiger Briefe ist über sein Kanzlerbüro hereingebrochen. Zum Schluss hat er das meiste nicht einmal gelesen. »*Ich habe alles weggeschmissen. Dokumentenvernichtung.*« Wenn es um die Fehden mit Strauß geht, gibt er das Delikt des Schredderns und Verschwindenlassens mit großem Vergnügen zu.

Aber, aller Sottisen zum Trotz: Kohls Erinnerungen an den kraftvollen Sohn eines Metzgers aus Mittelfranken haben selten etwas Feindseliges. Sie sind frei von jener Verbitterung, von all der Verachtung, mit der er etwa Geißler, Kiep oder Blüm, die angeblich treulosen Gesellen aus der CDU, traktiert. Strauß scheint trotz all seiner Querschläge über den Tod hinaus ein Kumpan geblieben zu sein. »*Männerfreundschaftliche Gespräche*« hätten sie – die Berge Bayerns schweißtreibend erklimmend – miteinander geführt. Diskurse im besten Sinn des Wortes. »*Er war ein origineller Denker. Er war keine Reproduktionsnatur, sondern stand auf eigenen Füßen, mit eigener Statur.*« Da haben sich in der Tat zwei standfeste Zeitgenossen gefunden. Zwei Vollblutregenten, die – so schien es – kein Skandal, keine Enthüllungsgeschichte, keine Hassattacke des Gegners ernsthaft treffen konnte. Und wehe dem, der versuchte, die einsam-vertrauten Erstürmungen bayerischer Gipfel zu stören.

Einmal, auf dem steilen Weg zur Erzherzog-Johann-Hütte, hat es ein Fotograf der *Bild*-Zeitung – »*ein ganz bekannter Name*« – probiert. Die beiden Freunde – der Hitze wegen mit entblößtem Oberkörper – sind dabei, über den politischen Kurs der Union zu ringen, und ziehen an einem Heuschober vorbei. Plötzlich blitzt es aus der Mahd. »*Ich blieb stehen und sagte, dass dort einer sitzt und fotografiert.*« Strauß sagt: »Du spinnst!« Aber Kohl stürmt in die Scheuer und macht den Paparazzo mit wilden Drohungen dingfest. »*Ich zog ihn aus dem Heu raus und nahm ihm den Film weg.*« Die Sätze, die folgten, umreißen des Pfälzers Umgang mit der Presse vortrefflich: »*Ich sagte zu ihm: ›Wenn Sie jetzt das Geringste machen, kriegen Sie Prügel, wie Sie sie noch nie gekriegt haben. Sie haben keine Zeugen.*‹« Wahre Männerfreunde sind schweigsam.

Die Schilderungen der Wanderungen mit Strauß, der auf den Touren stets einen Revolver bei sich trug, offenbaren, wie Helmut Kohl die Tugend der Freundschaft begreift. Er sucht kein romantisches Bündnis, ihn reizt der lustbetonte, zweckdienliche Bruderkampf, eine Sportart, die Ausdauer und ausgefeilte Technik erfordert. »*Meine Taktik war eine flexible. Den Boxschlägen ausweichen, aber dann auch zurückschlagen, aber nicht jeden Tag. So wie das ein guter Boxer tut: ein bisschen herumtänzeln und den Schlag ins Leere gehen lassen. Das ärgerte ihn wahnsinnig.*«

Auch Strauß hat in seinen Fragment gebliebenen Memoiren der streitlustigen Streifzüge gedacht, die sie seit 1974 miteinander unternahmen, nicht ohne dem Weggefährten dabei einen kleinen Tritt gegen das Schienbein zu verpassen. »Notizen konnten bei diesen Gesprächen nicht gemacht werden, was den Absichten Helmut Kohls vielleicht sogar entgegenkam. Es ist eines seiner Charakteristika, konkreten Ergebnissen aus dem Weg zu gehen.«

Bei einem der Gewaltmärsche kommt es zu einem handfesten Zoff über den CSU-Landwirtschaftsminister Ignaz Kiechle. Strauß verlangt seine Ablösung. Kohl jedoch schätzt den europaweit geachteten Verfechter der Milchquote. *»Wir haben rumgeschrien wie die Blöden.«* In manchen Fragen war man sich dann wiederum schnell einig: *»Der Franz Josef war nicht für den Kiep und den Richard von Weizsäcker, den er für ein Weichei hielt, lauwarm gebadet.«* Sie sind mit höchstem Vergnügen, bisweilen auch mit kriegerischem Ernst bei der Sache. Und manchmal, wie damals am Wildbach Valepp in den bayerischen Alpen, wird es richtig gefährlich. Die Klippen steil, der Abgrund nah. *»Strauß war nicht mehr gut zu Fuß. Da habe ich ihn die letzten fünfzig Meter auf dem Buckel durchgeschleppt. Erst später ist mir der Gedanke gekommen, was eigentlich passiert wäre, wenn er mir runtergefallen wäre. Das hätte mir kein Mensch geglaubt. Die hätten alle geschrieben: Der hat ihn runtergeschmissen!«* Hat er natürlich nicht. Das hätte den, allerdings weitgefassten, Regeln des Fairplay dann doch widersprochen.

Wenn Kohl und Strauß aufeinandertrafen, dann traten, so scheint es, zwei mächtige Mannsbilder zum Fingerhakeln an und zogen einander munter über den Tisch, fanden Versöhnung mitten im Streit. Und begannen bald wieder von vorn. *»Ich kann mich an keine Wanderung erinnern, wo wir am Ende mit Krach auseinandergegangen wären.«* Selbst über die Kriegserklärung von Kreuth schien irgendwann Gras gewachsen. Die CSU-Führung hatte sich gründlich verschätzt, nach zehn Tagen war der Trennungsbeschluss ad acta gelegt. Kohl, der mit einem Cousin aus Kitzingen augenblicklich erste Pläne ausgearbeitet hatte, wie sich im Gegenzug die CDU in Bayern etablieren ließe, hat diese Schlacht eindeutig zu den eigenen Gunsten entschieden. Freund

Leo Kirch stand ihm bei, und der Kölner Erzbischof Joseph Kardinal Höffner hat für ihn gebetet. Warum also soll er dem Unterlegenen böse sein? Strauß konnte laut brüllen – blieb aber bis zum Ende seiner Tage ein Zauderer vor dem Herrn, den in letzter Minute der Mut verließ *»Er ist gesprungen, aber auf der anderen Seite nicht gelandet.«* Kurzum, er hing in der Luft. Das Bild ist ebenso böse wie treffend.

Wohl selten wurde der Mann, *»der sich mit seiner Frau sehr daran gewöhnt hatte, König von Bayern zu sein«*, so lebensnah, so präzise und bisweilen so urkomisch beschrieben wie in den Memoirenprotokollen seines Duzfreundes Helmut, auch wenn der sich, was die Wiedergabe der Gesprächsinhalte betrifft, eigentümlich wortkarg gibt. Dafür aber werden Obsessionen sichtbar. *»Er hatte immer ein Sortiment von Autos von der Firma Daimler-Benz. Er war immer auf Neuerwerbungen mit soundso viel Zylindern aus. Für mich war das überhaupt nicht interessant.«* Gern hat Strauß seinen Wanderkumpanen am Flughafen München-Riem auch mit *»so einem Ding aus Glas abgeholt. Damit fährt man zur Jagd und hat eine weite Sicht.«*

Strauß liebte nun einmal, selbst wenn er sich im urbanen München zeigte, die Pose des Großwildjägers. Kohl kann sich freilich den kleinen Hinweis nicht verkneifen, dass der Bayerische Landesvater seinen Jagdschein nicht in heimischen Gefilden erlangt, sondern sich anno 1964 zum Erwerb des waidmännischen Diploms, zusammen mit seinem Getreuen Friedrich Zimmermann, in eine *»niedersächsische Spezialakademie«* bei Gifhorn an der Aller verzogen hatte. *»Das war damals eine Riesenaffäre.«*[16]

Augenzwinkernd trifft er Strauß an seinem empfindlichsten Punkt: dem ohnehin recht angeknacksten Ego, das Kohl in der Herkunft von Strauß begründet sieht. *»Er hatte ganz eindeutig einen Komplex als Kind kleiner Leute. Der Vater war Metzger, hatte eine ganz kleine Metzgerei. Die Mutter verkaufte im Ge-*

schäft.« Wie gerne wäre FJS, der Weggefährte und Widersacher, zum weltweit bedeutsamen Staatsmann aufgestiegen. *»Er hat nie verwunden und die Schuld bei Gott und der Welt, aber nie bei sich selber gesehen, dass ihm die eigentliche Erfüllung seines politischen Lebens, nämlich das Kanzleramt, vorenthalten wurde.«*

Als Strauß noch lebte, hat Kohl eine allzu steile Karriere des geschätzten Kontrahenten mit geschickten machtpolitischen Winkelzügen verhindert. Den Toten triezt er nun mit sanfter Ironie. Auf Wanderschaft etwa, erinnert sich Kohl, sei das Mannsbild Franz Josef nur dann gegangen, wenn ihm seine Marianne zuvor die Butterbrotstullen in den Rucksack gepackt habe, ein paar Schweißtücher inklusive, denn der Gatte transpirierte kräftig.

Manchmal allerdings scheint das Urteil Kohls ein wenig selbstgerecht. Am 30. April 2001 räsoniert er in den Katakomben seines Oggersheimer Eigenheims darüber, dass Strauß seine posthum veröffentlichten Memoiren nicht selbst verfasst habe, sondern fremde Hand anlegen ließ. *»Der hat die überhaupt nicht geschrieben! Die Hauptarbeit hat doch der Professor gemacht. Michael Stürmer, ein interessanter und sehr eloquenter Mann.«*

Der aber werde in den Strauß-Erinnerungen nicht einmal erwähnt, insistiert Schwan. *»Das verstehe ich überhaupt nicht. Ich habe da noch nie reingeschaut, ehrlich gesagt. Und der Scharnagl taucht auch nicht auf?«* Schwan ist genau präpariert und kontert: *»Nicht als Schreiberling!«* Darauf Kohl: *»Schreibt der gar nicht, wer daran gearbeitet hat? Das ist arg komisch!«* Aber auch Kohl wird seinen Ghostwriter nicht nennen.

Kohl beharrt darauf, er habe die 1989 erschienen, von Wolf Jobst Siedler als Vermächtnis edierten Strauß-Memoiren niemals gelesen. Er gestattet sich ohnehin seine eigene Sicht auf den Bayern. Amüsiert gedenkt er dessen ans Paranoide grenzender Gläubigkeit an die Allmacht der Geheimdienste. Mit ein paar vermeintlich streng geheimen Informationen aus Pullach *über die kommunistische Infiltration in Afrika* habe man Strauß selig machen können, dem das Konspirative über alles gegangen sei: *»Der BND war ein hervorragendes Selbstbefriedigungsinstrument für Franz Josef.«* Ein wenig Balsam tat wohl. Er hat doch nicht einmal Außenminister werden dürfen. Vermutlich auch darum hat Strauß die Liberalen auf Biegen und Brechen bekämpft, die diesen Kabinettsposten in der Ära Kohl mit Selbstverständlichkeit für sich reklamierten. *»Seit der Spiegel-Affäre war er ein FDP-Geschädigter.«*[17]

Als Chef des Auswärtigen Amts, da hat Kohl wenig Zweifel, hätte der bayerische Männerfreund vermutlich gar zu großen Flurschaden angerichtet. Er hat nun einmal Diktaturen und Diktatoren wie Gnassingbé Eyadéma geliebt. Dem Führer der togolesischen Militärjunta ließ Strauß 1984 gar den Bayerischen Verdienstorden verleihen. *»Mit dem hat er Geschäfte gemacht.«* Mit den politisch Verfolgten aber, gerade in den afrikanischen Staaten, durfte man ihm nicht kommen. *»Er war Lichtjahre davon entfernt, etwas für Nelson Mandela zu tun.«* Und für die Vereinten Nationen hatte er nur *»Spott und Hohn«*.

Also hat Kohl in der hohen Schule der Diplomatie auf einen anderen gesetzt. Auch mit ihm, sagt er im Frühjahr 2001, fühlt er sich in *»einer freundschaftlichen Beziehung bis zum heutigen Tag«* verbunden. Hans-Dietrich Genscher, Männerfreund Nummer zwei. Auch die Beziehung zu ihm ist, wie es der Art des Altkanzlers entspricht, geprägt von Ambivalenz und frotzelnder Distanz. Schwan hat sich zur Vorbereitung des Gesprächs vom 22. Juli 2001 aus dem Archiv alte Meinungsumfragen besorgt, die Genscher stets ganz vorn auf der Beliebtheitsskala zeigen. Hat das den Regierungschef nicht geschmerzt? *»Nein, ich war nie neidisch und hatte kein Problem damit. Er konnte deswegen der* *beliebteste Politiker sein, weil er nie etwas machte. Er schlich sich FDP-mäßig durch.«* Ein gradlinig, langfristig verfolgtes Konzept habe Genscher niemals gehabt, er sei immer nur auf die schnelle, spektakuläre Erfolgsmeldung erpicht gewesen. *»Für ihn war es wichtig, dass wir endlich Mitglied des Weltsicherheitsrats wurden. Aber das war Beamtenkram. Er konnte nie begreifen, dass mir das scheißegal war.«*

Als Außenminister sei der schlitzohrige Sachse nicht zuletzt ein *»großer Frühstücksmeister«* gewesen, der ausgewählte Kabinettskollegen, aber auch Journalisten, von denen er sich etwas versprach, am heimischen Esstisch bewirten ließ. *»Dabei hat er alles in seinem Sinne durchgestochen.«* Immer auf Staatskosten, versteht sich. *»Er hatte ja einen Riesenetat, persönlich allerdings kein Geld.«* Geschickt wie kein anderer habe sich Freund Genscher über seine lange Dienstzeit hinweg ein überaus nützliches Günstlingssystem geschaffen und schier *»unglaubliche Journalistenreisen inszeniert«.* Ist da nicht doch ein wenig Neid im Spiel – auf den Mann, der, wie der anscheinend einmal mehr von Minderwertigkeitskomplexen gepeinigte Altkanzler schmerzlich konzediert, *»nie einen Finger krumm machte, aber ein hinreißendes Englisch von sich gab.«* Diese Duzfreundschaft war offenkundig nicht frei von Konkurrenz.

Es gibt eben nicht nur das vielbeschworene System Kohl, diese Symbiose von Partei, Politik und Privatinteressen, sondern auch das ungemein effiziente und trickreiche Subsystem Hans-Dietrich, das den Kanzler, der einen eigenen Namen für die Maschinerie seines Vize prägte, nicht selten bis zur Weißglut trieb: *»Der Genscherismus bestand in seiner Personalpolitik. Er tat für die FDP überhaupt nichts, auch nichts für die CDU und nichts für die SPD. Er suchte Leute, die ihm treu dienten und möglichst kein Rückgrat hatten. Es gab Zeiten, in denen er nur CDU-Staatssekretäre hatte. Herr Minister vorne und hinten! Das war ihm* *recht.*« Und das war nur die eine Facette dieses Systems. Die andere, entscheidende, lag in des Duzfreundes Fähigkeit, die Rolle des Juniorpartners in einer schwarz-gelben Koalition bis zum Äußersten auszureizen. »*Der eigentliche Genscherismus war, wie beherrsche ich ein Unternehmen, in dem ich keine Mehrheit, sondern nur zwei oder drei kleine Aktien habe und trotzdem eine beherrschende Funktion ausübe. Das ist Genscherismus.*« Als genialer Stratege hat Genscher jeden Fehler der Christdemokraten durchschaut. »*Die FDP lebt von unserer Schwäche, auch wenn Schäuble jedem die Ader aufbeißt, der das sagt.*« Der Altkanzler indes ist dankbar. Hätte Genscher 1982 seine Partei nicht auf die Abwahl Helmut Schmidts eingeschworen, wäre der damals von keinem wirklich geliebte Helmut Kohl wohl nie zum sechsten Kanzler der Bundesrepublik gewählt worden. Nur schade, dass der Hallenser nach der Wende in seiner alten Heimat, den neuen Bundesländern, so wenig hat punkten können. »*Das war ein totaler Flop. Die FDP flog ja bei allen Landtagswahlen raus.*« Aber immerhin sei der Freund nun Popstar. Die ARD habe Genscher sogar zum 75. Geburtstag im März 2002 eine gewaltige Gala spendiert: »*Das war eine reine Wahlkampfveranstaltung. Ich gönne ihm das alles sehr, zumal er das in Münzen umwandeln kann.*« Kohl mag vom Sticheln einfach nicht lassen.

Wahre Freunde sind für ihn Kontrahenten auf Augenhöhe. Von diesen Partnern, mit denen gut und elegant streiten ist, gibt es in der deutschen Politik nicht viele, aber streiten tut er, wie er im Gespräch immer wieder leidenschaftlich bekennt, nun einmal für sein Leben gern. Eigentlich ist er nur am Lästern, sobald das Gespräch auf den Liberalen mit den gelben Pullis kommt: »*Dass Genscher kein Stehvermögen hatte, war nicht neu.*« Sein Verhalten 1984 in der Flick-Affäre hat Kohl niemals vergessen. Da ist Deutschlands oberster Liberaler als einer der Ersten umgefallen und hat die Seinen gegen die ursprünglich gemeinsam ins Auge gefasste Amnestieregelung für die vielen Spendensünder in Stellung gebracht. »*Als die Luft eisenhaltig wurde, hatte er nicht den Mut, sich hinzustellen.*« Ein Kumpan bleibt er trotzdem.

Über eines aber haben die beiden offensichtlich niemals gesprochen: über die wahren Gründe, aus denen Genscher im Mai 1992 als Außenminister zurücktrat. War das wirklich nur Amtsmüdigkeit nach achtzehn Jahren im Dienst? Reichen »die privaten Gründe«, die er in seinen Erinnerungen vorschützt, wirklich zur Erklärung aus? Fühlte er sich von seinem Kanzler zu wenig gewürdigt als Mitarchitekt der deutschen Einheit? Oder waren es am Ende die Karteikarten des von den amerikanischen Alliierten eingerichteten Document Center, die auch Hans-Dietrich Genscher als Mitglied der NSDAP auswiesen? Genscher hat, nachzulesen etwa in Malte Herwigs Studie über die Flakhelfer-Generation, spätestens seit 1972 von der Existenz der ihn belastenden Dokumente gewusst. Aber die schienen für alle Ewigkeit unter Verschluss. Dann kam die Wende – und das Auswärtige Amt hielt sich in seinen Anstrengungen merklich zurück, die für so viele brisanten Geheimunterlagen von den Amerikanern zurückzubekommen. Dennoch war absehbar, dass sich die Ungemach verheißenden Zettelkästen auf Dauer nicht unter Verschluss halten ließen. Hatte Genscher am Ende Angst vor einer skandalträchtigen Konfrontation mit seiner Vergangenheit? Kohl, explizit dazu befragt, muss passen: »*Ich weiß das nicht.*«

Dabei kennen sie einander gut. In der Kunst des eigenen Machterhalts sind sie Seelenverwandte. Das hat sie, in gegenseitigem Respekt, letztlich auch privat verbunden. Das Ehepaar Genscher stand dem über Nacht zum Witwer Gewordenen auch am 11. Juli 2001 bei Hannelores Totenfeier bei. »*Das ist eine Art Freundschaft mit einem eindeutig menschlich begründeten Zug.*

Hans-Dietrich Genscher und seine Frau waren innerlich im Spey-erer Dom anwesend« – und haben den einsamen Riesen, kaum war beim Requiem die Orgel verklungen, ganz fest in die Arme geschlossen. Und doch wäre Kohls Rückblick auf den langjähri-gen Weggefährten wohl kaum so versöhnlich ausgefallen, wenn sich Genscher nicht zuvor auch in der Bewertung der CDU-Spendenaffäre von 1999 so auffallend milde gezeigt hätte. »*Er war immer anständig. Er wusste, wenn man in der Spendenaffä-re eine Reihenfolge der Täter aufstellt, dann müsste sie lauten: FDP, SPD, CSU, CDU.*« Wie Kohl sich freut, einmal in der Rang-folge der Sünder an letzter Stelle zu stehen.

Über die Parteispenden nämlich hat sich Kohl – zumindest vordergründig – mit jenem dritten Freund zerstritten, der über Jahre, wie alle Welt dachte, sein vertrautester war. »Wir hatten ein besonderes Verhältnis zueinander, das sich aus meiner Sicht am besten mit der Beziehung zwischen einem älteren und einem jüngeren Bruder umschreiben lässt«, heißt es im dritten Band von Kohls Erinnerungen. »Mein Bruder war im Krieg gefallen, und ich hatte den Wunsch, mit Wolfgang Schäuble eng verbun-den zu sein.« Die Messlatte war hoch angesetzt. Der Tod des leiblichen Bruders Walter, Ende 1944, hat eine Lücke fürs Leben gerissen. »*Mein Abschied von ihm gehört zu den prägenden Erin-nerungen. Ich hatte ihn am Morgen zur Straßenbahnhaltestelle begleitet. Beim Einsteigen drehte er sich um und sagte ganz plötzlich, ohne jede Vorwarnung: ›Pass auf dich auf, ich komme nicht wieder. Und kümmere dich vor allem um Mama!‹*«

Im Oktober 1990 droht, nach dem Attentat im badischen Op-penau, auch der Wahlbruder zu sterben. Kohl sitzt über Stunden am Krankenbett des Schwerverletzten, der mit dem Tod ringt. »Hier lernt man das Beten«, hat er beim Verlassen des Freiburger Klinikums gesagt. Als der Genesene – ab dem dritten Brust-wirbel gelähmt und nun an den Rollstuhl gefesselt – sich ins politische Tagesgeschäft zurückkämpft, lässt Kohl keinen Zweifel daran, dass Schäuble ihn eines Tages beerben werde. »Dass Schäuble mein Nachfolger werden solle, darüber habe ich oft mit ihm gesprochen. Er hat gewusst, wie oft ich ihn leidenschaftlich verteidigt und auch öffentlich gesagt habe, dass er das kann. Diese Meinung ist aus allen Poren gequollen.«

Die körperliche Behinderung stand aus Kohlscher Sicht dem Aufstieg ins Kanzleramt nicht im Weg. »Ich war immer der Meinung, dass das Wägelchen kein Hemmnis ist. Mit dieser Ansicht stand ich freilich ziemlich alleine.« Das »Wägelchen«! Immer wieder verwendet Kohl dieses Wort, das Schäubles Dasein im Krankenfahrstuhl beinah schon zartfühlend umschreibt. Aber Kanzler hat er ihn eben dennoch nicht werden lassen. Die Gründe dafür wollte Kohl im – leider unvollendeten – vierten Band seiner Memoiren nennen.

Da sollte geschrieben stehen, dass er, der Kanzler der Einheit, der Amtsgeschäfte überdrüssig geworden war und ein paar Monate nach dem Wahlsieg 1994, auf dem Höhepunkt seiner Macht, gern abgetreten wäre. Aber der Kandidat Schäuble, der »psychologisch kein Mensch ist, der Streicheleinheiten verteilt«, scheint ihm nicht mehrheitsfähig. Er schaffe es einfach nicht, »die Leute zusammenzuhalten«, so wie es Kohl damals schon zwölf Jahre lang vorgemacht hatte. »In der FDP- und CSU-Führung gab es eine starke Meinung, dass Schäuble als Kandidat die Stimmen nicht bekommen würde, wenn ich gehe.« Also ist er geblieben. Aus staatsmännischer Pflichterfüllung. So möchte er es der Nachwelt hinterlassen wissen. Wer anders hätte den Euro durchpauken können! Und »ohne den Euro wären viele der Dinge, die jetzt in Europa laufen, kollabiert«.

Wahlbruder Wolfgang sieht das anders. In seinen Buch-Erinnerungen an das Ende der Ära Kohl (Mitten im Leben) zitiert er das von Kurt Biedenkopf geprägte Bild vom störrischen Hofbauern, der einfach nicht aufs Altenteil weichen wollte. Schäuble ist rundum enttäuscht. Er war seinem Herren so lange loyal und fühlt sich nun um den versprochenen Anteil am Erbe betrogen. Kohl weiß das natürlich: *»Er kannte meine Argumente, warum ich nicht zurückgetreten bin. Aber es ist keine Frage, dass bei ihm in dieser Zeit ein irrationaler Hass entstanden ist, als hätte ich ihm die Erfüllung seines Schicksals damit unmöglich gemacht.«* Schäuble habe eben nur den einen Traum gehabt: *»Er wollte Kanzler werden. Das hat man gerochen.«* Dieser Geruch aber war Kohl zuwider.

Am Ende hieß der siebte Kanzler der Bundesrepublik Deutschland nicht Wolfgang Schäuble, sondern Gerhard Schröder, gegen den Helmut Kohl bei der Wahl 1998 nicht den Hauch einer Chance hatte. Rot-Grün regierte zunächst holprig, gewiss. Aber das begehrte Amt lag für einen Christdemokraten in weiter Ferne. Immerhin, den Posten des Parteivorsitzenden durfte Schäuble nach Kohls Rückzug noch einnehmen. Dann wurde der Skandal um die nicht deklarierten Millionenspenden für die CDU publik. Die Chronologie der Ereignisse ist hinreichend bekannt. Kohl bekennt im ZDF, weiland 2 Millionen D-Mark erhalten zu haben, deren Herkunft er, ehrenwortgeschuldet, aber nicht kenne. Schäuble sieht die Stunde der Satisfaktion für die erlittenen Demütigungen gekommen. Er fordert Kohl auf, die Namen der Geldgeber zu nennen. Oder aber als Ehrenvorsitzender der Partei zu demissionieren. Dabei dürften die Spender der 2 Millionen D-Mark – das legt das Memoirengespräch vom 1. Juli 2001 nahe – für Schäuble kein großes Geheimnis gewesen sein. *»Wenn einer durch kluges Nachdenken auf die Namen derer kommen will, die ich nicht nenne, wäre er der Allererste.«*

Es kommt zum unversöhnlichen Bruch, zum offen ausgetragenen Showdown. Kohl ist zu keinen Konzessionen bereit. Desillusioniert rollt Schäuble aus dem Büro des einstigen Freundes. Er will das nun bis zur Kenntlichkeit entstellte[18] Über-Ich niemals in seinem Leben wiedersehen. Mit Kohl, bekennt er in seinen Erinnerungen, habe er ohnehin viel zu viel Zeit seines Lebens verbracht. Der Satz wurde zur Legende.

Der Zurückgelassene indes sieht die Schuld grundlegend anders verteilt. Kohls Erklärung ist einfach: Da wollte ein Mündel Vormund sein. Beim Gespräch im Keller zu Oggersheim schlägt der Altkanzler zurück. Wer habe sich denn ausgerechnet von einem Waffenhändler eine 100 000-Mark-Spende zustecken lassen, wie es sich Schäuble nach eigenen Angaben von Karlheinz Schreiber gefallen ließ? Dabei »*wusste er sehr gut, dass ich in Waffengeschäften aufs Äußerste zurückhaltend war und ich dadurch permanenten Ärger mit Strauß hatte*«. Einmal in Fahrt geraten, attestiert Kohl dem gewesenen Freund einen »*Zug von größter charakterlicher Dreckigkeit*«.

Schon immer habe Schäuble »*Querulanten wie die Süssmuth und den Geißler geschützt*« und diese jetzt, beim offenen Streit um die Spenden, in der Heftigkeit der Attacken noch weit übertroffen. Zuletzt hat er Kohl sogar vorgeworfen, in die eigene Tasche gewirtschaftet zu haben. Dabei »*wusste er doch sehr genau, wie wir leben. Er war in St. Gilgen. Er wusste aus der Nähe, wie wir das Geld zusammenkratzten, als die beiden Buben in Amerika studierten.*« Kohl stilisiert sich zum Mittellosen, verlangt nach Mitgefühl und ärgert sich, vermutlich nicht ganz ohne Grund, dass der historisch gesehen weitgehend bedeutungslose Altbundestagspräsident Richard Stücklen von der CSU »*eine Pension bezieht, die weit höher als die meine ist*«. Das System der Abgeordnetenzuwendungen sei leider rundum ungerecht. Der einstige Protegé Schäuble aber echauffiere sich, er, Kohl, unterhalte geheime Privatkonten in der Schweiz. »*Das ist nur mit Hass zu erklären.*«

Doch auch Hass kann gelegentlich verbinden. Sie sind Figuren in ein und demselben Drama. »*Das wird nichts mehr mit ihm.*

Das ist eine richtige Tragödie«, spricht Kohl über Schäuble in einem düsteren Schlussmonolog. Vice versa freilich gilt das Diktum nicht minder. Das wird nichts mehr mit ihm! Der im Spendensumpf versackte Vater der Einheit ist weit tiefer gefallen als sein einstiger Kronprinz, der zwar seinen Kanzlertraum und im Jahr 2000 auch den CDU-Parteivorsitz aufgeben musste, aber als mächtiger Minister in drei Merkel-Kabinetten politisch überleben sollte. In seinen Erinnerungen will Kohl den bitteren Bruderzwist nur am Rande streifen: *»Meine Neigung ist, eher wenig zu schreiben, seine Arbeit positiv zu würdigen und zu sagen, mit welchem Mut er dieses Attentat überstanden hat.«* Allerdings dürfe der Hinweis nicht fehlen, *»dass er – ob durch Unfähigkeit oder Absicht – in der Spendengeschichte alle Feinde eingeladen hat zu diesem Vernichtungsfeldzug, der ihn dann selbst mitgerissen hat«*.

Der größte Feind der Freundschaft ist nun einmal der Verrat, zumal wenn, wie bei Kohl, bei nahezu allen persönlichen Verbindungen eine gehörige Portion strategisches Kalkül mitschwingt und Treulosigkeit, ob nun nur vermutet oder tatsächlich begangen, sogleich zum folgenschweren Politikum wird. Einander *»hilfreich«* zu sein, sagt er, sei die vornehmste Pflicht einer jeden Freundschaft, die – genau besehen – im Privaten wie in der Staatskunst ein geschicktes Wechselspiel sei. Natürlich dürfe *»der eine nicht immer nur zuzahlen und der andere immer nur abholen«*. Aber sowohl für politische Beziehungen wie auch für die Kameradschaft gelte, *»dass man um des Miteinanders willen auch einmal fünfe grade sein lässt, zu Vorleistungen fähig ist und mitdenkt, was man dem anderen zumuten kann und was man selbst nicht zugemutet haben will«*.

In der Freundschaft mit Wolfgang Schäuble ist dieser Balanceakt, der so lange glückte, spätestens Mitte der neunziger Jahre für alle Zeit aus dem Gleichgewicht geraten. Eine andere höchst wichtige – und im Kohlschen Sinne hilfreiche – Verbindung indes, eine »*enge persönliche Beziehung*«, die in den Kellergesprächen nie als Freundschaft apostrophiert wird, wäre wegen eines dramatischen Fehltritts um ein Haar beinahe überhaupt nicht gediehen: Um »die Dinge auf den Punkt zu bringen«, fühlte sich der deutsche Bundeskanzler 1986 in einem Zeitungsinterview dazu berufen, den mächtigsten Mann im Kreml, Michail Gorbatschow, mit dem nationalsozialistischen Propagandisten Joseph Goebbels zu vergleichen.

Die scharfen Reaktionen aus Moskau ließen nicht lange auf sich warten. Nach einiger Zeit distanziert sich Kohl zwar von seinen Äußerungen, formell entschuldigen für die auch auf Tonband dokumentierte Ungeheuerlichkeit mag er sich jedoch nicht. Er zieht sich darauf zurück, dass der Text nicht autorisiert gewesen sei. Noch im Memoirengespräch im Oktober 2001 schiebt er den Skandal in erster Linie seinem einstigen Pressechef Friedhelm Ost in die Schuhe: »*Der Ost hat das gemacht. Der Faulpelz hat den Text nicht richtig angeguckt.*«

Dabei ist es nun einmal eindeutig Kohl, der den unglückseligen Vergleich angestellt hat – und nicht der Leiter des Bundespresseamts, auch wenn der das Interview mit dem amerikanischen Magazin *Newsweek* wohl fahrlässig passieren ließ. Die Folge der Entgleisung war diplomatische Eiszeit. »So konnte es nicht bleiben«, schreibt Richard von Weizsäcker in seinen Erinnerungen. »Da nahm ein ungewöhnlicher Gedanke Gestalt an. Ein Staatsbesuch sollte helfen.« Also brach der Bundespräsident im Juli 1987 nach Moskau auf, begleitet von einer hochkarätigen Delegation, der illustre Gestalten wie Siegfried Lenz, Alexander Kluge sowie die Chefs der Deutschen Bank und des Roten Kreuzes angehörten. »Es war harte Arbeit.« Aber am Ende habe er doch erfolgreich »als Eisbrecher« wirken können. »Kurz nach meinem Besuch sagte Gorbatschow zu Franz Josef Strauß, meine

Reise habe eine neue Seite in der Geschichte aufgeschlagen.«
Wieder mal Weizsäcker. Das muss den Alten schmerzen.

Schwan liest Kohl Passagen aus Weizsäckers Werk vor und versucht, sein Gegenüber aus der Reserve zu locken. »Eisbrecher« – ob das nicht ein wenig übertrieben sei? *»Ja, natürlich«*, antwortet Kohl knapp. Er kennt seinen Parteifreund Richard. Das Vertrauen zwischen Gorbatschow und dem deutschen Kanzler sei erst zwei Jahre später gewachsen, im Juni 1989, beim umjubelten Bonn-Besuch des russischen Reformers, als sich die beiden Staatsmänner in persönlichen Gesprächen im Kanzlerbungalow am Rhein über das Selbstbestimmungsrecht der Völker einig geworden seien. Die Beziehung zu Gorbatschow wuchs langsam und wurde, wie der Altkanzler sagt, erst so recht intensiv, als die UdSSR zerfallen und der Begründer von Glasnost und Perestroika nicht mehr im Amt war.

Die deutsche Einheit – da kennt Kohl keinen Zweifel – war keine Morgengabe unter Freunden, sondern ein Produkt der ökonomischen Notwendigkeit: *»Gorbatschow ging über die Bücher und musste erkennen, dass er am Arsch des Propheten war und das Regime nicht halten konnte.«* Weder das seine noch die DDR. Im Rückblick für die Memoiren erscheint der Mann, der eine Weltmacht umbauen wollte, nicht als Visionär, sondern als eine Art Konkursverwalter, der letzte Pfründe zu retten und mit gekonntem Auftritt den letzten Stolz des zerfallenden Sowjetreichs zu wahren versucht. Das waren keine Gespräche mehr von Gleich zu Gleich.

Gewiss, beim entscheidenden Treffen im Kaukasus saß man in trautem Räuberzivil beieinander, Gorbi im Pullunder, der deutsche Kanzler in seiner berühmten großen blauen Strickjacke – eine augenfällige Distanz aber blieb, auch zu Raissa, der Gattin, die zum Entsetzen von Hannelore Kohl eine *»glühende Kommunistin«* gewesen sei.

Die Geschichte werde wohl über Michail Sergejewitsch hinwegziehen, meint Kohl: »*Von Gorbatschow bleibt übrig, dass er den Kommunismus abgelöst hat, zum Teil wider Willen, aber de facto hat er ihn abgelöst. Ohne Gewalt. Ohne Blutvergießen. Sehr viel mehr, was wirklich bleibt, fällt mir nicht ein.*« Ob Gorbatschow ein großer Gescheiterter sei? »*Ja sicher. Er ist gescheitert, gewiss.*« Da auf einmal scheint er Kohl ganz nah, der das bilanzierende Gespräch für seine Memoiren nicht zuletzt als »*Meditation am Ende eines politischen Lebens*« begreift.

Aber sonst stand ihm ein anderer deutlich näher. Gorbatschows Nachfolger: Boris Jelzin, »*der Glücksfall, ein Freund unseres Landes. Und ein persönlicher Freund.*« Aufgrund seines Lebenswandels gesundheitlich angeschlagen, aber jederzeit präsent, blitzgescheit und weitsichtig. »*Er erkannte als Erster, dass der Kommunismus tot und nicht reformierbar ist, und das zu einem Zeitpunkt, als Michail Gorbatschow und vor allem Raissa daran glaubten, dass eine Modernisierung möglich sei.*« Jelzin hingegen habe weit radikaler gedacht. »*Er wollte, dass die alten Strukturen nie mehr an die Macht kommen.*« Immer wieder stellt Kohl die beiden, die einander spinnefeind waren, gegenüber – und lässt nie einen Zweifel daran, wer ihm der Liebere ist: »*Inniger, menschlicher*« sei das Verhältnis zu Jelzin gewesen.

Wenn er über den Bauernsohn aus dem Ural spricht, scheint Kohl geradezu von seinem Alter Ego zu schwärmen. Diesem zu Unrecht Verkannten verwandelt er sich liebend gerne an. »*Das Bild von Boris Jelzin in der Öffentlichkeit halte ich für ganz falsch. Ich halte ihn für einen hochintelligenten Mann mit einer überraschenden politischen Sensibilität beim Zupacken, der in der Wahl seiner Mittel nicht sehr zurückhaltend war. Auf diese Weise zog er sich die Feindschaft vieler zu.*« So ergeht es den Mutigen eben. Gorbatschow, sagt er, hätte sich beim Augustputsch 1991 jedenfalls nicht auf die bedrohlich angerückten

Panzer gestellt. Jelzin dagegen habe sich, auch wenn er mit seiner Gesundheit Raubbau trieb, als ganzer Kerl erwiesen. *»Er war betrunken besser als andere, die nicht betrunken sind. Genau das soll ja alles weggewischt werden. Jetzt sind wir wieder beim Kern des Buches.«* Eigentlich ist die Lehre recht einfach: Männer von ganzem Schrot und Korn begehen nun einmal lässliche Sünden. Der eine säuft, der andere hurt. Und der dritte nimmt es mit den Paragraphen des Parteiengesetzes nicht ganz genau. Auch Freunde in der Politik, heißen sie nun Boris oder Franz Josef, sind nun einmal Menschen von Fleisch und Blut.

Mit Jelzin jedenfalls hat er gern die Weltgeschichte vorangetrieben. Und das nicht nur in öden Sitzungszimmern. Am Baikalsee sind die beiden in die Sauna gestiegen, was man – wie Kohl nicht eben freundschaftlich anmerkt – mit Gorbatschow natürlich niemals hätte machen können. Boris Nikolajewitsch aber liebte das Ritual des Dampfbadens. *»Zwei höchste KGB-Chargen sorgten für die Aufgüsse«* und klopften die Rücken der Staatslenker mit Birkenzweigen ab, was höchstes Vergnügen bereitete und zugleich der Völkerverständigung diente. *»Es wurde fast ausschließlich über Politik geredet.«* Und die Resultate konnten sich, auch wegen der ausgiebig zelebrierten Kaviar- und Wodkagelage zwischen den Gängen, zumeist sehen lassen. *»Wenn man nackt auf der Liege liegt und sich über irgendeine Geschichte unterhält, ist das doch etwas anderes, als wenn man geschniegelt mit einer großen Entourage im Konferenzsaal hockt.«* Da ist sie endlich, die freundschaftliche Brüderschaft im Geiste Hölderlins: eine Seele in zwei schwitzenden Leibern!

7. Das ungeliebte Amt – Helmut Kohl und die Bundespräsidenten

Er hat die abgeschiedensten Zipfel auf dem Globus bereist. Als Kanzler war er zu Gast in Japan, Indonesien oder Pakistan. Bei den Weltmächten in Moskau, Peking und Washington ohnehin. In Australien haben ihm die gewaltigen Schaufelbagger beim Tagebau imponiert. Und Europa, den Kontinent, den er vereinen wollte, kannte er aus dem Effeff. Helmut Kohl aber lässt der Reiz des Fremden eigentümlich kalt. Er ist nicht Abenteurer, sondern Stratege. Der Aufbruch an einen entlegenen Ort scheint ihm kaum mehr als ein notwendiges Übel: Die Weltpolitik verlangt nun eben gelegentlich nach Treffen fernab der Heimat. Die Stätten, an die es ihn dabei verschlägt, ihre Gerüche, ihre Urbanität, ihre Natur, scheinen ohne Belang. Eigentlich zählte für ihn nur, *»ein großes Bett zu bekommen, in dem ich die Füße ausstrecken konnte«.*

Das Wort »Landschaft« taucht in den Gesprächen meistens nur dann auf, wenn es eine *»politische Landschaft«*, die – für Kohls Empfinden: verkommene – *»Medienlandschaft«* oder aber jene *»blühenden Landschaften«* zu beschreiben gilt, die der Kanzler der Einheit einst metaphorisch dem deutschen Osten versprach. Nur von St. Gilgen am Wolfgangsee schwärmt er, von den weiten Gebirgstälern mit ihren Gemsen und Steinböcken.

Sonst aber ist in Kohls Kosmos wenig Platz für schmückendes Beiwerk. Er hat es lieber konkret und spielt daheim die Winkelzüge der eigenen Staatskunst durch. Lustvoll hat er selbst auf internationalem Parkett Koalitionen geschmiedet, potentielle Gegner effektvoll ausgestochen und in überraschenden Coups neue Bündnispartner gewonnen. Er sah sich als politischer Schachspieler, der dem Kontrahenten meist um einige Züge voraus war.

Bloße Repräsentation, die Ausübung rein symbolischer Macht, die starr vorgeplanten Staatsbesuche nach strengem Protokoll, die höflich zu demonstrierende Neugier auf fremde Kulturen – und die andauernde Ferne vom heimischen Bett – hätten ihm die Lust an der Politik gründlich verdorben: *»Zwei Dinge wollte ich nie: Minister oder Bundespräsident werden!«* Als Minister hätte er einem Kabinettschef gehorchen müssen, als Bundespräsident wäre er allenfalls der Verfassung nach Erster Bürger im Staate gewesen. Kohl wollte nicht Vordenker der Republik sein. Er wollte Fakten schaffen, mit ganzer Manneskraft gestalten.

Das prestigeträchtige, im Ränkespiel der Parteien leidenschaftlich umkämpfte – aber auf zwei Wahlperioden begrenzte – Präsidentenamt führte in seinen Augen geradlinig auf das politische Abstellgleis. Darum hat er sich Ende der siebziger Jahre, als sein Stern nach der verlorenen Bundestagswahl 1976 in der CDU zu sinken drohte, vehement dagegen gewehrt, in die Villa Hammerschmidt abgeschoben zu werden, obwohl ihn etwa Deutschlands mächtigster Pressezar gerne dort gesehen hätte. *»Das war der Zeitpunkt, als ich ohne Hemd und Hose dastand. Da gab es eine Aktivität vom Cäsar Springer: Ich wäre eigentlich der richtige Kandidat für das Amt des Bundespräsidenten, und Frau Kohl wäre die beste Präsidentengattin! Dahinter steckte natürlich sein Freund Franz Josef.«* Männerfreund Strauß hätte sich auf der Bundesversammlung 1979, in der die Union die Mehrheit hatte, gerne auf elegante Weise und für immer des Nebenbuhlers um die Kanzlerschaft entledigt.

Kohl jedoch hat die vergiftete Offerte augenblicklich durchschaut: *»Springer war sehr ungnädig, als ich ihm sagte, ich denke nicht im Traum daran, für das Amt des Bundespräsidenten zu kandidieren.«* Warum sollte er auch? Dass der Bayer bei der Bundestagswahl 1980 gegen Helmut Schmidt nicht gewinnen konnte und sich für Kohl also über kurz oder lang eine zweite Chance aufs Kanzleramt bieten würde, *»war doch völlig klar«*. Außerdem hatte der Altkanzler, wie seine persönliche Bewertung der bisherigen Präsidenten zeigt, nicht gerade eine hohe Meinung von diesem Amt und dessen Verwaltern.

Theodor Heuss, mit dessen Bestellung 1949 er natürlich noch nichts zu schaffen hatte, sei *»im Zusammenspiel mit Adenauer gewiss ein Glücksfall für die Republik«* gewesen, *»mit dem hohen menschlichen Respekt vor der Generosität einer alten Generation, die den Wind der Geschichte erlebt hatte«*. Eine geradezu klassische Kohl-Formulierung: Manchmal wehte der Wind der schwierigen deutschen Geschichte eben doch auch aus günstiger Richtung. Bedauerlich nur, dass sich der liberale »Papa Heuss«, der strenggenommen eher als Großvater der Republik fungierte, 1954 – mit immerhin schon siebzig Jahren – noch zu einer zweiten Amtszeit überreden ließ. *»Das war eine absolute Zumutung. Drei Viertel der Deutschen konnten ihn doch gar nicht verstehen. Wie oft war er am helllichten Tage betrunken. Fast bei jedem Staatsakt saß er vorne und schlief. Das wurde totgeschwiegen.«*

Dagegen erschien ihm sogar Heuss' vielfach verspotteter Nachfolger wie ein Ausbund von Klarheit: *»Man kann Heinrich Lübke viel nachsagen, aber seine westfälisch-knorrige Sprache war für jeden Menschen in Deutschland verständlich.«* Der Mann aus dem Sauerland war bis heute einer der reisefreudigsten Präsidenten – mit einem großen Herz für Afrika. Doch in seiner zweiten

Amtszeit, als seine mentalen Kräfte schwächer wurden, veröffentlichten Magazine wie etwa der *Stern* Zeichnungen für KZ-Baracken, die angeblich von Lübke, einst Bauleiter in der Heeresversuchsanstalt Peenemünde, stammten. Ob die vermeintlich belastenden Dokumente in Wahrheit Fälschungen aus Mielkes Ministerium für Staatssicherheit waren, ist bis heute nicht mit letzter Gewissheit geklärt. Aber nicht wenig spricht dafür. Für Kohl jedenfalls scheint der Fall klar: *»Ich empfinde es als Schande, dass das Leben von Heinrich Lübke in so barbarischer Weise den Politgangstern der DDR und der Stasi ausgeliefert werden konnte.«*

Der zweite Präsident der Bundesrepublik sei *»ein aufrechter Mann«* gewesen und habe *»versucht, seinem Land treu zu dienen«*. Sehr viel mehr hat Helmut Kohl von einem Bundespräsidenten auch nicht erwartet. Aus seiner Sicht war dieser Posten zwar wichtig im Gefüge der politischen Macht, aber wirklich ernst genommen hat er die Staatsoberhäupter nicht. Sie kamen und gingen – und sollten vor allem eines: seine eigenen Kreise nicht stören. Und ansonsten Ministerurkunden aushändigen, Weihnachtsansprachen halten und auf weltweite Visite gehen.

Kohls Sicht auf den Sozialdemokraten Gustav Heinemann, der Heinrich Lübke 1969 nach einer dramatischen Wahl folgte, ist aufschlussreich. Heinemann hat Helmut Kohl schon lange gekannt, denn bis 1952 war der überzeugte Gegner der Wiederbewaffnung Mitglied der Christdemokraten. *»Mit Gustav Heinemann fing meine erste politische Erinnerung an. Zur Eröffnung des Bundestagswahlkampfes 1949 gab es vor dem Heidelberger Schloss eine zentrale Veranstaltung der CDU. Wir waren von der Partei dort um Hilfe gebeten worden.«* Jungunionist Kohl war damals Oberprimaner. Er sollte mithelfen, dass die Kundgebung reibungslos verläuft, und die anrückende Parteiprominenz betreuen. *»Es kam der Essener Oberbürgermeister von Rhein* *und Ruhr, Gustav Heinemann, in einem dieser großen Autos, die man damals in einem solchen Amt fuhr. Ich lotste ihn den Heidelberger Schlossberg hinauf, lief neben seinem Wagen her, um Platz zu machen, weil so viele Menschen dort standen.«*

Dass Heinemann, Adenauers erster Innenminister, drei Jahre später die CDU verließ – aus Protest gegen den Eintritt der Bundesrepublik in die Europäische Verteidigungsgemeinschaft und gegen die sich abzeichnende Wiederbewaffnung –, hat Kohl ihm, anders als viele der Parteifreunde, niemals verübelt: *»Es war ja ein ganz faires Verhalten von ihm. Er nahm nichts mit, weder ein Mandat noch sonst was.«* Schließlich musste es doch möglich sein, die Union aus Gewissensgründen zu verlassen. *»Die beinahe verleumderische Brutalität«*, mit der mancher Christdemokrat den unbeugsamen Protestanten nach dessen Parteiaustritt verfolgte, hat Kohl jedenfalls rundum missfallen.

Bei der Bundespräsidentenwahl im März 1969 freilich stand Kohl, der designierte Regierungschef von Rheinland-Pfalz (gekürt wurde er am 19. Mai), auf der Seite der Heinemann-Gegner: *»Ich war noch kein Ministerpräsident, aber natürlich Strippenzieher.«*[19] Doch der Urnengang ging aus Sicht der Christdemokraten gründlich daneben. Der von der Union nominierte Ex-Außenminister und amtierende Bundesverteidigungsminister Gerhard Schröder unterlag, weil die FDP mehrheitlich für den SPD-Kandidaten Heinemann gestimmt hatte. Das war der Beginn des sich unaufhaltsam abzeichnenden Machtwechsels, der die CDU für dreizehn lange Jahre von den Bonner Regierungsbänken vertreiben sollte.

An Kohls Sympathie für Heinemann hat das wenig geändert, zumal der bei seinem offiziellen Antrittsbesuch in der Pfalz – so jedenfalls erinnert sich Kohl im Kellergespräch – erklärt hatte, *»er habe schon viele Bundesländer besucht, Rheinland-Pfalz aber sei eines der bestregierten Länder mit seinem jungen Ministerpräsidenten. Dann hielt dieser Mann eine einzige Laudatio* *auf Hannelore Kohl. Die Roten waren völlig fassungslos, und auch wir waren sprachlos. Das war die beste Wahlversammlung, die man halten konnte.«*

Und doch, bei aller Sympathie: Auch mit dieser Präsidentschaft vermochte Kohl nicht allzuviel anzufangen. Anderen sind von Gustav Heinemann sein couragiertes Auftreten gegenüber dem Schah von Persien im Gedächtnis haften geblieben, der provokante Pazifismus seiner präsidialen Reden: »Jede Bundeswehr muss grundsätzlich bereit sein, sich um einer besseren politischen Lösung willen in Frage stellen zu lassen.« Der Begriff »Vaterlandsliebe« war diesem Staatsoberhaupt abgrundtief fremd: »Ach was, ich liebe keine Staaten, ich liebe meine Frau, fertig.« An diesem Präsidenten schieden sich die Geister. In den erinnernden Worten des Altkanzlers aber klingt in erster Linie Ratlosigkeit an; Kohl findet einfach keinen Bezug zu diesem Amt.

»Kantig, von herbem Charme und puritanischer Stenge« sei Heinemann gewesen. *»Ein Mann, der aller PR-Werbung völlig abhold war. Der Umgang mit ihm war mitunter sehr schwierig. Essen bei ihm in der Villa Hammerschmidt waren deswegen berüchtigt, weil er in affenartiger Geschwindigkeit das Essen in sich hineinschaufelte, während die meisten noch nicht einmal ihre Suppe gegessen hatten. Seine gesellschaftlichen Umgangsformen waren furchtbar.«* Kohl scheint einen Alien zu beschreiben, einen verschrobenen, wenn auch ehrenwerten Idealisten, der sich in das bestehende System einfach nicht einfügen mag: *»Er war nicht intelligent, sondern klug. Er hatte protestantisches Verständnis: ›Hier stehe ich und kann nicht anders!‹ Er besaß eine Mischung aus Mut und Sturheit, so wie er im Dritten Reich Mut bewiesen hatte. Mit einer bestimmten Form des Katholizismus hatte er Probleme, etwa mit dem rheinischen. Das war nicht seine Welt.«* Kurzum, für Helmut Kohl blieb auch dieser Präsident ein Fremder.

Das galt für dessen Nachfolger erst recht. Walter Scheel, den Mitarchitekten der ersten sozialliberalen Koalition, hat Kohl geradezu verachtet: *»Eine Präsidentschaft der Belanglosigkeit! Der Hass gegen Scheel in unserer Partei war ungeheuer groß.«* Doch der CDU-Bewerber in der Bundesversammlung 1974 hatte nicht den Hauch einer Chance gehabt: Richard von Weizsäcker war gegen den einstigen FDP-Außenminister nicht mehr als ein Zählkandidat. Trotzdem findet der Altkanzler, Weizsäcker hätte mit der ihm zugedachten Rolle zufrieden sein können: *»Er war fünf Jahre in der Politik und war Kandidat. Das war doch eine hohe Ehre.«* Der unterlegene Bewerber sah das anders und wollte mehr. Es gibt im Leben nun einmal Situationen, da ist Teilnehmen nicht alles.

Fürs Erste aber amtierte Walter Scheel. Dass die Frohnatur aus Höhscheid nicht zuletzt wegen seiner *»bewundernswerten Frau Mildred«* in der Bevölkerung durchaus beliebt war, verstimmte Kohl besonders. *»Er ist hoch auf dem gelben Wagen durchs Land gefahren.«* Aber darf ein Präsident den eigentlichen Akteuren auf der politischen Bühne die Schau stehlen? Dieser schon gar nicht: *»Der hat uns in der Opposition mit einer ganz ungewöhnlichen Unfreundlichkeit behandelt.«*

Also hat der CDU-Parteivorsitzende – auch dies sagt einiges aus über sein Verständnis des Amts – *»zu keinem Zeitpunkt überlegt, die Zeit von Scheel zu verlängern«.* Die Mehrheitsverhältnisse in der Bundesversammlung hatten sich vor der Präsidentenwahl 1979 zugunsten der Union verschoben, Scheel musste abdanken. Helmut Kohl formuliert ein Abgangszeugnis, das kaum vernichtender hätte ausfallen können: *»Scheel war eine charakterliche Null und brachte nichts ein außer seiner NSDAP-Mitgliedschaft. Er war länger in der NSDAP als Carstens, aber über Carstens wurde geredet.«*[20]

Karl Carstens allerdings wurde dann trotz seiner Vergangenheit als Parteigenosse zum fünften Bundespräsidenten gewählt

Dabei hatte doch auch von Weizsäcker wiederum unüberhörbar mit den Hufen gescharrt. Aber CDU-Chef Kohl, nach der Niederlage bei der Bundestagswahl 1976 parteiintern geschwächt, hält den ehrgeizigen Freiherrn aus Stuttgart lieber aus der ersten Liga fern. *»Carstens war einfach der stärkere Kandidat. Die Bundestagsfraktion war ganz eindeutig in ihrer riesigen Mehrheit für ihn. Ebenso die komplette CSU. Carstens behandelte diese Kandidatur sehr pfleglich. Er trat auf einem CSU-Parteitag mit Lederhosen auf. Der hat schon PR gemacht.«*

Er war, obwohl er *»ja weit rechts stand, politisch näher beim Franz Josef als bei mir«,* Kohls erklärter Favorit. Vermutlich hat keiner der Bundespräsidenten Kohls Erwartungen verlässlicher erfüllt als der Hanseat aus Bremen: *»Er war ein honoriger Mann, ein Herr im Amt. Er führte die Geschäfte ganz untadelig. Er stellte ganz eindeutig seine Person hinter die Sache. Er war, wenn man so will, ein Mann, der diente.«* Niemals hat Carstens Kohl das Leben sauer gemacht, nie sich statt seiner ins Rampenlicht gestellt – und auf Bitten Kohls hat Carstens 1983, trotz verfassungsrechtlicher Bedenken, den Bundestag aufgelöst, auf dass sich der Monate zuvor mit Hilfe eines konstruktiven Misstrauensvotums zum Kanzler Gewählte in einem vorgezogenen Plebiszit bestätigen lassen könne. Aus solchem Holze sollten Bundespräsidenten wohl geschnitzt sein.

Doch leider war Carstens, aus Altersgründen vor allem, nicht bereit, sich eine weitere Amtszeit zuzumuten. Prompt machte Richard von Weizsäcker *»unglaublich ungeduldig«* Druck, nun endlich seinen Lebenstraum erfüllt zu bekommen. Mitten in der aufreibenden Debatte um den Nato-Doppelbeschluss habe er seinen Hut in den Ring geworfen: *»Kurz vor der entscheidenden Schlacht über die Nachrüstung schrieb er mir per Hand einen Brief. Es gab also keine Kopie. Er schrieb mit dürren Worten, dass – Nachrüstung hin oder her – seine Kandidatur als Bun-*

despräsident nun überfällig sei. *Das Wichtigste war nicht, wie
wir die Nachrüstung überstehen.*« Ein getreuer Parteisoldat war
der Mann mit dem Drang zu Höherem und dem Hang zur eigenen Meinung selten.

Gerne ist Kohl nicht auf von Weizsäckers Ansinnen eingegangen, schon allein aus parteistrategischen Gründen. Nur mit äu-
ßerster Mühe hatte er 1981 den Eigensinnigen dazu bewegen
können, als Regierender Bürgermeister in Berlin anzutreten:
»*Der Weizsäcker brauchte stets ein goldenes Tablett, mit Intarsi-
en ausgelegt.*« Ihn jetzt von diesem Posten abzuziehen barg Risi-
ken. Auf der anderen Seite: Wer sonst war in den eigenen Reihen
präsidiabel? »*Es gab im Innenverhältnis keinen anderen Kandidaten.*« Also führte dieses Mal kein Weg an Richard von Weizsäcker vorbei.

Viel Freude aber hat Helmut Kohl an dem auf die eigene Kon-
tur bedachten Präsidenten nicht gehabt, denn der hat das ersehnte Amt dazu benutzt, um weiterhin eigenes Profil zu schär-
fen. Weizsäcker schien in hohem Maße konkurrent, vielleicht
sogar gefährlich: »*Mir war klar, dass Richard sich selbst für den
Klügsten, Besten und Allermoralischsten hält. Nie hat er einen
Zweifel aufkommen lassen, dass er einer der bedeutendsten
Männer der Gegenwart war. Und dass sonst im Prinzip nur
Dummköpfe unterwegs sind. Dass er auch den Kanzler gemacht
hätte, versteht sich.*« Mit wenigen Strichen skizziert Kohl sein
Wunsch- und sein Schreckbild eines deutschen Bundespräsidenten: Hier der getreue Karl Carstens, dort der egozentrierte Richard von Weizsäcker, der die Kohlsche Hackordnung nicht akzeptieren und sich partout nicht unterordnen wollte. Vom ersten
Tag an habe der Freiherr aus Stuttgart daran gearbeitet, das Bild
seines Vorgängers Karl Carstens »*PR-mäßig wegzuwischen*«. Aber
1994 liefen dann auch seine Tage in Schloss Bellevue ab. »*Als er
abging, ist er in ein tiefes Loch gefallen. Er machte die bittere*

Erfahrung, dass nach ihm einer kam, der ihn wiederum völlig hat verblassen lassen. Es rächt sich alles auf Erden.« Mag sein auch ein feindseliges Urteil wie dieses.

Woher rührt die tiefe Animosität gegenüber Richard von Weizsäcker? Schließlich war es doch Kohl, der den Juristen und Präsidenten des Evangelischen Kirchentags Mitte der sechziger Jahre zum Wechsel in die Berufspolitik zu überreden versuchte. Der Bundespräsident außer Diensten hat ihm das in seiner Autobiographie *Vier Zeiten* pflichtschuldigst gedankt: »Kohl besuchte mich im Frühjahr 1965 in Ingelheim und schlug mir vor, bei der für den Herbst bevorstehenden Bundestagswahl eine Kandidatur in seinem Heimatwahlkreis Ludwigshafen zu übernehmen.« Weizsäcker lehnte die ehrenvolle Offerte nach kurzer Bedenkzeit ab. Das Angebot kam zu früh. Als frischgewählter Kirchentagspräsident wollte er sich fürs Erste parteipolitisch nicht exponieren – und ist dann lieber vier Jahre später auf einem sicheren rheinland-pfälzischen Listenplatz in den Bundestag eingefahren. Aber seine Memoiren erinnern daran, wie Kohl, »der damals Fünfunddreißigjährige[,] voller Schwung daran arbeitete, seinen CDU-Landesverband Rheinland-Pfalz in einem liberalen Geist zu öffnen und bundespolitisch zu profilieren«.

In den Kellergesprächen gut fünfunddreißig Jahre später begegnet Kohl dem Mann, den er vor vielen Jahren fördern wollte – und das nicht selten auch tat –, mit unverhohlenem Misstrauen. Beide sind sie nun Pensionäre. Am Gefühl steter Konkurrenz ändert das nichts. Ob Kohl am Ende auf die wegen ihrer beredten Klugheit über die Parteigrenzen hinaus beliebte Lichtgestalt der deutschen Politik neidisch ist? Grund dazu scheint gegeben: *»Überall, wo etwas zu holen ist, ist er da. Der hatte übrigens auch immer Aufsichtsratsposten.«* Noch als Hochbetagter ist Richard von Weizsäcker in der öffentlichen Wahrnehmung ein Glückskind geblieben, ein Mann ohne Skandale, ein leichtfüßiger Intellektueller, dem die Talente, so scheint es, zugeflogen sind, während sich Kohl, der sich beschwerlich durchgeboxt hat, im Alter die Trümmer seines privaten und politischen Lebens sortiert.

Der Stachel sitzt tief. Seit Kohl von Mainz nach Bonn gewechselt ist, hat ihm der mit unzähligen Goldenen Sportabzeichen Dekorierte das Leben schwergemacht. Der habe doch immer nur auf das höchste Amt im Staate geschielt. In Sachen Ehrgeiz scheint Weizsäcker Kohl durchaus verwandt. Er lässt nicht locker und ist eben darum im Kampf um Einfluss und Ansehen ein nicht ungefährlicher Rivale. Ganz im Gegenteil: Er hat den Parteien – nicht nur, aber auch der eigenen –, als er dann endlich im Amt war, mächtig die Leviten gelesen. 1992 – also noch als amtierender Bundespräsident – hat er in einem langen, als Buch publizierten Gespräch die Selbstbedienungsmentalität dieser übermächtigen Organisationen beklagt – vor allem aber deren Mangel an Visionen: »Die Bevölkerung hört leider weit mehr vom Kampf um Posten« – und von der Parteienfinanzierung. Der oberste Mann im Staat forderte mehr direkte Beteiligung der Bürger (»Wo bleibt der politische Wille des Volkes?«) und eine neue Bescheidenheit der Parteien, die Begrenzung ihres Einflusses in den öffentlich-rechtlichen Medien zum Beispiel. Er plädierte sogar dafür, dass die Amtszeit eines Bundeskanzlers nicht länger als zwei Legislaturperioden andauern dürfe. Auf dem Ohr allerdings ist Helmut Kohl taub.

Dieser Bundespräsident, empört sich Kohl, habe ausgerechnet ihn, seinen alten Mentor, schnöde verraten. 1989 habe er, wenn auch verdeckt, bei den »Bremer Stadtmusikanten« mitgemacht. »Weizsäcker und Kiep, dieses Gesocks, waren immer dabei, wenn es gegen mich ging.« Beide zählten, wie Kohl ein andermal sagt, zu den »Opas der Unterstützergarnitur«. Auch nach dem niedergeschlagenen Putsch vom September 1989 gab es perma-

nent Ärger mit dem Staatsoberhaupt. Beim Ringen um die Wiedervereinigung sei von Weizsäcker ein Totalausfall gewesen. »*Er war in keiner Weise mit dem Herzen bei diesem Thema. Er gehörte zu jenen, die sich mit der Teilung abgefunden hatten.*«
Immer wieder habe er quergeschossen und, anstatt sich auf das Wesentliche zu konzentrieren, nach der Maueröffnung erst einmal die völkerrechtliche Anerkennung der Oder-Neiße-Grenze verlangt. Kohl aber lehnte dies, nicht zuletzt aus Rücksicht auf die in der CDU noch immer stark vertretenen Heimatvertriebenen, fürs Erste ab. Erst die Einheit, danach werde man sich den anderen territorialen Fragen widmen. Weizsäcker hat diesen Kurs in seinen Memoiren – die Kohl haarklein kannte, auch wenn er das Buch, wie er sagte, niemals lesen werde – vornehm, aber unverhohlen kritisiert: »Kohl stand mit seiner Position, erst ein von allen gutgeheißenes vereinigtes Deutschland könne sich definitiv dazu äußern, ziemlich allein und stieß auch zu Hause auf verbreitetes Unverständnis […] Kohl hatte die Grenzfrage international eskalieren lassen, was aus psychologischen außenpolitischen Gründen besser unterblieben wäre.«
Wundert es, dass Kohl sich derlei präsidiale Maßregelung verbittet? Im Memoirengespräch wird er deutlich: »*Ja, es gab Zeitgenossen wie Richard von Weizsäcker, der zwar aufgrund der Tatsache, dass die CDU-Wähler die CDU stark gemacht haben, Bundespräsident wurde, sich dann aber keinen Deut um die Meinung unserer Anhänger kümmerte. Das war ihm völlig gleichgültig. Er hatte seine Pensionsberechtigung bis zum Ende seines Lebens aus der CDU. Er konnte ja leicht auf die Vertriebenen verzichten. Aber auch die Stimmen der Vertriebenen hatten ihn zum Bundespräsidenten gemacht. Doch das war ihm ja völlig egal. Ich konnte und wollte mir einen solchen Weizsäcker-Patriotismus nicht leisten.*« Die Verbitterung ist groß, obgleich Präsident und Kanzler inhaltlich in letzter Konsequenz nicht

weit auseinanderlagen. Auch Kohl war für die Anerkennung der Grenze zu Polen, nur eben ein paar Wochen später. So geschah es: Im November 1990, keine zwei Wochen nach dem Vollzug der Einheit, hat eine überwältigende Mehrheit im Bundestag den deutsch-polnischen Grenzvertrag verabschiedet. Doch die präsidialen Alleingänge widersprachen der Hierarchie im System Kohl. Wer die eigene reine Lehre über das Gesamtwohl der Partei stellte, wer aus der großen Familie ausscherte, der wurde verbannt und war für immer verloren.

Weizsäcker lobt in seinen Lebenserinnerungen die gutnachbarschaftliche Zusammenarbeit mit dem Kanzler. »Kohl und ich pflegten einen regelmäßigen und vertraulichen Umgang miteinander.« Dies Bild trauter Harmonie wird im Oggersheimer Keller ein für alle Mal zertrümmert: *»Er hatte zu unseren Leuten überhaupt keinen Kontakt mehr. Er hatte es nicht nötig. Mein engeres Umfeld war Luft für ihn. Er hat in zehn Jahren nicht ein einziges Mal mein Büro betreten, obwohl er ein Dutzend Mal davorstand, denn er ging regelmäßig zu den Gemäldeausstellungen. Aber vorbeigeschaut hat er nie, obwohl die Leute dort rein- und rausgingen.«* Mit Marianne von Weizsäcker lief es offenkundig nicht besser.

Da war der Nachfolger Roman Herzog von anderem Schrot und Korn. Der gehörte auch als Präsident zum Clan: *»Die Tür geht auf – und herein kommt Roman Herzog mit seiner Frau und seinem ältesten Sohn, der einen großen Kuchen auf dem Arm hatte. Das wäre bei Weizsäcker unvorstellbar gewesen.«* Ob Helmut Kohl die Jahre mit Weizsäcker für die Partei gern anders genutzt hätte, will Schwan wissen. Die Antwort ist vielsagend: *»Das wollte Weizsäcker nicht. Mit ihm kann man am Ende nie warm werden. Da bleibt eine Kühle und eine Distanz. Ich wäre nie auf den Gedanken gekommen, mit Weizsäcker einen draufzumachen.«* Das war für die Republik wohl auch ganz gut so.

Über die Präsidentschaft von Roman Herzog verliert Kohl nur recht wenige Worte. Er hat ihn schlicht ins Herz geschlossen: *»Die Amtszeit meines Freundes Roman Herzog war ein Glücksfall für die Bundesrepublik und das wiedervereinte Deutschland. Er ist eine Persönlichkeit, die in sich ruht, geprägt von einer im besten Sinne liberalen bajuwarischen Gelassenheit und von seinem evangelisch-christlichen Glauben.«* Dennoch hat der Kanzler, wenn er mit dem alten Gefährten zusammensaß, an einen großen Katholiken denken müssen, an einen Satz von Papst Johannes XXIII., den Herzog *»in bemerkenswerter Weise lebt: ›Giovanni, nimm dich nicht so wichtig!‹«* Fürwahr, eine Formel des Glücks!

Dabei war die Wahl des Juristen Herzog eigentlich nur das Produkt einer gewaltigen Panne: Im September 1993 hatte Kohl den sächsischen Justizminister Steffen Heitmann als Wunschkandidaten benannt, einen konservativ-verstockten Vertreter des ostdeutschen Protestantismus. Kaum war sein Name in aller Munde, hat Heitmann vor allem durch – gelinde gesagt – missverständliche Thesen zur Frauen- und Ausländerpolitik sowie zum Umgang mit der jüngeren deutschen Geschichte weite Kreise der Öffentlichkeit gegen sich aufgebracht. *»Seine Ansichten waren ungezügelt. Er war kein Happy Boy.«* Der Kanzler musste schleunigst zurückrudern. Im Kellergespräch schiebt Kohl freilich schnell einem alten Verdächtigen die Schuld in die Schuhe: *»Heitmann war keine Erfindung von mir. Der Erfinder machte sich in die Büsche davon. Biedenkopf hatte mir Heitmann vorgeschlagen.«*

Aber natürlich hat Kohl sich mit dem studierten Kirchenrechtler lang unterhalten. Und bei einem zumindest bleibt er: *»In der charakterlichen und sonstigen Qualifikation war Heitmann dem Friseurkopf von ›Hoch auf dem gelben Wagen‹ turmhoch überlegen.«* Aber letztlich ging es auch bei dieser Kandidatenkür nicht um Fragen der Herzensbildung. Bundespräsidentenwahlen sind nun einmal in erster Linie politisches Kalkül: »*Ich wollte immer einen Ossi haben. Wir klapperten alles ab.*« Und so ist Kohl schließlich auf Steffen Heitmann gekommen, der allerdings bei einem Besuch in Oggersheim an der entscheidenden Hürde scheitern sollte: »*Ich lud ihn mit seiner Frau zu uns ein, und wir verbrachten einen Tag miteinander. Als sie abgefahren waren, schaute meine Frau mich an und sagte: ›Du glaubst doch nicht im Ernst, dass die beiden das Bundespräsidentenpaar werden können.‹ Das war ein vernichtendes Urteil, aber es war so.*«

Helmut Kohl und die Präsidenten, das bleibt in der Rückschau ein Kapitel, auf dem nie ein rechter Segen lag. Der gewiss gutgemeinte Heitmann-Vorschlag war da nur ein Tiefschlag von vielen. »*Man machte dann einen Flop und eine Katastrophe daraus, und es wurde wieder – wie alles – mir angelastet. Was mich am meisten ärgerte, war, dass die Ossis mich am wildesten misshandelten.*« Immerhin, der Nachrücker Roman Herzog gab der Republik ein heiteres Gesicht und forderte ihr am Ende gar einen Ruck ab. Für dessen Nachfolger war Kohl dann schon nicht mehr verantwortlich. 1999 hat die Bundesversammlung Johannes Rau gewählt, »*diese absurde Figur, die sich da ins Amt des Bundespräsidenten geschlichen hat*«. Kohls Unwillen erregt vor allem Raus pastoraler Ton, die langjährige Nähe zur Friedensbewegung, »*die unerträgliche Verknüpfung von Religion und Politik*«. Im abschließenden Band der Memoiren – verspricht er – »*werde ich mich über den Rau auslassen*«.

Nein, eigentlich sind sie ihm alle wesensfremd, die Präsidenten, »*diese Arschbackengesichter*« in ihren noblen Schlössern, Redouten und Residenzen. Sie werden nicht einmal vom Volk gewählt. Sie lassen sich küren, nach oft unwürdigem Gezerre, anstatt, wie Kohl, im Wahlkampf das direkte Duell zu suchen. Politik ohne Schweiß zählt für ihn nicht: »*Am Rednerpult musst du stehen. Und dann kommt die Rücksichtslosigkeit der Leute dazu. Der Wähler will, dass sich der Stimmensuchende quält. Der Wähler ist nicht unterwegs, um Erbarmen auszuüben.«* Gerade darum hat Helmut Kohl seinen Beruf so geliebt, der es ihm ermöglichte, immer wieder aufs Neue in den Ring zu steigen.

Nur manchmal – selten genug – hätte Helmut Kohl vielleicht doch gern ein Repräsentationsamt ausgeübt. Denn der ewige Kanzler hatte, wenngleich als Rhetor umstritten, eine geheime Passion: verblichenen Weggefährten, auch wenn sie ihm längst fern geworden waren, ein letztes, versöhnliches Wort nachzurufen. Er hat es hundertfach getan. *»Ich redete immer frei am Grab mit ein paar Notizen.«* So brachte er im September 1985 selbst jenen Mann unter die Erde, der ihm einst das ungeliebte Präsidentenamt aufschwatzen wollte: *»Ich habe die Rede gehalten, obwohl ich von Natur aus nicht der Totenredner für Axel Springer war.«*

8. Der Vater der Einheit – ein Zwischenruf

Er ist aufs Tiefste gekränkt und verletzt, aus seiner Perspektive durchaus zu Recht. In Berlin werden im Frühjahr 2000 die Pläne für die Zehnjahresfeier der Wiedervereinigung geschmiedet. Sie soll in Dresden stattfinden, dort, wo er im Dezember 1989 eine der *»wichtigsten Reden in der jüngsten Geschichte gehalten«* und die Einheit vorweggenommen hatte. Und nun soll er – wegen eines Ehrenworts, wegen ein paar Parteispenden – *»aus der Geschichte beseitigt werden«*. Nicht einmal ein kurzes Grußwort wird er, der Vater der Einheit, auf der zentralen Gedenkveranstaltung am 9. November sprechen dürfen. Das machen Schröder, Thierse, Biedenkopf und Weizsäcker unter sich aus. Kohl findet nicht mehr statt. Seine Verdienste, die doch unstrittig sind, fallen, gerade bei den Parteifreunden von einst, einfach unter den Tisch. *»Im letzten Jahr haben sie überhaupt nicht mehr gewusst, dass es mich gibt.«*

Zur eigenen gewichtigen Rolle bei der Wiedervereinigung, sollte man meinen, hat er alles gesagt: in Band 2 und 3 der opulenten *Erinnerungen* (2005, 2007), in Schwan/Steiningers Dokumentation über die *Bonner Republik* (2009) und zuvor schon 1996, noch als Kanzler, in einem von Kai Diekmann und Ralf Georg Reuth aufgezeichneten Rückblick von fast 500 Buchseiten: *Ich wollte Deutschlands Einheit.* Die Kämpfe mit Margaret Thatcher (»Zweimal haben wir die Deutschen geschlagen, jetzt sind sie schon wieder da«), die Krise der Freundschaftsbeziehung mit Mitterrand (»Ich liebe Deutschland so sehr, dass ich lieber zwei als eines davon haben möchte«), die Treffen im Kaukasus und in Camp David, der Aufstieg zu einem weltpolitisch bedeutsamen Staatsmann: All das findet sich mit gutem Grund ausgiebigst dokumentiert.

Über den neidischen Groll auf Willy Brandt in den Tagen der Wende (»*Brandt war für den Pöbel die Heiligenfigur, nicht ich*«) ist gnädig der Mantel des Vergessens gebreitet. Auch des Kanzlers Wutattacken auf den beim Mauerfall amtierenden Berliner Bürgermeister Walter Momper sind lang schon verpufft. Der hatte – mag sein: etwas kurzsichtig – am 10. November 1989 in Volksfeststimmung vom Balkon des Schöneberger Rathauses davon gesprochen, dass »gestern nicht der Tag der Wiedervereinigung, sondern des Wiedersehens war«, was Kohl später am Mikrophon im Keller voller Ingrimm kommentierte: »*Wieso sollte der französische Präsident für die Wiedervereinigung eintreten, wenn der Bürgermeister der geteilten Stadt für Wiedersehen eintritt?*«

Schwamm drüber! Das Kapitel über Kohls nationale Mission darf, so zentral sie für sein Wirken auch ist, angesichts der Flut von Publikationen zum Thema eher knapp ausfallen. Einige neue, bemerkenswerte Facetten bergen die Protokolle aber doch. Aufschlussreich scheint etwa, wie sehr sich Kohl in der autobiographischen Rückschau müht, den Arbeitsbesuch Erich Honeckers in der Bundesrepublik vom 7. bis 11. September 1987, »*den größten außenpolitischen Erfolg seiner Karriere*«, ins rechte Licht zu rücken. Der Altkanzler erinnert sich an fünf gelegentlich bizarre Tage: Ein Wachbataillon der Bundeswehr intonierte die DDR-Hymne, der Bundespräsident flanierte mit dem Staatsratsvorsitzenden durch den Garten der Villa Hammerschmidt. Dann folgte ein »*richtiger Bonner Abend, an dem sich die Gastronomie an Unfähigkeit überbot. Es wurden Tischreden gehalten, die jedoch ohne Belang waren.*« Am Präsidiumstisch habe er mit dem damals fünfundsiebzigjährigen Honecker über denkbare Thronfolgelösungen im Arbeiter- und Bauernstaat gepländelt, sei aber am Ende vom Genossen Günter Mittag belehrt worden, dass die DDR nun einmal keine Monarchie sei.

Aber letztlich stand wohl doch vornehmlich ein folgenschwerer Deal im Vordergrund, denn die DDR-Regierung hat sich die kleinen und großen Gefälligkeiten während des Bonn-Besuchs teuer erkauft. Auch eine in Aussicht gestellte Devisenspritze, die Kohl im Memoirengespräch erwähnt, sei selbstverständlich mit Gegenleistungen verknüpft gewesen. »*Das zentrale Ergebnis des Besuchs war: Wir unterstützen den Milliardenkredit – und im Gegenzug musste die Tür für Besuche in Westdeutschland immer mehr aufgedrückt werden.*« Das werde den DDR-Bürgern schon die Augen öffnen.

Die deutsche Einheit: ein trickreich eingefädeltes Geschäft! Als er im Oggersheimer Untergeschoss Bilanz macht, benennt Kohl offen, wie groß der Unterschied gelegentlich war zwischen der öffentlich propagierten Anschauung und dem, was er wirklich dachte.

Am 19. Dezember 1989 hat der bundesdeutsche Kanzler vor der Frauenkirche zu Dresden die erwähnte wirkmächtige und vielzitierte Rede des Aufbruchs gehalten. »Meine lieben Freunde«, rief er da den Hunderttausend zu, »was ich Ihnen sagen möchte, ist ein Wort der Anerkennung und der Bewunderung für diese friedliche Revolution in der DDR. Es ist zum ersten Mal in der deutschen Geschichte, dass in Gewaltfreiheit, mit Ernst und Ernsthaftigkeit und in Solidarität die Menschen für die Zukunft demonstrieren. Dafür danke ich Ihnen allen sehr,

sehr herzlich.« Sichtlich ergriffen verneigte Kohl sich vor den Männern und Frauen, die sich, unter Gefährdung ihrer Existenz, in den Gotteshäusern versammelt hatten, jeden Montag auf die Straße gegangen waren, um für sich und ihre Mitbürger ein Dasein in Freiheit und Selbstbestimmung einzufordern.

Die Ansprache war zweifellos bedeutsam, auch weil der Redner hier seine Marschrichtung klar definierte. »Mein Ziel bleibt – wenn die geschichtliche Stunde es zulässt – die Einheit unserer Nation.« Was die Bürgerrechtler und Montagsdemonstranten anging, dachte Helmut Kohl im Stillen aber wohl ein wenig anders, als er vor den Trümmern der Frauenkirche kundgetan hatte. Am 19. Mai 2001 will Schwan herausfinden, wie Kohl sich die Unmutsbezeugungen der Bürger in den letzten Tagen der DDR erklärt. Kohl antwortet mit einem Verweis auf die Statistik. Aufgrund der Lockerung bei den Besuchsregelungen hätten sich immer mehr Deutsche aus dem Osten in der Bundesrepublik umsehen können. *Wir kamen allein im Frühjahr 1989 auf 2,6 bis 2,7 Millionen Besucher, weil es mehr Besucher als Leute gab. Es gab ja Personen, die konnten in einem Jahr zwei- oder dreimal reisen.*[21]

Da habe am Ende die Propaganda des *Neuen Deutschland* oder des Deutschen Fernsehfunks nicht mehr gegriffen. Die alten Feindbilder ließen sich nicht länger halten. *Ich bin das lebende Beispiel dafür: Einen Mann mit einer gewissen Reputation kann man nicht einfach durch pausenlose Propaganda ins Zwielicht bringen.* Die Brüder und Schwestern in der DDR seien durch die Reisen ins feindliche Ausland erwacht – und darüber aufgeklärt worden, dass bei ihnen daheim *alles falsch war. Der schlimmste Fehler, den Honecker gemacht hat, war die Erweiterung der Besuchserlaubnis. Das war der Anfang vom Ende und nicht die Kerzen und die Gebete in der Kirche in Dresden.* Ein andermal argwöhnt Kohl: *Wir wissen ja nicht, wie hoch der*

Anteil der Stasi war an diesen Friedensgebeten.« Der Tugend des zivilen Ungehorsams hat der Altkanzler schon immer misstraut.

Von dem einst mit viel Pathos bekundeten Respekt vor dem todesmutigen Marschieren ist in den Kellergesprächen nicht viel zu hören. Im Hinblick auf die Stadt, von der die Proteste ihren Ausgang nahmen, spottet Kohl jetzt, da er nicht mehr diplomatisch mit Samtfüßen auftreten muss, dass die gern verbreitete Annahme nun einmal irrig sei, *»der Heilige Geist sei über die Plätze in Leipzig gekommen und habe die Welt verändert«.*

Bestenfalls als Beiwerk des Umbruchs begreift er den Aufstand der Bürgerrechtler und Prediger aus dem untergegangenen Arbeiter- und Bauernstaat. Für so manchen der Aufmüpfigen hat er nur Hohn: *»Es ist doch dem Volkshochschulhirn von Thierse entsprungen, dass das auf den Straßen entschieden wurde.«* Ausgerechnet Wolfgang Thierse, *»dieses Subjekt«, »der mit der Kerze. Der Rauschebart, der sich durch die Geschichte lügt, dass es eine Schande ist!«*[22] Nein, das DDR-System sei aus einem anderen Grunde in sich zusammengebrochen, da nimmt Kohl kein Blatt vor den Mund: weil Gorbatschow nämlich *»dem Comecon habe sagen müssen: ›Von uns gibt es kein Bimbes mehr. Macht, was ihr wollt!‹«* Nicht Bürgermut, sondern dem »Bimbes« verdanken wir also die nationale Einheit. »Bimbes«, eine Vokabel pfälzischen Ursprungs, gaunersprachlich »Bims«, das Synonym für Geld, Kohle und Mammon, hat im Jahre 2000, wg. Kohl, sogar Einzug in den *Duden* gefunden, obgleich bislang ungeklärt ist, ob das vielfach erfolgsgetestete Schmiermittel nun Maskulinum oder Neutrum ist: »der oder das Bimbes; Genitiv: des Bimbes«.

Welchen Geschlechts Bimbes auch immer sei, bei der Erklärung der Einheit gibt sich Kohl im Gespräch ganz anders als in den viel Pathos verbreitenden Reden und Schriften: erstaunlich schmucklos. Wäre der große sowjetische Bruder nicht rundum blank gewesen, der letzten Bimbes-Reserven beraubt, hätten die Geschehnisse im Herbst 1989 wohl einen anderen Ausgang genommen. Womöglich hätte schon eine Drohgebärde aus Moskau genügt: »*Wenn Gorbatschow mit Panzern am Checkpoint Charlie herumgefahren wäre, hätten die Hardliner in Ostberlin die Mauer wieder zugemacht.*« Und alles wäre geblieben wie einst. Gewiss, internationale Protestnoten hätten den Besitzer gewechselt, Kundgebungen weltweit für Aufregung gesorgt, aber, »*ob man das zugibt oder nicht: Niemand auf dieser Erde hätte gesagt, wegen diesen Arschlöchern in Deutschland riskieren wir eine kriegerische Auseinandersetzung.*« Das ist nicht eben vornehm formuliert, doch vermutlich liegt Kohl mit seiner Einschätzung richtig.

Der schwierige Männerfreund Franz Josef Strauß, erinnert sich Kohl, habe beim Wandern einst zu ihm gesagt: »*Wenn man nicht schießen kann, muss man eben kaufen.*« Nun, zu den Waffen hätte der Altkanzler, der alles andere als ein Bellizist war, wohl kaum gerufen, erst recht nicht im Umgang mit der Sowjetunion. Doch neues Terrain lässt sich eben nicht nur mit brachialer Gewalt gewinnen. Kohl, mit dem System von Leistung und Gegenleistung wie kaum ein anderer Regent in Westeuropa vertraut, unterbreitete dem Führer der Sowjetunion in ihrer ökonomisch wohl schwersten Stunde ein Angebot für die Überlassung der DDR, das dieser kaum ausschlagen konnte. Man kann die Dinge auch durch Anfüttern, durch diskret eingefädelte Geschäfte, zum Guten wenden.

Das hat Kohl schon in den Memoiren beschrieben. Im harten Winter 1989/90, ist in Band 2 zu lesen, »lief eine gewaltige Hilfsaktion an, ohne dass wir viel Aufhebens davon machten«. 220 Millionen D-Mark aus Bundesmitteln wurden lockergemacht. »Von Mitte Februar an lieferte die Bundesrepublik aus der Nato-Reserve zweiundfünfzigtausend Tonnen Rindfleischkonserven, fünfzigtausend Tonnen Schweinefleisch, zwanzigtausend Tonnen Butter, fünfzehntausend Tonnen Milchbutter und fünftausend Tonnen Käse in die Sowjetunion.« Kleider, Decken, Medikamente und Gebrauchsgüter dazu. Vor allem aber hat der Bundeskanzler über die Vorstände der Deutschen und der Dresdner Bank die Gewährung von Milliardenkrediten eingefädelt.

Erinnern wir uns, was Kohl über das Wesen der Freundschaft sagte: Gelegentlich müsse man, um Vertrauen zu stiften, auch in Vorleistung treten. Es sollte sich auszahlen. »Die schnelle Hilfe machte großen Eindruck auf Gorbatschow.« Im Gespräch mit Präsident George Bush, im Februar 1990 in Camp David, war Helmut Kohl noch deutlicher geworden. Die Einwände der Sowjets gegen die Einheit, ihre Forderung nach einem Austritt Deutschlands aus der Nato »gehörten zum Verhandlungspoker. Am Ende werde die Frage nach Bargeld stehen.«[23] Gerüchte, vorwiegend von rechtsradikalen Kreisen gestreut, Gorbatschow habe ihm – für 5 Milliarden D-Mark – das ostpreußische Königsberg zum Rückkauf angeboten, weist Kohl allerdings energisch zurück: *»Das ist reine Mär.«*

Selbstverständlich spielt der ökonomische Aspekt der Einheit auch in den Interviews für die Memoiren eine wichtige Rolle. *»Gorbatschow und ich waren uns einig, dass wir Hermes-Bürgschaften geben, um Betriebe in der Sowjetunion in die Lage zu versetzen, in einem wiedervereinten Deutschland zu kaufen. Wenn ich mich nicht täusche, lag die Gegensumme der Bürgschaften, die die Bundesregierung garantierte, bei 35 Milliarden.«*

Der einstige Klassenfeind aus dem Westen zeigte sich großzügig, auch als es die Frage der Rückführung der auf dem einstigen

DDR-Territorium stationierten Rotarmisten zu erörtern galt. Qua Vertrag hatte die Bundesrepublik die »*Verpflichtung übernommen, Kasernen und Truppenunterkünfte zu bauen, um die sowjetischen Soldaten, die heimkehrten, unterzubringen*«. Diese Zusage, einzulösen binnen weniger Jahre, scheiterte dramatisch, wobei »*sich die deutsche Bauindustrie bei diesen Unternehmungen nicht mit Ruhm bekleckerte*«. Wie also die verbliebenen Truppen zwischen Wünsdorf und Wittstock zum Abzug bewegen, die abgelösten Garanten des Weltfriedens, die nun, nach der Wende, frustriert vom Mangel an Ehrfurcht, ein recht elendes Dasein fristeten? Die Zeit war über sie hinweggegangen. »*Das war ja eine verwöhnte Bagage. Sie haben gestohlen wie die Raben. Die Disziplinlosigkeit nahm stark zu. Die Deutschen aber ließen sich nichts mehr gefallen. Sie machten sogar eine Initiative gegen Lärmbelästigung. Noch 1990 hätte niemand mit der Sowjetarmee eine Diskussion wegen Lärmbelästigung begonnen.*«

Einmal mehr wird das Dilemma nach Art des Hauses bereinigt. Wiederum fließen gut 4 Milliarden D-Mark, zur Kompensation. Das sind, aus der Sicht eines Normalsterblichen, Summen in schwindelerregenden Höhen. Horst Teltschik, einst der wichtigste, von Genscher mit Argwohn und Ablehnung verfolgte außenpolitische Berater des Kanzlers, sieht das anders. Mitte Oktober 2001 hat Kohl den langjährigen Vertrauten zum Erinnerungsgespräch hinzugebeten. »*Vier Milliarden? Das war nicht so viel. Wenn Gorbatschow gekommen wäre und gesagt hätte, gebt mir 100 Milliarden, und ihr bekommt die DDR, dann hätten wir das doch gemacht. 100 Milliarden Euro für die DDR bei einem Haushalt von 500 Milliarden? Und dann meckern die, weil wir für den Abzug 4,3 für den Wohnungsbau gegeben haben? Das war doch ein Butterbrot!*« Nun ja, ein opulent garniertes, zumindest.

Für den Altkanzler ist das mit so viel Engagement glücklich zu Ende geführte Geschäft der Einheit ein Grund für ein gewaltiges Fest der Freude. Aber das möge, bittschön, nicht im traurigen Nebel des Spätherbstes steigen. Wie hat er sich dagegen gewehrt, den Nationalfeiertag des geeinten Deutschland auf den 9. November zu legen, auf dieses deutsche Schicksalsdatum, an dem nicht allein die innerdeutsche Mauer fiel. »Ich sterbe für die Freiheit«, waren die letzten Worte des Paulskirchen-Rebellen Robert Blum am 9. November 1848, bevor ihn, auf einer Reise nach Wien, kaiserliche Truppen standrechtlich erschossen. Dieser Tod markierte den Anfang vom Ende der deutschen Märzrevolution.

An einem 9.11. begann 1918 die Novemberrevolution in Berlin, Karl Liebknecht proklamierte vom Stadtschloss aus die Räterepublik. Exakt fünf Jahre später: der Hitler-Ludendorff-Putsch in München. Auch die November-Pogrome 1938 begannen am Neunten des Monats. Dieses Datum markiert Glanz und Elend zugleich. Wäre dieser Tag nicht die ideale Möglichkeit, der eigenen, höchst wechselvollen Geschichte zu gedenken?

Keinesfalls, sagt der Historiker Helmut Kohl. *Ein Idiotentermin! Süssmuth und die ganzen Ärsche wollten den 9. November nehmen, von der Reichskristallnacht über die deutsche Kapitulation im Ersten Weltkrieg.*[24] Doch der Kanzler will einen Tag mit Sonne. Er lässt sich sogar *vom Deutschen Wetterdienst eine Expertise geben*. Der Wettermoderator des ZDF Uwe Wesp und Co. sollen ihm in dieser Frage die entscheidenden Hinweise geben. Der 3. Oktober, der Tag, an dem 1990 die Einheit besiegelt wurde, scheint meteorologisch günstig und verspricht einen goldenen Herbst. Bei dieser Witterung kann man es krachen lassen. Unsere gallischen Nachbarn mit ihrem 14. Juli haben es doch nicht anders gemacht, meint Kohl: *Dieser Tag wird in Frankreich nicht aus dem Grund gefeiert, weil sie an diesem Tag* den König umgebracht haben, sondern weil dieser Tag in der besten Jahreszeit liegt und mit diesem Tag die Ferien beginnen. Man tanzt in Frankreich auf den Straßen. Dieser Tag ist ein Volksfest.«

Noch Fragen? Das Wetter ...

9. »Ich bin Bundeskanzler, ich bin Nassrasierer!« – Helmut Kohl und seine Werte

Die Prominenz vor allem hat er, der in der Beobachtung sehr genau sein konnte, mit beißendem Spott überzogen. Oft genügen Helmut Kohl wenige Sätze, um die Zeitgenossen, denen er in seinem langen politischen Leben begegnete, als sonderbare Exemplare vorzuführen, ihnen – wie das Dieter Hildebrandt nannte – »ein Bonbon anzukleben«, das die Bedachten so schnell nicht wieder loswurden. Margaret Thatcher zum Beispiel nickte auf den G7-Gipfeln gern ein, wenn es spät wurde. *»Dann kippte sie beinahe vom Stuhl und hielt ihr Täschchen.«* Auch der Außenminister und sein für die Finanzen zuständiger Amtskollege machten wohl bei Brüsseler EU-Tagungen als ziemliche Schlafmützen von sich reden: *»Waigel und Genscher wollten immer ins Bett.«* Für Hartmut Mehdorn benötigt Kohl gerade einmal fünf Worte: *»Kein Felsbrocken, sondern ein Riesenkiesel!«* Warum eigentlich ist der Mann nicht Kabarettist geworden?

Nach einer Begegnung mit Lady Di hingegen, der traurigen Princess of Wales, hatte er Mitleid. Um das zu erklären, braucht auch er etwas länger: *»Ihre Heirat war eine absolut idiotische Sache. Wenn sie sofort Königin gewesen wäre, hätte sie im Bett ein bisschen gemacht, woraus drei Prinzen entstanden* *wären – und damit wäre ihre nationale Aufgabe erfüllt gewesen. So musste die Frau herumreisen, musste mit Bürgermeistern reden und ist verkümmert.«* Das englische Königshaus ist ihm ohnehin so fern wie der Mond. Wie kann sich ein Mann nur so aufführen wie Prinzgemahl Philip? Das Treffen mit Thronfolger Charles war ja durchaus freundlich, aber *»der Edinburgh ist ein Dummkopf«.* So sieht sich alles, was Rang und Namen hat, in maliziösen Miniaturen verewigt. Und doch, das vielleicht schönste, erstaunlichste Porträt, das Helmut Kohl in den Gesprächen entwirft, gilt einer Unbekannten aus der Pfalz.

Margarete Wollsiefer hieß sie und war eine 1950 zu lebenslanger Haft verurteilte Giftmörderin. *»Diese Frau, ein rasantes Weib, stammte aus Kirchheimbolanden und hatte den älteren, reichen Apotheker von Neustadt geheiratet.«* Die pharmazeutische Verkaufsstelle in der Oggersheimer Straße gibt es bis heute. Auch Helmut Kohl zählte in den sechziger, siebziger Jahren zu den regelmäßigen Kunden und kennt den Kriminalfall genau. Der Apotheker Wollsiefer *»betätigte sich scheinbar nicht sehr. Jedenfalls hatte Margarete hier und da einen ranken, schlanken, schlagkräftigen, jungen französischen Oberleutnant. Bei den Leuten hieß das sofort, dass sie eine Franzosenhure war.«* Eines Tages, 1948, ereilte den kränkelnden Gatten das Schicksal. *»Eine Flasche Beaujolais sei vergiftet gewesen. Der Mann habe daraus getrunken und ging hinüber. Der Verdacht war gleich da.«*

Als er 1969 Ministerpräsident in Mainz wird, lässt er die Akten kommen. Er nimmt sich Zeit für die Prüfung. Um ein eigenes Bild zu gewinnen, lädt er die Kinder der Einsitzenden in die Staatskanzlei ein. *»Sie hielten eisern zur Mutter, was mich unheimlich beeindruckte.«* Die Verurteilte hat seit der Verhaftung ihre Unschuld beteuert. Kohl kann sich des Eindrucks nicht erwehren, *»dass die ganze Geschichte sehr obskur war«* und im

Indizienprozess gegen die Witwe »*unglaubliche Kunstfehler passierten*«. Auf alle Fälle bleiben Zweifel.

Vor allem darum wird er von seinem Amtsprivileg Gebrauch machen und die Apothekersfrau nach langer, langer Haft begnadigen. Vermutlich hätte er das gar nicht dürfen. Denn als Voraussetzung für den Akt der Milde sieht der Gesetzgeber die Schuldeinsicht des Täters vor. »*Aber in meinen Kopf ging das nicht rein: Wenn jemand zwanzig Jahre im Zuchthaus war und zwanzig Jahre bestritten hat, dass er der Mörder ist, dann ist es nicht nachvollziehbar, dass er nun gestehen muss.*« Kohl will die Praxis des Strafvollzugs verändern und weiß sich da mit einem parteipolitischen Gegner, dem einstigen Bundesminister der Justiz, der jetzt Bundespräsident ist, vollkommen einig: Gustav Heinemann, dem bewusst war, »*dass sich in dieser Frage keiner so viel Mühe gemacht hatte wie ich*«.

Auch schwerste Sünder, da ist dem gläubigen Katholiken nie ein Zweifel gekommen, haben irgendwann eine Chance zur Umkehr verdient. Dementsprechend hat Kohl gehandelt. Er erinnert an eine Tragödie aus dem nahen Mundenheim: »*Da war ein Flüchtlingsehepaar. Er war an Multipler Sklerose erkrankt. Und sie war eine sehr tüchtige Frau, die einen Wäschesalon betrieb. Dann kam der Steuerprüfer vom Finanzamt, der nicht nur Steuern prüfte, sondern auch anderweitig aushalf.*« Dann freilich nahmen die Dinge eine dramatische Wendung.

Der Gatte verstarb, der Weg schien nun frei. Die Witwe wollte das Schlampamper-Verhältnis umgehend legalisieren, musste dann aber erfahren, dass ihr vordem lediger Freund vom Finanzamt »*auch anderswo Steuern prüfte*« und mittlerweile »*an der anderen Adresse geheiratet hatte*«. Jetzt nahte die Stunde der Rache, die süß sein sollte im wahrsten Sinne des Worts.

Die enttäuschte Frau, vom treulosen Diener des Fiskus auch noch geschwängert, verabredete sich zum verschwiegenen Stelldichein und hatte vergiftete Köstlichkeiten aus der Patisserie bei sich. »*Er holte sie ab zu einem Schäferstündchen. Sie schmusten an der Autobahnraststätte Darmstadt. Sie gab ihm die Pralinen zu fressen, und er war hinüber.*« Die geständige Frau bekam dafür lebenslang. Aus Dummheit, sagt Kohl. Wäre sie über die Grenze ins Elsass gefahren, hätte französisches Strafrecht gegriffen – und das Delikt nicht den Straftatbestand des Mordes erfüllt. »*Die habe ich nach zwölf Jahren freibekommen. Die Frau hätte ja niemanden mehr mit Pralinen gefüttert. Bei Männern ist es sehr viel schwieriger. Bei Sexualstraftätern muss man sich fragen, was daraus werden kann.*«

So launig manche dieser Geschichten aus seinem Munde auch klingen: Die Humanität des Strafvollzugs, soweit dies Paradox überhaupt auflösbar ist, war ihm wichtig und ernst. Dabei entsprach es durchaus seinem Naturell, »mit einem Federstrich Schicksale zu wenden«, befand Peter Brügge im *Spiegel*. Kein anderer Landesvater im föderalen System der Bundesrepublik ließ mehr Strafgefangene, auch unbestreitbar schuldige, vorzeitig entlassen, als Kohl das tat: über zwanzig in seiner gut siebenjährigen Amtszeit. Und jede einzelne dieser Lebensgeschichten kannte er, der in Begleitung seines damaligen Mitarbeiters Waldemar Schreckenberger regelmäßig in der Weihnachtszeit zur Visite in den Knast einrückte, noch nach Jahren genau.[25]

Der Mann ist in seinen Wertvorstellungen kaum zu begreifen. In Schablonen von Gut und Böse passt er jedenfalls nicht. Schwerverbrecher dürfen bei ihm auf Gnade hoffen, Parteifreunde aber, die sich auch nur einmal gegen ihn stellen, sind für immer verloren. Er hat den Rechtsstaat wie kein zweiter Kanzler dieser Republik gebeugt. Er hat sich – getreu der Devise Richard Nixons »When the president does it, it's not illegal« – über den Geist der Verfassung gestellt – und war doch zugleich ein ziemlich radikaler Demokrat, der seit dem Beginn der politischen

Karriere augenfällige Zeichen seiner republikanischen Gesinnung setzte.

In der Mainzer Staatskanzlei regierte ein trinkfester, recht unkonventionell agierender Hüne, der regelmäßig Bürgersprechstunde hielt, dabei seine Besucher mit Wein, Wurst und Weck bewirtend. Kohl spricht vom »*System der offenen Tür*«. Beim Antrittsbesuch von Bundespräsident Heinemann in der Pfalz hat er hunderte von verdienten Beamten von der Einladungsliste für die angesetzte Rheindampferpartie gestrichen, um stattdessen Krankenschwestern, Friseusen, das sogenannte Volk an Bord zu bitten. Kohl leistet es sich – so Brügge in seinem fulminanten, keineswegs nur boshaften Porträt im *Spiegel* –, »wechselweise liberal und erzkonservativ zu agieren, dann wieder links zu tönen wie kein Führender seiner Partei«.

Auch die Memoirengespräche kennzeichnet der beharrliche Wechsel von Aufbruchs- und Stammtischparolen. Kohl, der Konservative, ist – meist mit Norbert Blüm im Schlepptau – regelmäßiger Gast auf Gewerkschaftskongressen, auch wenn ihm dort gelegentlich der blanke Hass entgegenschlägt. Aber er wagt sich nun einmal gerne in die Höhle des Löwen. Kohl hat viel Kritik am DGB, der aus seiner Sicht ein »*Selbstbedienungsbetrieb*« ist – mit allzu großer Nähe zu den DDR-Gewerkschaften des Harry Tisch: »*Der war ein Lieblingsbruder des DGB*«, stets zugegen auf wichtigen Konventen.

Noch weit schärfer allerdings geißelt er die Auswüchse des Kapitalismus: »*Die Industrie hat doch nichts mehr drauf. Das sind Leute, die nichts mehr wagen und riskieren. Das ist doch eine Freizeitgesellschaft geworden. Wer golft denn freitagmittags in Marbella und fliegt mit dem Firmenflugzeug dorthin? Das ist doch diese ganze Mischpoke. Schauen Sie sich einmal die Banken an! Was für eine Bank ist denn die Deutsche Bank geworden? Ist ihr Vorstand noch Elite? Die bauen doch eine Scheiße nach der anderen.*« Er versteht es, herzergreifend pauschal wie ein altlinker Sponti zu zürnen. Dabei hat er mit den einstigen APO-Rebellen wahrlich nichts am Hut – und kann *»überhaupt nicht entdecken, dass ohne die Achtundsechziger unser Land eine versumpfte und verkackte Republik geworden wäre«.*

Und doch: Als recht anarchischer Kritiker des bestehenden Systems hat sich, gelegentlich, auch der Anführer der bundesdeutschen Konservativen verstanden. Den Bundesnachrichtendienst zum Beispiel hätte er in seiner bestehenden Form am liebsten abgeschafft. *»Sein Nutzen war nahezu null. Die wussten überhaupt nichts.«* Die vom Rest der Welt konspirativ abgeschirmte BND-Zentrale in Pullach ist für ihn kaum mehr als eine überdimensionierte Gerüchteküche, die letztlich Informationen aus der Gosse auftische: *»ob Breschnew einen geformten Stuhlgang hat oder ob er laut scheißt«.* Mit derlei Nichtigkeiten hätte ihm dieser uneffiziente, meist miserabel geführte Apparat die Zeit geklaut. Der Leiter des DDR-Auslandsnachrichtendienstes *»Markus Wolf lachte sich doch schief über Klaus Kinkel«.* Der war von 1979 bis 1982 Präsident der hochgeheimen Bundesbehörde, die aber vorrangig mit sich selbst beschäftigt gewesen sei. *»Sie kontrollieren sich untereinander, mit allen negativen Folgen wie Neid und Missgunst. Das muss doch auch die menschliche Natur verformen.«*

Kohl ist kein Freund des Konspirativen. Er bevorzugt den offenen Schlagabtausch. Im Parlament, gelegentlich auch auf der Straße. Wenn er – wie beim Eierwurf zu Halle – angegriffen wird, setzt er sich gern selber zur Wehr. *»Ich zog nie friedlich meines Weges.«* Für seine Sicherheitsleute, die ihn auch noch zur Zeit der Kellergespräche umgeben, war er ein Albtraum. Mit dem Personenschutz hat er es, so das irgend möglich war, immer *»recht lässig«* gehalten. *»Es ist mein Leben, meine Existenz.«* Natürlich haben ihn bei offiziellen Terminen Spezialkommandos begleitet. Aber zum Essen ins Restaurant ist er oft auch *»normal gegangen. Ich habe das immer nach Nase gemacht.*« Die Begleitung durch Securitys war für Kohl kein Statussymbol, sondern ein leider hinzunehmendes Übel.

Viele Kollegen hätten das allerdings anders gesehen: *»Dem Fritz Zimmermann liefen sie mit gezogener Maschinenpistole hinterher. Einer, der wirklich darunter litt wie ein Hund, dass er nicht von Maschinenpistolen umgeben war, war Kiep. Da war ja damals der Schuss in der Sauna, als es hieß, das sei ein Terrorismusanschlag gewesen.*«[26] Letztlich arme Würstchen seien diese *»Leute, für deren Selbstwertgefühl die Präsenz eines Begleitkommandos wichtig ist, weil das die Aura mit sich bringt, bedeutend zu sein«.* Aber was habe seinem Freund Hanns Martin Schleyer die Rundumbewachung genutzt? *»Das Gebet meiner Mutter im Himmel ist nützlicher als das ganze BKA.«*

Er ist ein volksfrommer Mann, der sich in Fragen von Moral und Ethik aufgeschlossen zeigt. Schon Ende der fünfziger Jahre hat der aufstrebende Landespolitiker für mächtig Aufregung gesorgt, als er auf einem regionalen CDU-Konvent eine flammende Rede hielt, in der er ein grundsätzliches Placet forderte, Präservativautomaten künftig auch gut sichtbar an Hauswänden anbringen zu dürfen, anstatt sie in Kneipenklos zu verstecken. Große Erregung unter den Konservativen, offener Schlagabtausch mit dem vormaligen Kultusminister Adolf Süsterhenn. Das war jener stramm katholische Staatsrechtler, der Zuchthäuser für Ehebrecher bauen lassen wollte und 1965 die »Aktion Saubere Leinwand« mit ins Leben rief, die es sich zum Ziel gemacht hatte, vermeintlich sittengefährdende Streifen aus Deutschlands Lichtspielhäusern zu verbannen. Der war natürlich gegen öffentlich ausgehängte Kondomautomaten.

Kohl indes, der Mitbegründer der Jungen Union in Ludwigshafen, ist kein Freund verklemmter Umgangsformen. Seine Sexualaufklärung, erinnert er sich, sei nicht »*pädagogisch her-beigeführt worden, sondern in der brutalen Wirklichkeit am Ende des Kriegs. In Berchtesgaden war eine Einheit des Le-bensborns, und die Amerikaner haben dann natürlich nach Art vieler siegreicher Heere jede Chance wahrgenommen.*« Die oberbayerische Lektion dürfte nicht ganz spurlos an ihm vor-übergegangen sein.

Jedenfalls knöpft Kohl sich Süsterhenn auf dem Landespartei-tag vor. Ob die jetzige Regelung wirklich tugendhafter sei, »*dass ein Präservativsuchender in die Drogerie gehen müsse, um beim Lehrmädchen die Präservative zu kaufen, anstatt sie au-ßen am Automaten zu ziehen? Da ist der Saal explodiert. Es gab tosendes Gelächter. Die Leute waren natürlich zu 90 Prozent meiner Meinung, wollten das aber nicht zeigen.*« Der CDU-Landesvorsitzende und Ministerpräsident Peter Altmeier verfüg-te den umgehenden Schluss der Debatte.

Dem verstockten Zeitgeist scheint Kohl gelegentlich um Län-gen enteilt. Die Zwänge der Konfessionsschulen hält er für ein »*Idiotenstück*«. In Koblenz, ereifert er sich, habe es sogar ein-mal unter einem Dach zwei nach Religionszugehörigkeit strikt getrennte Unterrichtsstätten gegeben. »*Die haben es fertigge-bracht, selbst die Klos konfessionell zu machen. Für den katho-lischen und den evangelischen Teil gab es jeweils eigene Anlagen.*« Er legt Wert auf die Feststellung, ein gläubiger Mensch, ein guter Katholik zu sein, aber er lässt sich von seiner Kirche nicht gängeln.

Lieber nimmt er den Bundeswehrhelikopter und fliegt mit ei-ner kleinen Entourage zur Abendandacht ins katholische Kloster Maria Laach. »*Da waren alle scharf drauf mitzufliegen, je protes-tantischer, umso schärfer.*« Ein Gebet zur Nacht, ein wenig Selbsteinkehr bei Orgelmusik. »*Dann gingen wir zum alten Abt, mit dem wir die Welt bekakelten und ob der Glaube noch stark ist. Die hatten wunderbaren Wein, und wir tranken meistens zwei, drei Flaschen Trierer Auslese.«* Katholizismus Kohlscher Prägung ist ein sinnenfroh-meditatives Vergnügen.

Gegen die Ächtung der Pille hat er sogar beim Papst interveniert. Er konnte sich in die Lage der zu Gebärmaschinen degradierten Frauen hineindenken, jedenfalls hat er es redlich versucht. Einmal sagt er zu Schwan im Interview: *»Sie glauben doch nicht im Ernst, dass meine Großmutter dreizehn Kinder bekommen hätte, wenn sie die Pille gehabt hätte.«* Kohl ist die Heuchelei zuwider, die er auf jedem Parteitag erlebte, wenn sich die Kandidaten für die diversen Posten ins rechte Licht zu rücken versuchten: *»Es ging mir auf die Nerven, dass sie mit ihrer Kinderzahl geworben haben. Man hätte ein Referat halten können über Knaus-Ogino und die nichtgewollten Ergebnisse.«* Auch in der Frage der Abtreibung dachte er differenzierter als die meisten Kollegen in seiner Partei.

Der Bürger Kohl erweist sich als vielfach geschichtetes Wesen, das die unterschiedlichsten Standpunkte scheinbar spielerisch leicht zu einem neuen Ganzen vereint. Er ist, spätestens seit Walter, der Bruder, im November 1944 bei einem Fliegerangriff fiel, ein kompromissloser Feind des Krieges, des patriotischen Hurra-Geschreis, das für ihn letztlich nur der Appell zu einem gewaltigen Selbstmordkommando ist: *»Wenn man Leute dazu bringt, aus welchen Motiven auch immer, dass sie bereit sind, sich umzubringen, und dass sie glauben, dass sie auf diese Art und Weise direkt in den Himmel fahren: hochgebildete Leute, die genau wie wir mit Weibern schlafen, Kinder zeugen, und plötzlich fahren sie an einem Tag gegen die Wand ... Zigtausende junger Deutscher sind so in den Krieg gezogen.«*

Militärisches ist ihm zuallermeist fremd. Wie sehr ist ihm Franz Josef Strauß mit seinem Tick für Panzer und Raketen auf die Nerven gegangen. *»Aufgrund meiner eigenen Erlebnisse* *fürchte ich nichts mehr als den Krieg.«* Wenn er als Kanzler einem Waffendeal zugestimmt hat, dann mussten die Gründe schon schwerwiegend sein: *»Für Israel waren deutsche U-Boote entscheidend. Der Verkauf ging überwiegend zu Lasten des deutschen Steuerzahlers, was ich wegen der besonderen Beziehung zu Israel auch wollte.«*

Aber ausgerechnet für die Waffen-SS zeigt er reichlich Verständnis. *»Das waren Feldsoldaten, anständige Leute!«* Er meint dafür sogar Beweise zu haben, von denen er sagt, dass sie *»wie eine Bombe einschlagen«* würden. Denn auch der Sozialdemokrat Kurt Schumacher habe *»in einem Aufruf von 1953 die Soldaten der Waffen-SS aufgefordert, die SPD zu wählen«.* So schlimm also können Himmlers Getreue wohl nicht gewesen sein.

Einmal abgesehen davon, dass der im Ersten Weltkrieg armamputierte und in den Konzentrationslagern Heuberg, Kuhberg, Dachau und Flossenbürg misshandelte SPD-Vorsitzende bereits im August 1952 verstorben war, also allenfalls aus dem Jenseits einen Appell zur zweiten Bundestagswahl verfasst haben konnte: Im Gegensatz zu Kohl hat er Mitglieder der Waffen-SS niemals »anständige Leute« genannt. Schumacher startete auch mitnichten einen Wahlaufruf, er hatte einzig – im Willen, damit einen Beitrag zur gesellschaftlichen Aussöhnung zu leisten – Ende 1951, im Beisein Herbert Wehners, den Gremien seiner Partei empfohlen, »der großen Masse der früheren Angehörigen der Waffen-SS den Weg zu Lebensaussicht und Staatsbürgertum freizumachen«.[27]

Das ist der andere Kohl, der studierte Historiker, der sich dazu hinreißen lässt, sich im Bedarfsfall die Geschichte ein wenig hinzubiegen, um das eigene Weltbild zu untermauern: Rot ist gleich braun. Das Unrechtssystem der untergegangenen DDR will er nicht von der NS-Diktatur unterscheiden. Doch leider orientierten sich die Werte der Zeit, klagt Kohl, nun einmal anders. Und das empört ihn, rechtschaffen, wie er sich sieht. *»Es ist heute schlimmer, aus einer Nazifamilie zu stammen als aus einer SED-Familie.«* Meister Helmut versteht die Welt nicht mehr.

Allerorten wähnt er die große linke Weltverschwörung. Ja, er ist aus tiefster, ehrlicher Überzeugung gegen den Krieg. Aber die deutsche Friedensbewegung, deren Aktivisten zu weiten Teilen den Schrecken der von Hitlers Truppen angezettelten Vernichtungsschlachten nicht minder traumatisch erlebt haben, die soll, wenn es nach ihm geht, zur Hölle fahren. *»Wir müssen«*, heizt Kohl in zornigem Stakkato die Stimmung beim Memoirengespräch an, *»die Menschenketten bringen, Mutlangen, Böll, Lafontaine, Jens, Albertz, Niemöller«.* Wohin er in der Riege der lautstarken Pazifisten auch schaut, überall Rote, *»Ideologen, Kommunisten, gekaufte Subjekte«.* Nur vereinzelt macht er ein paar *»wertkonservative Mitläufer«* aus. Die *»sogenannte Friedensbewegung«*, von der DDR *»generalstabsmäßig unterstützt«*, habe sich in den achtziger Jahren zusammengerottet, um seine gute, alte Bundesrepublik zu unterwandern, diese *»linkspolitische Mafia, von General Bastian über die Kelly bis tief in die SPD hinein – und letztlich bis zu Willy Brandt«.*

Auf dem rechten Auge dagegen gibt er sich aus Überzeugung blind. Dabei waren die Anzeichen für neonazistischen Terror auch in der Zeit seiner Kanzlerschaft alarmierend genug. Kohl aber spricht ins Mikrophon: *»Warum wird denn jetzt dauernd die Gefahr von rechts beschworen? Irgendwelche Bänkelsänger rotten sich zusammen und machen ein Konzert gegen rechts. Es gibt keine Gefahr von rechts. Wo denn?«* Die Antwort ist schon in den neunziger Jahren nicht eben schwierig: mitten in der frisch vereinten Republik, in Hünxe, Solingen und Hoyerswerda.

Schwan muss an den Besuchswochenenden in der Pfalz einiges mitgemacht haben. Des Altkanzlers Auslassungen sind manchmal schwer zu ertragen. Dann wiederum möchte man den Alten knuddeln. Als Katholik etwa ist er ein Garant gegen die Restauration, ein Reformer, der zwischen den Kniebänken nach Glasnost und Perestroika verlangt. Schon als junger CDU-Fraktionsvorsitzender in Mainz hat er hartnäckig versucht, die Einkommensverhältnisse in der heimischen Diözese transparent zu machen. Doch *»es war leichter, einem Mädchen unter den Rock zu greifen, als zu fragen, was der Bischof verdient«.*

Kohl kämpft an der Seite des liberalen Mainzer Weihbischofs Josef Maria Reuß, der ein mutiges Buch über Ehe und Empfängnisverhütung geschrieben hatte und darum *»in Rom in Verschiss geriet«.* Für Rolf Hochhuths Skandaldrama *Der Stellvertreter* über Papst Pius XII. und dessen Nähe zu Hitlers Regime hegt er durchaus Sympathie. Und der 94. Bischof des Erzbistums Köln, der erzkonservative Joachim Kardinal Meisner, ist ihm ein Greuel: *»Der Kardinal hat keine Ahnung. 80 Prozent des Klerus würden ein Kreuz machen, wenn er verschwände.«* Ein frommer Wunsch. Von jenem 19. März 2001, als Kohl dies sagte, bis zur altersbedingten Demission des Kardinals sollten noch über zwölf Jahre vergehen. Protestant, wie seine Hannelore, hat Helmut Kohl natürlich dennoch nie werden wollen. Die evangelischen Mitbrüder waren ihm schlicht zu unsinnig. *»Denen kommt – das kann man wirklich mit Luther sagen – der fröhliche Furz nicht aus dem Arsch.«*

Eine Zeitlang hat Kohl den Thesen des Vatikanrebellen Hans Küng viel Gutes abgewinnen können. Er habe sogar bei Papst Paul VI., der ihn mehrfach zur Audienz empfing, für die Bücher des streitbaren Theologen und für dessen kritische Hinterfragung des Unfehlbarkeitsdogmas geworben. Als 1979 dann ein neuer Mann im Petrusamt, Johannes Paul II., dem unbequemen Hochschulprofessor die Lehrbefugnis entzog, setzte sich Kohl beim baden-württembergischen Ministerpräsidenten Lothar Späth (gegen den er damals noch keinen Verdacht hegte) *»mas-*

siv dafür ein, außerhalb der theologischen Fakultät einen neuen Lehrstuhl zu schaffen, damit er seine Vorlesungen auch ohne Erlaubnis der Kirche halten kann«. Der Plan wurde bald realisiert; der als Ketzer Gebrandmarkte durfte Professor bleiben. *»Ich habe ein wenig Stimmung gemacht, dass das große Schwert nicht auf ihn fällt«,* resümiert Kohl zufrieden. Die beiden Männer speisten zusammen, und Küng nannte Kohl einen »Katholiken im Geist des Konzils«.

Doch als Kohl, gleich in der dritten Sitzung im Keller, von der Begegnung mit dem streitbaren Gottesmann berichtet, sind die vorsichtigen Bande bereits für immer gekappt. Stattdessen fliegen die Fetzen. Ursache waren einige wenige, wenn auch deutliche Worte Küngs zum Spendenskandal.[28] *»Es hat mich besonders berührt, wie unsäglich gemein sich der Küng in den letzten Monaten über mich geäußert hat. Er ist einer der Dreckigsten von allen.«* Die Heftigkeit der Attacke scheint bezeichnend für Kohls Sicht auf die Welt: Auf einmal gilt sein Urteil nicht mehr theologischen Positionen. Ihn interessiert einzig die empfundene Kränkung, die eigene Befindlichkeit, der er alles andere, jede Sachfrage unterordnet. Und das hat Methode.

Die Dominanz des Persönlich-Privaten ist fixer Bestandteil des oft beschworenen Systems Kohl, das, vielfach verklüngelt, über Jahrzehnte die Eroberung und die Verteidigung der Macht garantierte. *»Beziehungen und Bindungen sind nun einmal eine eigene Welt.«* Mit grauer Theorie sollen sich getrost andere befassen. Der kampferfahrene Zampano an der CDU-Spitze wägt die unterschiedlichen Positionen nicht behutsam gegeneinander ab. Er operiert mit dem Ellenbogen. Die Fehde scheint ihm zielführender als der intellektuelle Diskurs. Für Kohl ist entscheidend, was ihm und der Partei nützlich ist. Er kennt nur Freunde oder Verräter, die Sauberen oder die ganz Dreckigen, zu denen er nun auch Hans Küng rechnet.

Der Kanzler pocht auf Korpsgeist. Wer ihn nicht bedingungslos unterstützte, der war sein Feind. Wer sich aber der Kohl-Räson, jedenfalls in der Öffentlichkeit, beugte, der durfte im Gegenzug Gewissheit haben, dass ihn der Chef so schnell nicht fallenließ. Der Bundesminister der Verteidigung, Manfred Wörner, hatte in den Jahren 1983/84 ein massives Problem mit einem Vier-Sterne-General, Günter Kießling, dessen augenblickliche Entlassung dem obersten Kommandeur der Bundeswehr angezeigt schien – aufgrund eines bloßen Gerüchts: Der stellvertretende Nato-Oberbefehlshaber sei schwul, verkehre in einschlägig bekannten Etablissements wie dem Kölner Café Wüsten und sei folglich ein Sicherheitsrisiko.

Doch Kießling dementierte energisch. Und Wörner saß da, ohne auch nur den Anflug eines Beweises für den angeblich ruchlosen Lebenswandel des gefeuerten, längst öffentlich beargwöhnten Generals in den Händen zu halten. *»Er hat sich saudumm angestellt.«* Es wurde eng, sehr eng für den Minister. Der Kanzler beraumte eine Pressekonferenz an. Die auch in den eigenen Reihen geforderte Entlassung Wörners schien ausgemachte Sache. *»Man nannte schon Namen, wer jetzt Nachfolger werden würde. Ich wurde begrüßt, die Fernsehkameras standen da, und ich sagte: ›Meine Damen und Herren, ich habe eigentlich nur eine einzige Nachricht für Sie: Bundesminister Wörner bleibt im Amt.‹ Da hob sich fast die Decke ab.«*

Auch die Mitstreiter Strauß und Pressesprecher Eduard Ackermann, geschweige denn der schon im Sinkflug befindliche Wörner selbst, waren über den einsamen Entschluss des Kanzlers nicht informiert. Was hat ihn da geritten? Ganz einfach, sagt Kohl, *»das habe ich immer so gemacht. Wenn mir Leute gesagt haben: ›Du musst das machen‹, habe ich mehrheitlich gesagt, dass ich es erst recht nicht mache.«* Insofern sei er letzten Endes doch stets berechenbar gewesen. Und was Wörner angehe, den habe er zwar »*für keinen guten Minister*« gehalten, aber in diesem Fall habe er ihm geglaubt und ergo keine andere Entscheidung treffen können, als sein Kabinettsmitglied im Amt zu halten. »*Ich bin der Bundeskanzler, ich bin Nassrasierer, ich muss mich im Spiegel angucken. Und was der* Spiegel *über mich schreibt, ist mir scheißegal.*«

Andere sagen, er sei zeitlebens beratungsresistent geblieben. Ein gutes Jahr später, Wörner diente noch immer, hat der unbeirrbare Kohl seinen vielleicht aufschlussreichsten Konflikt ausgefochten, den erbitterten Streit um die deutsch-amerikanische Handreichung im Mai 1985 auf dem Soldatenfriedhof in Bitburg. Damals haben kluge Köpfe – gelegentlich leise, oft aber auch in einer Lautstärke, die dem Kanzler vertraut vorkommen musste – ihre Bedenken gegen den Charakter der beabsichtigten Versöhnungsgeste formuliert, die eingerahmt werden sollte nicht nur von einer Kranzniederlegung im ehemaligen KZ Bergen-Belsen, sondern auch von den Gräbern jung gefallener Mitglieder der Waffen-SS auf dem Soldatenfriedhof Kolmeshöhe. Jürgen Habermas etwa sprach in der *Zeit* von einer »Entsorgung der Vergangenheit auf dem Veteranenwege«. Der Aufsatz des Frankfurter Denkers war Ausgangspunkt des weltweit diskutierten Historikerstreits, der den Praktiker Kohl freilich nicht so recht enthusiasmiert haben dürfte.

Für Kohl war der unangenehmste Kritiker des deutsch-amerikanischen Memorials in den Vereinigten Staaten zu Hause: der Jüdische Weltkongress (WJC), mit Stammsitz in New York. Diese moralisch-politische Instanz, die Vertretung der über den Globus verstreuten Juden, hat die Feierstunde auf dem Totenacker in der Eifel scharf und folgenreich wie kein anderer attackiert. Im Nachgang, bereits unter dem Eindruck der Waldheim-Affäre, hat WJC-Präsident Edgar Bronfman dann den deutschen Kanzler noch einmal bitter und genau porträtiert. »Helmut Kohl ist ein Mann, der aus Gründen der Politik oder aus anderen Gründen […] sein Bestes zu erreichen sucht. Er sagt: Schluss mit der Vergangenheit. Lasst uns jetzt die Zukunft bewältigen.« Ob Kohl voreingenommen gegenüber den Juden sei, will der *Spiegel* in einem langen Interview wissen. Bronfman verneint entschieden: »Es geht um eine andere Frage: Ich glaube, Helmut Kohl ist voreingenommen, aber nur für Helmut Kohl.« Aber er sei doch gewiss mitunter auch gegen bestimmte Dinge. Bronfman, trocken: »Gegen alles, was gegen Kohl geht!«

In diesem unbeschwerten Ton geht das Interview weiter. Was würde geschehen, wenn sich Juden gegen Helmut Kohl aussprechen? »Dann haben sie aus Kohls Sicht Pech gehabt. Wieviel jüdische Wähler gibt es in Deutschland?« Die Dokumentationsabteilung des Nachrichtenmagazins aus Hamburg hilft nach. Es sind nur 23 000. Darauf Bronfman: »Eben. Sie haben die Frage selbst beantwortet. Darum geht es doch.«[29]

Solch freimütige und von viel Kenntnis gespeiste Rede hat der minuziös vorgeführte und sehr nachtragende Altkanzler dem Präsidenten Bronfman, der zudem bekennender Anhänger der amerikanischen Demokraten war, niemals verziehen: *»Mein Problem ist der Jüdische Weltkongress. Denn das ist der Ausbund an Schäbigkeit.«* Immer wieder kommt Kohl auf den gern in Offensive gehenden Verband zurück. Da ist viel ohnmächtige Wut zu spüren. Hart an der Grenze zum antisemitischen Klischee, versteigt sich Kohl zu der These: *»Überall, wo man in die Räder jüdischer Institutionen kommt, ist man als Deutscher sowieso in einer schwierigen Lage.«*

Trotzig, genauer: uneinsichtig, gedenkt er des UNO-Generalsekretärs und späteren österreichischen Bundespräsidenten Kurt Waldheim: *»Bei dem hat der Jüdische Weltkongress eine besonders üble Rolle gespielt.«* Die Organisation hatte 1986 in der Tat nichts unversucht gelassen, den Niederösterreicher als Kriegsverbrecher zu entlarven. Richtig ist, dass es in der beharrlichen Ermittlungsarbeit des WJC Detailfehler gab. Aber der Kernvorwurf erhärtete sich, dass Waldheim seine Vita, seinen Einsatz als Wehrmachtssoldat an der griechischen Front hemmungslos geschönt hat und weit mehr, als er je zugab, von verbrecherischen Erschießungen und von Judendeportationen wusste.[30]

Auch der abwägende Bericht der unabhängigen, international besetzten Historikerkommission, eingesetzt von der österreichischen Bundesregierung, kommt zu dem Ergebnis, Waldheims Darstellung der eigenen Rolle im Nationalsozialismus sei in vielen Punkten nicht mit den Ergebnissen des Untersuchungsberichts in Einklang zu bringen. »Er war bemüht, seine militärische Vergangenheit in Vergessenheit geraten zu lassen, und, sobald das nicht mehr möglich war, zu verharmlosen.«

Kohl aber nennt Waldheim, mit dem er sich regelmäßig austauschte, wenn er am Wolfgangsee Ferien machte, einen »anständigen Mann, der viel zu feige war, um unanständig zu sein«. Er sei ein klassisches Opfer der Medien gewesen, dem »himmelschreiendes Unrecht« widerfuhr. Ein Verfolgter wie der Altkanzler auch. Obwohl »kein Waldheim-Fan«, scheint Kohl sich wie ein Wahlverwandter zu fühlen: »Ich bin ein freier Bürger in einem freien Land. Ich muss mich den Ausführungen dieser Waldheim-Gegner nicht fügen. Das sind ja die gleichen Leute, die ohne jede Hemmung jede Denunziation betreiben, wenn es ihnen nützlich ist.« Die haben bekanntlich auch ihn zur Strecke zu bringen versucht, aber, den Göttern sei Dank, vergeblich.

Den Fall des braunen Marinerichters, der 1978 die Republik erregte, bewertet er ähnlich: »Bei Filbinger hatte ich praktisch die gleiche Position wie bei dem österreichischen Bundespräsidenten. Ich habe beiden gesagt: ›Sagt doch den Menschen, wie es war!‹ Ich behaupte, dass Filbinger die Sache durchgestanden hätte.« Im Krisenmanagement kennt Kohl sich aus. Er empfiehlt einen längeren Auftritt im Fernsehen. Der Kanzler hatte dem baden-württembergischen Ministerpräsidenten Hans Filbinger sogar schon ein probates Statement diktiert: Er solle die verzweifelte Lage in den letzten Tagen des Weltkriegs schildern, »*dass die Soldaten weiterkämpften, um möglichst viele Zivilisten rauszubringen, obwohl sie wussten, dass es chancenlos war. Aber um das zu tun, war Disziplin erforderlich.*« Das hätten bestimmt viele verstanden. Um eines freilich wäre der gute Hans Karl dann doch nicht herumgekommen. »*Ich sagte, du musst dich auch dazu bekennen, dass es ein oder zwei Todesurteile gegen Achtzehnjährige gab, die dir heute unendlich leid tun.*« Diese Sätze werden Wirkung zeigen.

Kurt Waldheim hat er letztlich genau den gleichen Rat erteilt: Er solle im ORF auf einen »*mindestens einstündigen Bericht zur besten Sendezeit*« drängen. »*Und dann erzählst du, wo dein Elternhaus war, und dass es noch andere zehntausend Österreicher gab, die deutsche Offiziere waren. Und du warst einer von ihnen. Du hattest zwar mit diesen Dingen direkt nichts zu tun gehabt, hast aber natürlich gewusst, dass das der barbarischste Kriegsschauplatz im Westen war. Es ist Schreckliches in Jugoslawien passiert, aber auch Schreckliches an deutschen Soldaten. Und sage, es tut dir leid!*« Tut mir leid, wird nicht wieder geschehen …

Nun, Filbinger und Waldheim haben sich nicht einmal zu diesem kleinen »Sorry« durchringen können, aber Kohls Vorschläge, wie die beiden Affären schadensbegrenzend zu deichseln gewesen wären, bringen seinen Umgang mit Schuld und Verantwortung auf den Punkt: Der TV-Beichtstuhl soll es richten. Die Sünden ansatzweise eingestanden, ein Gestus der Reue, dann ist beim Sendeschluss, den es damals noch gab, der Vorfall mit einem »Ego te absolvo« für immer aus der Welt geschafft. Das System Kohl beruht nicht zuletzt auf dem Prinzip der au-

genblicklichen Selbstreinigung. »*Ich war sozusagen mein eigener Ombudsmann*«, sagt er im Rückblick auf seine Zeit in der
Pfalz.

An dieser früh als Vorteil erkannten Maxime, dass der mögliche Sünder zugleich Gnadenherr sei, hat er sein Leben lang festgehalten. Das Shakehands mit Ronald Reagan in Bitburg sollte
einen Freispruch erster Klasse symbolisieren. Einen solchen hätte
er sich in bewährter Art auch gern in der Spendenaffäre gewährt,
schließlich hatte er sein Ehrenwort gegeben. Er dürstet nach Absolution, nach der Befreiung von der peinigenden Gewissensnot.
Ist er – denkt man an die Amnestie für die Lebenslänglichen in
Rheinland-Pfalz – nicht auch seinerseits gnädig gewesen?

Trotz seiner notorischen Neigung zum fortgesetzten Krawall
scheint er tief im Innersten des Herzens von einem rundum kon-
fliktbereinigten Leben zu träumen. Zumindest dann und wann.
Die heile Welt, die er einst im heimischen Wohnzimmer fürs
Fernsehen willig inszenierte, war vielleicht doch mehr als bloße
Attitüde: Vater Helmut zog genüsslich an der Pfeife, Mutter
Hannelore spielte die Hammondorgel, und im Garten tollten
die Kinder umher. Ein Sehnsuchtsort, bewohnbar allerdings nur
für ein paar Stunden. Außerhalb der familiären Trutzburg lauern
schon die Parteifreunde, die politischen Gegner und der Fluch
der Moderne.

Den Grillen der Jetztzeit scheint er um Äonen entrückt. In
Szenelokalen sollen andere verkehren, sein Nachfolger Gerhard
Schröder etwa, der ewige Strahlemax, das zigarrepaffende Feier-
biest. Kohl liebt es eher rustikal: »*Ich bin Anhänger einer qualifi-
zierten europäischen Küche.*« Er braucht keine Sterne, um
glücklich zu sein. Im Alltäglichen ist er demonstrativ bescheiden,
beim Urlaub im seit sechzehn Jahren angemieteten Domizil am
Wolfgangsee erst recht: Kein Luxus. Hannelore kocht jeden
Abend in einer winzigen Küche. »*Jeder Besucher, der kam,*

schüttelte den Kopf, dass der deutsche Bundeskanzler in einem solchen Häuschen Ferien macht.« Aber dort, in St. Gilgen, hat er sich wohlgefühlt. Helmut Kohl präsentiert sich als bekennend gestrig-verorteter Mensch.

Geradezu rührend, wenn auch ein klein wenig moralisch übersäuert, beklagt Kohl den Untergang der alttradierten Tugenden, den Verfall der guten Sitten in der Republik: »Mein Berliner Fahrer hat jetzt wieder die Grippe. Vierzehn Tage Stress! Ein fauler Ossi.« Noch nie hat er Ausflüchte geduldet. Die laschen Regeln der »wehleidigen Freizeitgesellschaft«, deren Mitglieder aus seiner Sicht nicht mehr arbeiten, sondern allenfalls jobben, sind ihm suspekt: »Man kennt ja die schönen Sprüche: ›Ich bin heute nicht disponiert.‹«

Die gebotene Liebe zum Vaterland sei weitgehend erloschen: »Wir sind ein Land, in dem die Kinder nicht einmal die Nationalhymne lernen. Patriotismus ist da wenig wahrscheinlich.« – »In Wahrheit ist das Hauptproblem: Das Land ist in sich verfettet«, diagnostiziert er, der nun einmal auf die Linie achtet. In die Zukunft schaut Kohl entsprechend düster: »Ich glaube nicht daran, dass dieses Land reformfähig ist. Es wird nur dann reformfähig sein, wenn das Wasser noch ein wenig höher steht. Das ist jetzt schon so. Aber die Leute merken es nicht.«

Fast könte man meinen, er lebe längst in einer anderen Zeit. Mobiltelefone verursachen ihm Albträume: »Mit dem Auftauchen der Handys ist jede Indiskretion unterwegs.« Er bekennt sich dazu, ein wenig altmodisch zu sein. Und das ist gelegentlich durchaus sympathisch. Am 7. April 2002 sinnt der Witwer, der gerade Großvater geworden ist, über den ewigen Kreislauf des Lebens: »Ich glaube, dass es ein Verlust an Menschlichkeit ist, dass man beides zum Abnormalen macht: das Kinderkriegen wie auch das Sterben. Das Sterben wird auf die Intensivstation verlegt. Gleichzeitig ist der Zeitgeist so, dass eine Frau, die ein

Kind bekommt, als dumm bezeichnet wird: ›Gerade in solch finsteren Zeiten bekommen Sie ein Kind?‹ Das ist der dümmste Satz, den es in der letzten Zeit gegeben hat.«

Und wie stellt er sich die eigene letzte Stunde auf Erden vor? Kohl weiß nur eines: Der Tod im Krankenhaus ist kein guter. »Da wird jetzt der Begriff ›Schwester‹ abgeschafft. Jetzt kommen ›Frau Meier‹ oder ›Frau Fischer‹ rein und legen dich trocken.« Das, findet er, sind keine beruhigenden Aussichten.

10. »Hauptverderber in Schrift und Ton« – Helmut Kohl, die Schriftsteller und die Journalisten

Das ganze Elend begann mit dem Hausbesuch eines deutschen Dichters. Walter Kempowski – der Chronist deutscher Befindlichkeit, der nicht im Verdacht stand, ein Linker zu sein – hatte sich im Sommer 1976 angesagt in der Marbacher Straße, um kurz vor der anstehenden Bundestagswahl die Lektüregewohnheiten von Helmut Schmidts christlich-demokratischem Gegenkandidaten zu ergründen. Anstifter der unheilvollen Begegnung war die *Zeit,* das bürgerlich-liberale Wochenblatt aus Hamburg, die das Gespräch der beiden in ihrer Magazinbeilage zu publizieren gedachte.

Der Vorspruch zu dieser Homestory der besonderen Art – überschrieben mit der Frage »Was lesen Sie, Herr Kohl?« – kam noch recht unverdächtig daher. »Dies ist kein Interview im üblichen Sinne, sondern das Protokoll eines Gesprächs zwischen dem Schriftsteller Kempowski und dem Kanzlerkandidaten der Opposition: über Bücher, Bilder, Musik und die Frage, warum die CDU sich gar so schwertut mit der deutschen Intelligenz.« Lässig lehnte der Bewerber, die Pfeife in der Rechten, an seinem Bücherregal, in dem ganz oben, wie Abisag Tüllmanns meisterliches Foto zeigt, die Ernst-Bloch-Gesamtausgabe steht und unten ein Bildband über die Welt des Rokoko.

Die Fragen des einstigen Landlehrers, der, wenn er nicht schrieb, hoch oben im Norden, im bei Rotenburg an der Wümme gelegenen Dorf Nartum, für ein handverlesenes Publikum Literaturworkshops abhielt, waren nicht sonderlich hintertrieben. Die erste schon gar nicht. Der Klassiker eben: Was er denn gerade lese? Kohl nennt einen »neuen Adenauer-Band. Und dann habe ich Golda Meir angefangen«. Sogleich will Kempowski fünf Buchtitel wissen, die ihm besonders viel bedeuten. Jetzt nimmt das Unheil seinen Lauf. »Fünf? Ich muss Ihnen offen sagen, so kann ich nicht verfahren, fünf Bücher. Ich versuche beim Lesen aus meinem Fach herauszugehen.« Der alterfahrene Schulmeister kontert: »Das aber wäre bei Adenauer und Golda Meir nicht der Fall.« Nun sitzt der Kandidat in der Falle. »Ja, das stimmt, aber das sind eben Bücher, die mir grad auf den Tisch kamen.«

In diesem Stil geht es über fünf Druckseiten. Grass, Lenz oder Böll? Ja, natürlich habe er auch die gelesen, »aber ich bin nicht vom Stuhl gerissen worden«. Goethe? »Ich bin keiner, der einen direkten Zugang zu Gedichten hat. Mir fliegt da nichts zu.« Aber: »Ich war in Hölderlin gut. Hölderlin war für mich ganz oben.« Die durchaus Mitleid erregenden Einlassungen[31] erstreckten sich auch auf die bildenden Künste (»Meinen Sie Happening und so was? Hab ich gar keinen Sinn für.«) und auf die Musik (»Trompeten – da gibt's von Vivaldi so Sachen …«). Das Gespräch erlangte bald Kultstatus. Der *Spiegel* druckte die schönsten Passagen des Tonbandinterviews umgehend nach. Die Nation kicherte – und Kohl, bei der Bundestagswahl 1976 nur ganz knapp unterlegen, fühlte sich rundherum hereingelegt. Dabei hatte ihn der gewitzte Schriftsteller, ein Freund der literarisch-dokumentarischen Collage, einfach nur ungeschönt (und natürlich auch unautorisiert) zu Wort kommen lassen.

Das Porträt im *Zeit-Magazin* jedenfalls hat Kohls Verhältnis zur Presse nachhaltig zerrüttet. Der Zorn ist auch ein Vierteljahrhundert danach, beim Memoirengespräch, nicht wirklich verraucht. »*Dieser Artikel hat mir furchtbar geschadet. Ich stand kurz vor der Wahl als Dorfdepp da. Die Zeit hat das gemacht im Zuge ihres von da an laufenden Vernichtungsprogramms, was sich bis zum heutigen Tag nicht geändert hat.*« Seit damals sieht er sich verfolgt, in seiner Existenz bedroht, von der Journaille, der »*Hamburger Mafia*« vor allem, von der *Zeit,* die »*sich einbildet, eine intellektuelle Etage drüberzuliegen*«. Der *Stern* ist nicht besser. Henri Nannens Leute hätten »*auf einer Redaktionskonferenz zu Beginn meiner Kanzlerschaft erklärt: ›Wenn wir den in sechs Monaten nicht runtergeschrieben haben, müssen wir schlechte Journalisten sein.*‹«

Am ärgsten aber habe es die »Spiegel-*Mischpoke*« getrieben. »*Ich kenne niemanden, der vom* Spiegel *einen Nutzen hatte.*« Kohl macht keinen Hehl aus seiner Verachtung für Augsteins Gefolge, das ihn ein ums andere Mal in die Enge trieb. »*Ein Mann wie Augstein stieg aus dem Nichts zu einer Superfigur in Deutschland hoch, mit einer Macht und einer Gewalt, dass er Karrieren, Menschen vernichten konnte, weil er sehr frühzeitig alle Imponderabilien moderner Machtausübung wie Superarchive usw. zur Verfügung hatte.*«

Als einer von ganz wenigen habe er es gewagt, sich diesem Apparat zu widersetzen, das verhasste Montagsmagazin mit Missachtung zu strafen. »*Für mich existiert der* Spiegel *nicht.*« Dafür allerdings erwähnt Kohl ihn bemerkenswert häufig, mehr als zweihundertfünfzigmal im Verlauf des kolossalen Gesprächs.

Genaugenommen ist der *Spiegel* nur eine prominente Chiffre für die große Zahl all derer, die Helmut Kohl nie ernst nahmen oder ihn allein auf die Rolle des Kanzlers der Machenschaften reduziert sehen wollten. Und das waren eben nicht nur die unbotmäßigen Journalisten, sondern auch die Künstler, die Intellektuellen des Landes. Kempowski und die vielen, vielen anderen. Ob man nicht wenigstens »*in Klammern sagen könnte*«, bittet er seinen Befrager fast schon verzweifelt, »*dass Helmut Kohl der Vorsitzende der Käthe-Kollwitz-Gesellschaft ist?*« Bitter nur, dass sich auch mit diesem Umstand eine Geschichte verbindet, die den Altkanzler, trotz bester Absichten, nicht recht als feinsinnigen Kenner der Hochkultur erkennen lässt.

Die Malerin und Bildhauerin aus Königsberg hatte 1938 eine Plastik geschaffen, keinen halben Meter hoch, eine Mutter, sitzend, am Boden, die ihren toten, im Krieg gefallenen Sohn in den Händen hält. Ihr Anblick hat Kohl aus nachvollziehbaren Gründen berührt. »*Das entsprach dem Schicksal auch meiner eigenen Familie. Der Bruder meiner Mutter war im Ersten Weltkrieg gefallen. Und mein Bruder, der den gleichen Namen trug, fiel im Zweiten Weltkrieg, was ein typisch deutsches Schicksal war.*« Er will, dass alle Welt dieses Bildnis sehen kann. Er will es ausstellen im öffentlichen Raum. Er will, womöglich auch um die Größe der eigenen Betroffenheit zu unterstreichen, ein Monument.

Nur, wie soll das möglich sein bei einer Statuette, die gerade einmal 38 Zentimeter misst? Der Kanzler fand, bald nach der Wende, eine beglückend schlichte Lösung: Wie wäre es, das Original maßstabsgetreu aufzuplustern, noch einmal überdimensional nachzugießen, unter Verzicht auf die Feinheiten, und das Ganze dann an der Berliner Neuen Wache, der zentralen Gedenkstätte für die Opfer von Krieg und Gewaltherrschaft, abzustellen? Ebendies sollte im November 1993 geschehen.

Die von Künstlern wie von Historikern geäußerten Bedenken waren gravierend. So einfach könne man eine Skulptur nicht auf das knapp Vierfache vergrößern, ohne das Original ästhetisch grundlegend zu verfälschen, sagten die einen. Die anderen beklagten, dass sich der Kanzler, wie vordem in Bitburg, erneut zu einer fatalen Symbolik versteige: Ein Mahnmal, das zur Erinnerung an alle Opfer rufe, dürfe, gerade in Deutschland, nun einmal nicht nur eine trauernde Soldatenmutter zeigen. An Kohl jedoch perlt jede Kritik ab: »*Ich setzte mich über alle Bedenken hinweg und stellte die Plastik auf. Es gab einige Wochen Geschrei.*« Mittlerweile kämen jedes Jahr Millionen an diesen Ort. Am liebsten hätte er noch ein Ehrenbataillon der Bundeswehr dorthin abkommandiert. Aber mit der Idee habe »*dieser Hauptmann a.D., von Weizsäcker, große Probleme gehabt*«.

Pragmatisch gesehen, hat ihm der Erfolg recht gegeben. Die Neue Wache ist ein Publikumsmagnet. Staatsgäste legen in dieser »Zentralen Gedenkstätte der Bundesrepublik Deutschland für die Opfer von Krieg und Gewaltherrschaft« regelmäßig ihre Kränze nieder. Kohl hat Fakten geschaffen. Aber den wichtigen Diskurs tat er als Geschrei ab. Attitüden wie diese haben ihm die Verachtung von weiten Kreisen der bürgerlichen Intelligenz eingetragen. Und Kohl spürt die Verachtung durch »*all diese intellektuell anspruchsvollen Geister, die über den dummen deutschen Kanzler ihre Köpfe schütteln*«, sehr wohl. Schwan liest einen Satz aus den fragmentarischen Erinnerungen Mitterrands vor: »Niemand ahnte, für wie tölpelhaft die deutschen Eliten diesen rheinischen Politiker hielten.« Kohl ist begeistert: »*Das müssen wir alles verwenden!*«

Denn trotz »der Schweinerei mit dem Kempowski«: seine Bildung lässt er sich von denen nicht absprechen. »*Ich war einer der Hauptbenutzer der Bundestagsbibliothek. Aber das interessiert ja niemanden. Diejenigen, die über mich und andere schreiben, lesen ja selbst überhaupt nicht und sind zu einem beachtlichen Teil intellektuell totale Barbaren. Die meinen, dass ein Grass-Roman Bildung ausmacht.*« Das gilt für die »pseudointellektuelle Presse« schon gar. Da scheinen Ludwig Erhards »Pinscher«[32] nicht weit. Wieder einmal schneidet der Bundespräsident im Vergleich besser ab: Richard von Weizsäcker sucht den Dialog mit den kritischen Geistern, Kohl geht in den wütenden Zweikampf.

Dabei war doch früher einmal alles ganz anders. Ob es Zufall ist, dass der erinnerungsmächtige Helmut Kohl in sechshundert Stunden Memoirengesprächen für einen vieldiskutierten, höchst überzeugenden Auftritt, 1970 in seiner Geburtsstadt, nicht einmal eine Silbe übrig hatte? Seit gut einem Jahr schon war er da Ministerpräsident, aber noch immer Mitglied im Stadtrat von Ludwigshafen. In öffentlicher Sitzung wurde am 8. Juni eine delikate Angelegenheit verhandelt, ob nämlich einer der bis dato größten Söhne der Rheinstadt deren Ehrenbürger werden dürfe oder nicht: der Vater des »Prinzip Hoffnung«, der marxistische Philosoph Ernst Bloch.

Die Mehrheitsverhältnisse waren knapp, die Vertreter der CDU weitgehend dagegen. Der damals fünfundachtzigjährige Denker, der 1961 Republikflucht beging und seinen Wohnsitz von Leipzig nach Tübingen verlegte, schien vielen Ratsherrn noch immer zu rot und war überdies zum Idol der Studentenbewegung geworden. Die Diskussion um den Denker war lebhaft. Dann ergriff Kohl das Wort, und das war deutlich: »Herr Oberbürgermeister, meine Damen und Herren, ich will es vorweg sagen, damit das hier klar ist: Ich werde für diese Ehrenbürgerschaft stimmen.« Auch er sei nicht frei von Bedenken, aber der Respekt vor Blochs Lebenswerk überwiege. Es war eine noble Rede, die eigene, konservative Gegenpositionen keineswegs verbarg, doch im Endeffekt Lust signalisierte, sich mit »diesem unbequemen Zeitgenossen« im Geist der Versöhnung auseinanderzusetzen.

Aber die Zeit der Nachdenklichkeiten ist lang schon vorbei. Spätestens seit dem Wechsel von Mainz nach Bonn kennt Kohl in der Bestimmung des ideologischen Standorts nur noch Freund oder Feind. Und in den Zirkeln der deutschen Dichter und Den ker, vor allem aber in den politisch wichtigen Redaktionsstuben, da gibt sich der Altkanzler keinen Illusionen hin, saßen zumeist die letzteren: die ausgemachten »*Kohl-Hasser*«, die sich über das ganze publizistische Spektrum der Republik zu verteilen schienen.

Martin E. Süskind, der ehemalige Büroleiter der *Süddeutschen Zeitung* in Bonn, der einst für Willy Brandt Reden schrieb, zählt er dazu: »*das Letzte, was es gibt*«. Manfred Bissinger, lange Jahre beim *Stern*, Sprecher des Hamburger Senats und Chefredakteur der Zeitung *Die Woche*: »*ein Subjekt*«. Der stets investigative Hans Leyendecker, früher beim *Spiegel,* heute bei der *Süddeutschen Zeitung,* der Mitaufdecker der Flick-Affäre: »*dieser Gangster, der gegen mich operiert hat*«. Selbst Mainhardt Graf von Nayhauß, über Jahre für die Verlagshäuser Springer und Burda als Hofberichterstatter unterwegs und Verfasser einer Buch-Eloge über Helmut Kohl *(Meine Jahre mit dem Kanzler der Einheit),* wird als »*Hauptverderber in Schrift und Ton und erbärmliche Figur*« verunglimpft. Ihm wurde nachgesagt, bei einer Auslandsreise die Breite des Toilettensitzes in der Kanzlermaschine vermessen zu haben. Der Graf hat Hausverbot bekommen.

Wichtiger noch als der Printbereich waren Kohl die elektronischen Medien. Über die wird heute Politik gemacht. Wer das nicht erkennt, ist verloren: »*Der entscheidende Fehler von Honecker war, dass er die Bedeutung des Fernsehens unterschätzt hat.*« Das hätte Kohl niemals passieren können. Er wusste gar zu genau um den Einfluss, den die Sendeanstalten auf die politische Stimmungslage der Nation auszuüben vermochten. Aufs Genaueste kannte er die Binnenstrukturen der einzelnen Funkhäuser – und in vielen hatte er Leute seines Vertrauens, oft altgediente Parteisoldaten, an vorderster Front positioniert. Willibald Hilf etwa, von 1977 bis 1993 Intendant des Südwestfunks, war einst Leiter der Staatskanzlei in Mainz. Im ZDF, dessen langjähriger

Verwaltungsratsvorsitzender Helmut Kohl hieß, hat er seine Drähte wie auch seine Muskeln für zentrale Personalentscheidungen genutzt. Und beim Süddeutschen Rundfunk in Stuttgart »*hatten wir den Bausch ein halbes Menschenleben lang sitzen*«.[33] Allerdings: Der – von der CSU weitgehend unterwanderte – »*Bayerische Rundfunk war immer der Beste*«.

Den WDR aber verdammt Kohl in Bausch und Bogen. Der ist für ihn ein Hort der Sozi-Propaganda: »*Es gibt im WDR keine Putzfrau ohne das Parteibuch. Das weiß jeder. Das ist der gleichgeschaltetste Sender, den es je in Deutschland gab. Er steht ganz unmittelbar und direkt neben dem DDR-Zeitalter.*« Ausgerechnet Heribert Schwan, einem der profiliertesten Köpfe dieser Anstalt, vertraut Kohl nun sein Leben an. Wie bekommt er das nur zusammen, einmal ganz abgesehen davon, dass Kohl allzugern ein beliebtes WDR-Gesicht, den späteren Intendanten des verfemten Funkhauses am Kölner Appellhofplatz, zum Regierungssprecher bestellt hätte? »*Ich wollte Nowottny, der aber nicht wollte.*« Der alte Medienstratege wird auf einen Schlag regelrecht kleinlaut. Nein, in der Besetzung des Bundespresseamts habe er »*keine glückliche Hand*« gehabt, das werde er auch »*ganz lakonisch schreiben*«. Friedhelm Ost, der einstige ZDF-Mann zum Beispiel. »*Dass der so unfähig war, hätte ich nie geglaubt.*« Mit Peter Boenisch, der aus dem Hause Springer kam, ging es kaum besser. Der habe nicht einmal die Herausgeber der *FAZ* gekannt.

»*Ein Manko meiner Amtszeit war die Verkaufspolitik. Ich fand nie den genialen Pressechef*«, klagt Kohl am 22. Juli 2001 in seinem Keller. Aber was macht einen genialen, hilfreichen Sprecher denn aus? Kohl holt aus und spricht Klartext: »*Ein genialer Pressechef muss unter den Bedingungen der Bundesrepublik ein Stück Schurke sein, weil die anderen eben auch Schurken sind. Wenn andere erpressen und man nicht dagegen erpresst, ist man rettungslos verloren. Natürlich kann ein guter Presse-*

chef auch den Spiegel *erpressen. Darüber gibt es keinen Zweifel.«* Aber wen von solch kriminellem Kaliber hätte er denn gehabt? Ja, der Leiter der Abteilung Inland im Presse- und Informationsamt, sein Vertrauter *»Wolfgang Bergsdorf ist ein super Mann, aber doch keiner, der jemanden besticht. Der wäre ja dreimal zum Pater beichten gegangen.«* Freimütiger hat wohl selten ein Mächtiger dieser Welt, der demokratisch legitimiert war, sein Verständnis von Pressearbeit kundgetan.

Kohl und die Medien, das war, seit er sein Glück in Bonn suchte, das wohl verheerendste Kapitel seiner steilen Karriere. Und ein ziemlich bigottes obendrein. Wie lautstark attackiert er vermeintliche sozialdemokratische Seilschaften nicht nur beim WDR, sondern auch beim SFB, bei Radio Bremen oder beim Norddeutschen Rundfunk. Und mit wieviel parteipolitischer Ellbogengewalt ist er selber zu Werke gegangen in den Rundfunkanstalten, die Kohl als eine Art Schlaraffenland begriff, das der politischen Klasse ihr Dasein versüßte.

Als sei nichts weiter dabei, erzählt Kohl, wie es im Verwaltungsrat des ZDF zuging: *»Da war immer ein Bundesminister drin, beispielsweise für die FDP Hans-Dietrich Genscher, der an vielen Sitzungen gar nicht teilnahm. Aber weil er Mitglied des Verwaltungsrats war, hat er Zugang zu allen geschaffen, die dann günstige Sendezeiten und Möglichkeiten hatten.«* Will heißen: Das ZDF-Fernsehnetzwerk ist nicht zuletzt ein ziemlich großer Selbstbedienungsladen, in dem auch der Staatsmann aus der Pfalz gerne verkehrte.

Im August 2001 will Heribert Schwan Genaueres über das System Kohl erfahren. Dabei geht es unter anderem um die Frage, ob da gelegentlich auch Pekuniäres eine Rolle spielte, um den großen Verbund rund um den Kanzler zusammenzuhalten. Die Antwort fällt verblüffend offen aus und sei darum, weil hier die Mechanik einer weitverzweigten Günstlingswirtschaft sichtbar wird, ein wenig ausführlicher zitiert: »*Diese Geschichten, in de-nen gesagt wird, dass Leute bestochen wurden, sind absoluter Quatsch. Wenn die bestochen wurden, dann wurden sie in ganz anderer Weise bestochen, nicht mit Geld, sondern mit Sympa-thie, Loyalität, Vertrauen und Menschlichkeit. Es gab ja auch Probleme. Es kamen Leute zu mir, die wirkliche Sorgen hatten. Es ging zum Beispiel um ihre Schwiegersöhne oder -töchter. Ich kümmerte mich ja um den journalistischen Nachwuchs, wobei ich mir bei den meisten besser in den Hintern gebissen hätte. Sie wurden in meinem Namen beim ZDF untergebracht. Als sie dann soweit waren, hatten sie das natürlich vergessen. Das war mehr als zwanzig Jahre so, und es lebte eine ganze Generation nicht schlecht damit.*«

Kohl hat sich ganz offenkundig ein wenig mehr versprochen von seinem Einsatz für das journalistische Jungvolk: »*Die Zeit, die ich in den Medienbereich investiert habe, hat sich für mich politisch kaum ausgezahlt. Als ich das ZDF verließ,*[34] *gab es im-merhin sechs Hauptabteilungsleiter, die alle CDU-Mitglieder wa-ren.*« Und was war der Dank? »*Die CDU-Leute, die dort saßen, hatten immer die Bestrebung, ihre Unabhängigkeit zu beweisen. Zur Unabhängigkeit gehörte, den eigenen Leuten in den Arsch zu treten.*«

Besonderen Ärger bereitete Kohl ein eigensinniger ZDF-Mann, der einst Mitglied der Jungen Union war. Immer wieder ist in den Protokollen der Name Wolfgang Herles zu lesen, der von 1987 bis 1991 Leiter des ZDF-Studios in Bonn war. Dass er gehen musste, dürfte er vor allem Helmut Kohl zu verdanken haben. Der Journalist aus dem niederbayerischen Tittling, »*der Lump Herles*«, hat es mehrfach an Respekt für seinen Kanzler fehlen lassen, dessen Wiedervereinigungspolitik kritisiert und in der Sendung *Bonn direkt* einen Beitrag zugelassen, der Kohls Teilnahme an der Umbettung der Gebeine von Friedrich dem

Großen sanft persiflierte. Vor allem aber hat Herles am 21. August 1989 in der Neunzehn-Uhr-Ausgabe der *heute*-Nachrichten einen Kommentar gesprochen, der sich meinungsfreudig mit der Ablösung Heiner Geißlers als CDU-Generalsekretär befasste: Die Partei drohe nun zu verkalken, »wieder das zu werden, was sie zu Adenauers Zeiten war: ein Kanzlerwahlverein, bloß mit was für einem Kanzler?« Und damit nicht genug. Kohl möge sich nicht zu früh freuen, riet der Kommentator, »Geißler ist nicht von der Bühne verschwunden. Er hat heute Kohls Fehdehandschuh aufgegriffen. Kohl hat es also in Zukunft nicht mehr nur mit einem zwar unbequemen, aber doch loyalen Mitstreiter zu tun, sondern mit dem neuen Kopf der innerparteilichen Opposition.«

Der Angesprochene gerät noch zwölf Jahre danach, beim Kellergespräch, in Rage, dabei den Inhalt der geschliffenen Herles-Attacken nicht unerheblich vergröbernd: *»Der sagte in seinem Kommentar im ZDF, die CDU-Leute müssten aufgefordert werden, den Mann abzuwählen. Das kam wörtlich im Fernsehen und war absolut unglaublich. In der Presselandschaft gab es ein großes Röhren.«* Die Rache folgte auf dem Fuß. Noch auf dem berüchtigten Bremer Parteitag wenige Tage später, *»habe ich betrieben, dass er verschwindet«*. Die vom beherzt in die Sendeanstalt hineinregierenden Kanzler beschlossene Herles-Ablösung sollte sich zwar noch ein wenig hinziehen, aber das Aus für den Leiter des Hauptstadtstudios war besiegelt. Der damals verantwortliche Intendant Dieter Stolte hat immer wieder – zuletzt in seinen Lebenserinnerungen[35] – bestritten, dass die Versetzung des politisch Unbequemen auf Kohls Intervention hin geschehen sei. Aber dessen Auskunft, er persönlich habe Herles' Verschwinden betrieben, lässt kaum einen anderen Schluss zu.

Dass der Altkanzler ein eher gespanntes Verhältnis zur Pluralität der Meinungen hat, erweist sich in den Kohl-Protokollen auch an anderer Stelle. 1992 sorgte ein Spielfilm des jungen Regisseurs Philip Gröning für Aufregung. Er heißt *Die Terroristen* – und eben die, es sind deren drei, planen in dieser fiktionalen Groteske die Ermordung Kohls. Die mörderischen Zelluloid-Aktivisten sprechen zwar nur vom »Dicken«, aber auf wen sich das Etikett bezieht, war unschwer zu erraten. Das fiel auch dem filmisch Attackierten auf: »*Das war ein Attentat auf den Kohl. Das waren Originalbilder und Originalton.*« Grönings Streifen erhielt beim Festival in Locarno den Leoparden in Bronze. Kohl spricht von »*irgendeiner idiotischen Jury*« und versucht, das Werk vor Gericht verbieten zu lassen. Vergeblich.

Umso erstaunlicher: Im November 1992 wurden *Die Terroristen* auch im dritten Fernsehprogramm des Südwestfunks gezeigt, jenem Sender, an dessen Spitze der alte Freund Willibald Hilf stand, der im Hause Kohl so lange ein und aus ging und Patenonkel von Sohn Peter war. Der CDU-Bundesvorsitzende aus der Pfalz hat ihn einst bei seiner Intendantenkür »*massiv unterstützt. Das war eine selbstverständliche Freundespflicht.*« Als es nun im Vorfeld des mörderischen Streifens in den Gremien eine kontroverse Debatte um die Ausstrahlung gab, hat Kohl den alten Kumpan »*beschworen, das sein zu lassen*«. Willibald Hilf hat sich am Ende für die Freiheit der Kunst entschieden. »*Es war eine Sache, die mich tief verletzt hat, weil ich das nicht für möglich gehalten hätte, so wie wir miteinander standen.*«

Offenbar wird von Freunden erwartet, sich zu fügen, wenn es ernst wird, und die Standards ihrer Profession zugunsten der Freundschaft hintanzustellen, zu denen im Falle Hilf, zumindest dieses eine Mal, auch der Mut gehörte, sich einer Intervention aus dem Kanzleramt zu widersetzen. Die Freundschaft mit Kohl allerdings war damit beendet. »*Ich brach damals jede Beziehung zu ihm und, wie das meine Art ist, für den Rest des Lebens. Der ist gestrichen. Der existiert in unserer Familie nicht mehr.*«

Es ist das altbekannte Verfahren: Wer sich, wenn es zum Schwure kommt, nicht den Interessen des großen Bestimmers unterordnet, der wird verstoßen, verjagt und auf alle Tage verfolgt. Versöhnung ist seine Stärke nicht.

III. Heribert Schwan:
Das Vermächtnis des Alten

Eine kleine Verneigung zum Schluss

Man kann die Kohl-Protokolle deuten, wie immer man mag: Die erste, hier vorgelegte Sichtung zeigt eindrücklich die Brisanz des monumentalen Kanzlervermächtnisses. Und da Helmut Kohl in allererster Linie ein Mann der Öffentlichkeit war und noch immer ist – kein Privatier von eigenen Gnaden, sondern über lange Jahre ein Staatsdiener, vom Wähler bestellt –, darf die 600-Stunden-Bilanz seines Lebens nicht in einem Oggersheimer Keller versauern. Die Tonbänder, dafür werde ich kämpfen, gehören nicht unter Verschluss, sie gehören in ein professionell verwaltetes Archiv.

Dieses Vermächtnis muss frei zugänglich sein für Wissenschaftler unterschiedlicher Couleur. »Die Kanzlerschaft Helmut Kohls, der man Größe nicht abstreiten wird, gehört nicht dessen Ehefrau, seinen Söhnen schon gar nicht, vielmehr Deutschland oder, in Kohls Diktion: dem Vaterland«, kommentierte in der *Rheinischen Post* Reinhold Michels. »Ein Kanzler hat keine Normalbiographie, was er tat und unterließ, wie er einschätzte und entschied, wie er urteilte, was er verwarf – das gehört wissenschaftlich erforscht und öffentlich aufbewahrt. Die Amerikaner machen das vorbildlich mit ihren Präsidenten-Bibliotheken.«

Eines Tages sollte es möglich sein, die Kohl-Protokolle, sobald dies die Rechtsprechung zulässt, in toto zu publizieren, mit erklärenden Anmerkungen versehen, vielleicht hier und dort, bei gravierenden Wiederholungen, redaktionell ein wenig gekürzt. Aber sonst gänzlich unentstellt.

Seit dem Ende unserer Memoirengespräche sind nun bald zwölf Jahre, seit unserem letzten Arbeitstreffen in der Marbacher Straße rund sechs Jahre vergangen. Und jetzt herrscht, wie hinreichend bekannt, erbitterter Streit: Kohl zog vor Gericht, um die Bänder zu kassieren. Bis die juristische Auseinandersetzung höchstrichterlich entschieden ist, dürfte noch einige Zeit vergehen. Ein Konsens scheint unwahrscheinlich.

Und dennoch: Für mich zumindest bleibt am Ende kein Rückblick im Zorn. Dies ist gewiss kein Buch der Rache. Auch wenn Frau Dr. Kohl-Richter nun alles daransetzt, mir den Mund zu verbieten: Der große Respekt vor Helmut Kohls Lebensleistung bleibt. Wir haben gemeinsam einiges geschafft: im Gespräch eine Bilanz von 1930 bis ins Jahr 2002, drei Memoirenbände von 1930 bis 1994 – und ein rekordverdächtiges Gesprächsprotokoll über ein Leben, das, wie selbst eingefleischte Gegner einräumen werden, einmal in die Geschichte eingehen wird. Mag sein, just damit geht der vielleicht größte Traum des Helmut Kohl in Erfüllung.

Was bleibt in der Retrospektive von den vielen Begegnungen? Für mich ist es eine ganze Menge. Zuallererst würde ich das eine nennen: die minuziöse Eigenbeschreibung des vielzitierten Systems Kohl, das die Gewaltenteilung ein Stück weit aufhob. Helmut Kohl hat mir dieses Geflecht von Kabinetts-, Fraktions- und Parteiarbeit, dieses Dickicht, das allein er zu durchdringen verstand, überaus offen erklärt: »*Das eigentliche System K. war die unendliche Nähe zur Partei. Ohne die Partei kann man keine Politik machen.*« Die Nähe nicht nur zur Bundes-CDU, sondern auch zu all den Wahlplakatklebern, Gemeinderäten und Kreisdelegierten. »*Es kamen viel mehr Leute an mich ran als an jeden meiner Vorgänger.*« Kohl brauchte den Kontakt mit der Basis.

Diese Bodenhaftung, die ihm so wichtig wie das Atmen war, hat ihn selbstverständlich nie daran gehindert, seine Vorstellungen, seine politischen Ziele notfalls auch mit einsamen Entscheidungen durchzusetzen. *»Wir fassten ja nie einen Parteitagsbeschluss, ob der Euro eingeführt wurde. Wir verkündeten das.«*

»Wir verkündeten«! Das klingt schon fast nach Pluralis Majestatis. Wenn es ernst wurde, hatte auch die Fraktion nur noch wenig zu bestellen. Er ließ, solange er an der Macht war, keinen Zweifel daran, dass im System Kohl nur einer die Strippen in den Händen hält. Schon damals in Rheinland-Pfalz haben nicht wenige gesagt, *»es regt sich kein Halm ohne seine Zustimmung«.* Die Formulierung gefällt ihm. Er will ihr nicht widersprechen.

Aber, aller Herrschaftsattitüden zum Trotz, er hatte Lust auf die menschliche Spezies: *»Ich war immer neugierig. Ich war nie neugierig zu wissen, wer mit wem schläft. Das hat mich mein Leben lang nicht interessiert. Aber mich haben die Menschen interessiert. Mich hat interessiert, wie die Menschen in ihrer Situation leben.«* Ebendarum ist Kohl, als er noch nicht Kanzler war, dann und wann als Privatmann in die DDR gereist. Der CDU-Vorsitzende hat die Oper in Dresden, Auerbachs Keller in Leipzig besucht, mischte sich unter die Leute, signierte Bierdeckel und stellte Fragen. Daran wird sich mancher im Wendewinter 1989/90 erinnert haben.

Beim Nachdenken über die Kohl-Protokolle kommt mir unser Gespräch vom 11. März 2002 in den Sinn. Die Dialoge hatten es in sich an diesem Tag. Meine Frage war vorsichtig formuliert: Manchmal habe man den Eindruck, dass Sie versucht haben, die Menschen auf Ihre Seite zu ziehen, sie für sich zu gewinnen … Weiter komme ich nicht, da fährt er mir in die Parade: *»Was ist denn an dieser Feststellung erstaunlich? Das ist doch mein Job. Man lebt ja nicht dafür, morgens aufzustehen und zu überlegen, wie man den Leuten in den Bauch tritt, um sie gegen sich einzu-*

nehmen.« Ich interveniere: Das sei klar, aber »dieses Bemühen um Vereinnahmung war bei Ihnen schon sehr ausgeprägt, war ein Teil des Systems K.« Jetzt bekommen Kollege Schwarzmüller und ich den Unwillen des Altkanzlers zu spüren: *»Ihr seid ganz auf dem K-Trip von* Spiegel *und* Stern: *Hätten Sie die Tendenz, Ihre Frau zu vereinnahmen, als Sie ihr nachgelaufen sind, um mit ihr zu schlafen?* ›*Vereinnahmung‹: das ist doch ein blödsinniger Begriff!*« Aber war's vielleicht nicht doch ein wichtiges Stichwort? *»Wenn jemandem nachgesagt wird, dass er die Fähigkeit hat, die Menschen für sich zu vereinnahmen, ist das doch ein Pluspunkt, und ich würde sagen, der Mann verdient eine erstklassige Note, wenn er einen Job hat, wo er etwas erreichen muss.*«

So hat er gearbeitet, so wusste er seine Interessen durchzusetzen, im Kleinen wie im Großen. Im persönlichen Umgang konnte er ungemein gewinnend sein, ein kolossaler Menschenfänger, der mit Gunstbezeugungen nicht geizte. Gorbatschow etwa hat er, so wichtig der ökonomische Aspekt in der Beziehung zu Moskau auch war, gewiss nicht alleine mit Geld und Krediten auf seine Seite gebracht und von der Richtigkeit der deutschen Einheit überzeugt. Nein, nicht minder entscheidend war, dass er dem Führer der großen Sowjetunion – nach dem unsäglichen Goebbels-Vergleich – mit Respekt, Aufmerksamkeit und menschlichem Interesse begegnete. Er ist mit ihm im Juli 1990 in Gorbatschows Heimat, in den Kaukasus geflogen, um die letzte politische Hürde, das Problem der Nato-Mitgliedschaft eines vereinten Deutschlands, zu meistern: *»Gorbatschow war ganz happy, heimzukommen und mir zu zeigen, wo er herkommt, wo er angefangen hatte, wo er Parteisekretär war.*« Auf dem Rahmenprogramm des entscheidenden Treffens steht ein Besuch jener Kolchose, über die Raissa Gorbatschowa einst ihre Doktorarbeit geschrieben hatte.

Im Oggersheimer Keller saß mir ein Mann gegenüber, der nahezu allen Klischees, die über ihn im Umlauf sind, zu widersprechen schien. Das war nicht »Birne«, nicht jener Tor, der im Gespräch mit Walter Kempowski, mit Verlaub, »dumm Tüch«, dummes Zeug, über die schönen Künste von sich gab, sondern ein gebildeter Zeitgenosse mit geradezu atemberaubendem Wissen auf dem Feld der Geschichte. Ein Dauerleser, der kaum Schlaf brauchte und der keineswegs nur historische Schwarten verschlang: *»Ich hatte eigentlich immer ein großes Interesse an Büchern, was bis zum heutigen Tag geblieben ist«*, sagt er am 11. März 2002, *»ich lese die Buchbesprechungen, schneide sie aus und lasse die Bücher bestellen. Im Moment lese ich die Biographie von Maxie Wander.«*[36]

Alles hätte ich ihm zugetraut, aber nicht die Lektüre der Lebensbeschreibung dieser Schriftstellerin aus der DDR, einer Ikone der gesamtdeutschen Frauenliteratur, die im November 1977 in Kleinmachnow elend früh an einer Krebserkrankung starb. Maxie Wanders lebenshungrige, lakonisch genauen Tagebuchaufzeichnungen und Briefe aus der Zeit des beharrlich nahenden Todes waren Kult in der untergegangenen Ostrepublik – und im Westen nicht minder.[37] Den zum Witwer gewordenen Helmut Kohl hat die Geschichte dieser Frau ganz ungemein beschäftigt. Und wer hätte gedacht, dass zu den ihm wichtigsten Büchern auch Sartres Frühwerk und Eugen Kogons Anatomie des Holocaust-Systems, *Der SS-Staat,* zählte?

Mehr noch, bei allem Dissens heute (und bei allen Entgleisungen in den Gesprächen von damals, die unser Buch nicht verschweigt): Imponierend für mich persönlich war auch der Enthusiasmus, mit dem der damals gut siebzigjährige Helmut Kohl auf seine Außenpolitik zurückblickte. An erster Stelle stand da natürlich der Ausbau der deutsch-französischen Beziehungen, der einen Abbau ideologischer Feindbilder voraussetzte, die Verständigung des konservativen Kanzlers aus Deutschland mit François Mitterrand, dem sozialistischen Präsidenten des gallischen Nachbarlandes. Nur wenige Stunden nach der Vereidigung seines Kabinetts fliegt Kohl nach Paris. *»Die Bundesregierung war noch keine zehn Stunden alt, und ich war abends zum Antrittsbesuch bei der Grande Nation.«* Mich interessiert beim Kellergespräch, ob es vorher bereits Kontakte zwischen den beiden gab. *»Überhaupt nicht. Ich kannte den Mitterrand praktisch gar nicht.«*

Wollte der eben Vereidigte mit seiner Blitzvisite ein ganz eigenes Zeichen für die deutsch-französische Freundschaft setzen? *»Nein, ich wollte deutlich machen: Der Mann aus Oggersheim war jetzt Bundeskanzler. Und der galt als brauchbarer Mensch, allerdings sehr abgenutzt zwischen 1976 und 1982.«* Jetzt, in den turbulenten Tagen des Machtwechsels, soll ausgerechnet ein Mann der Sozialistischen Internationale für den ersehnten Seelenfrieden sorgen. Der Coup glückte: Die beiden Staatsmänner verstanden sich zusehends und reichten einander 1984 über dem Gräberfeld von Verdun symbolisch die Hand. Die Chemie stimmte zwischen den beiden – und somit auch zwischen Deutschland und Frankreich. Jetzt war die Tür zu einem geeinten Europa aufgetan. *»Ohne die deutsch-französische Freundschaft und Partnerschaft und deutsch-französische Antriebskraft würde es keinen Fortschritt in Europa geben.«*

Das Verhältnis zum einstigen Erbfeind hat Helmut Kohl seit jungen Jahren beschäftigt. Am 2. Juni 2001 erzählt er eine für ihn bezeichnende Geschichte: Irgendwann einmal sei er nach Metz eingeladen worden, um dort, an historischem Ort, auf einer bilateralen Gedenkveranstaltung zu sprechen. *»Als der Oberbürgermeister von Metz, am 3. April 1930 geboren«*, also just am gleichen Tag wie der Altkanzler, *»erzählt hat, wie er vom Bürgersteig runtergehen musste, wenn 1943 ein deutscher Offizier* *kam. Da habe ich gesagt: ›Und wir mussten 1945 vom Bürgersteig runter, wenn ein französischer Offizier kam.‹ Wenn man das heute einem Buben erzählt, sagt der: ›Das kann doch nicht wahr sein!‹ Und das ist das Große an der deutsch-französischen Verständigung.«* Politik als Wegbereiter zur persönlichen Begegnung: So hat er sein Handwerk verstanden. Und das galt keineswegs nur für den Umgang mit den Franzosen.

Der Dialog mit den polnischen Nachbarn war ein zentrales Anliegen seiner Politik, auch wenn Kohl, mit Rücksicht auf die Vertriebenen in seiner Partei, die völkerrechtliche Anerkennung der Oder-Neiße-Linie erst im achten Jahr seiner Kanzlerschaft in Angriff nahm. Aber die Polen-Verträge von 1976, in denen die Unverletzlichkeit bestehender Grenzen garantiert wurde, die hat er, anders als so viele in seiner Fraktion, schon früh *»achten gelernt«*. Und groß war der Eindruck, den der Nationalstolz des polnischen Volks auf ihn machte. *»Die verstehen etwas von der Kirche und noch viel mehr von der Geschichte. ›Noch ist Polen nicht verloren‹ – so etwas haben die Deutschen nie gesungen.«* Ein andermal sagt er: *»Es war die stärkste Waffe der Polen, zu singen.«*

Der Kommunismus in den Warschauer-Pakt-Staaten, da hatte Kohl keinen Zweifel, wäre so schnell nicht zusammengebrochen, *»wenn die Polen nicht angefangen hätten, die Welt zu verändern«*. Diese Tugend des Neinsagens hat Helmut Kohl durchaus in historischen Dimensionen begriffen. Wenige Tage nach dem Mauerfall war er auf einem seit langem geplanten Staatsbesuch in Polen. Dicker Novembernebel, kein Flugverkehr möglich. Das Programm drohte aus den Fugen zu geraten. Der deutsche Kanzler aber bestand darauf, ersatzweise in nächtlicher Busfahrt ins niederschlesische Kreisau zu reisen, an den Ort, an dem sich einst rund um Helmuth James Graf von Moltke der Widerstand gegen Hitler formierte. Das polnische Protokoll riet dringlich ab von der strapaziösen Visite. Kohl jedoch ließ sich nicht abbringen von der Idee, gemeinsam mit Präsident Tadeusz Mazowiecki durch die Errichtung eines deutsch-polnischen Jugendwerks vor Ort eine Stätte der Verweigerung zu feiern. Für den rigiden Antikommunisten Kohl war die Opposition gegen Hitler letztlich gleichbedeutend mit der Erhebung der Solidarność gegen den unter Kriegsrecht regierenden polnischen General Wojciech Jaruzelski und Co. Beides galt es in Kreisau zu würdigen.

Konsequent hat der bekennende Europäer nicht nur in Polen die Kräfte der Regimegegner unterstützt. Eine der wohl eindrücklichsten Geschichten gilt einem frommen Quergeist aus Prag, dem greisen Kardinal František Tomášek, einer *»gewaltigen Gestalt. Der wurde von den Deutschen zwei Jahre ins KZ geworfen und bei den Kommunisten drei Jahre ins Arbeitslager. Ein und derselbe Mann!«* Der deutsche Bundeskanzler kennt seine Geschichte. Im Januar 1988 ist Kohl auf Staatsbesuch in der Tschechoslowakei. Der katholische Geistliche mit dem aufrechten Gang, in seinem Land zur Unperson erklärt, interessiert ihn mehr als alles andere. Er will ihn treffen, sehr zum Missfallen der amtierenden Repräsentanten des kommunistischen Staates, die ihn am Rollfeld erwarten. *»Den Namen des Ministerpräsidenten weiß ich nicht mehr.«* Der Anonymus ließ ihm damals bedeuten, dass der unbequeme Mann in Purpur unabkömmlich sei. Als die Kanzler-Maschine auf dem Flughafen gelandet ist, gibt Kohl dem Piloten klare Instruktion: *»Wenn ich nicht innerhalb einer Stunde Gewissheit habe, dass der Besuch beim Kardinal klappt, fliegen wir zurück. Das mache ich nicht mit.«* Und auf einmal war die Eminenz[38] verfügbar.

»Als wir dann zu ihm fuhren, mit einer Kolonne mit weißen Mäusen, wie sich das gehört, dreizehn Stück protokollarisch, stand der alte Mann da, das werde ich nie vergessen, hielt sich fest, weil er so gebrechlich war, und weinte wie ein kleines Kind.

Er umarmte mich und sagte dann in gutem Deutsch: ›Sie sind der erste westliche Staatsmann, der mich besucht.‹ Es stellte sich heraus, dass weder de Gaulle noch alle, die dort waren, ihn besucht hatten.« Und abends, im Touristenlokal Zum braven Soldaten Schwejk, hat Kohl der Staatsdelegation, die ihn in die historische Altstadt geführt hatte, reinen Wein, genauer: klares Urquell eingeschenkt: *»Ihr braucht uns ökonomisch. Aber solange es mich gibt, wird es gewiss nichts mit uns werden, wenn ihr den alten Tomášek so wie bisher behandelt.«*

Gewiss, seine Auftritte wirkten nicht immer gelenk; wenn Helmut Kohl sich am Diplomaten-Englisch versuchte, hat sich so mancher Kollege aus Europa in Grund und Boden geschämt, aber er hat gewichtige Spuren hinterlassen bei seinen Visiten im Ausland. »He made friends«, würden die Amerikaner sagen. Auf die Kunst, Verbündete zu gewinnen, hat sich kaum ein anderer Staatsmann der Gegenwart so virtuos verstanden. Das galt natürlich, mit Frankreich an vorderster Stelle, auch für die Beziehungen zu den Vereinigten Staaten.

Drei amerikanische Präsidenten hat Kohl in seiner Amtszeit erlebt, zwei davon waren ihm sehr nah. Ronald Reagan – diesen Schluss legen unsere Gespräche jedenfalls nah – schien Kohls eigenes Schicksal zu teilen: *»Ich bin der Meinung, dass Reagan total unterschätzt wurde. Alle hielten Reagan für einen trotteligen Mann, für einen Schauspieler.«* Auch Mitterrand *»hielt Reagan für einen Trottel«.* Die beiden mächtigen Spottfiguren, der eine als Cowboy, der andere als Birne verhöhnt, lernten einander bald schätzen.

Die erste Begegnung datiert aus einer Zeit, als die große politische Karriere noch vor ihnen lag: Anfang 1980 war der ehemalige Gouverneur Kaliforniens, einer von vier republikanischen Präsidentschaftskandidaten, im Vorfeld der Nominierung auf internationaler Promotiontour. Helmut Schmidt fand keine

Zeit, Oppositionsführer Kohl, der Neugierige, aber durchaus. »*Weil mich die Haltung der Bundesregierung ärgerte, gab ich ihm einen Termin. Dann war er viel länger als geplant bei mir, weil mich der Mann interessierte. Es fiel mir auf, dass er von Europa nichts wusste, aber dass er zuhören konnte. Er hat es mir niemals vergessen, dass ich Zeit für ihn hatte. Als er dann Präsident wurde, war das eine Eintrittskarte für mich.*«

Wieder einmal sollte Zwischenmenschliches maßgeblich die politischen Geschicke bestimmen. Helmut Kohl jedenfalls hat die öffentlich so gern beschworene, so oft auf die Probe gestellte deutsch-amerikanische Freundschaft auch als höchstpersönliche Verbindung begriffen. Am 20. Januar 1981 ziehen die Reagans ins Weiße Haus ein. Für Kohl, der noch über zwanzig Monate warten muss, bis er selbst an die Macht gelangen sollte, hat »*die demonstrative Verzagtheit der Amerikaner*« damit ein Ende. Der Mann aus dem Westen der USA war bekanntlich ein Freund unmissverständlicher Rede. »*Die einfachen Prinzipien des Ronald Reagan*« haben dem Pfälzer gefallen. Gerade einmal elf Worte benötigte der 40. Präsident der Vereinigten Staaten, um im Juni 1987 vor dem Brandenburger Tor sein deutschlandpolitisches Credo zu formulieren: »Mr. Gorbatschow, open this gate! Mr. Gorbatschow, tear down this wall!«

Die Mauer niederreißen, das Tor öffnen! In ähnlicher Direktheit, die dem Bundeskanzler imponierte, hat sich Reagan auch zur Frage der Nachrüstung geäußert: »*Im Umgang mit Breschnew hatte er recht. Er hat ihm einfach zu verstehen gegeben: ›Wenn du weiterrüstest, rüste ich auch. Und dann gehst du kaputt, weil du das wirtschaftlich nicht aushältst.*‹« So beglückend simpel kann die Welt funktionieren. Da sah Reagans Nachfolger die Welt ein wenig differenzierter: George H.W. Bush, der Alte, war »*kenntnisreich, ein richtiger amerikanischer Patriot, ein Herr und ein getreuer Freund: für die Deutschen und für mich ein*

Glücksfall!« Kurzum, als es um die deutsche Einheit ging und Margaret Thatcher und François Mitterrand zu wackeln begannen, da war auf den Präsidenten Verlass. Und wiederum schien dabei private Sympathie, die »Chemie«, von der Helmut Kohl so gerne sprach, nicht unentscheidend.

In unseren Memoirengesprächen kommt Kohl gleich viermal auf ein Gipfeltreffen aus dem Jahr 1988 zu sprechen. Margaret Thatcher, die ihm zeitlebens fremd blieb, hatte da in einem flammenden Plädoyer für die Stationierung von Kurzstreckenraketen mitten in Europa plädiert: »*Man müsse Mut haben, man dürfe nicht zurückweichen, so eine richtige Durchhalteparolen-Rede. Das war eine ziemliche Unverschämtheit.*« Die Stationierung von Mittel- und Langstreckenraketen hat Kohl entschieden befürwortet, nicht aber jene Flugkörper mit geringer Reichweite, die allein für die europäische Selbstauslöschung einsetzbar gewesen wären. »*Da habe ich dann sehr harsch unsere Position vertreten und ganz direkt zu ihr gesagt: ›Margaret, jetzt lassen wir mal den Bundeskanzler weg, jetzt sage ich etwas zu dir als Helmut Kohl.‹ Dann habe ich die Geschichte erzählt, dass mein Onkel gefallen sei, dass mein Bruder gefallen sei. Es war Totenstille. Dann hat George Bush [damals Vizepräsident unter Reagan] auf seine Tischkarte geschrieben: ›Helmut, a very fine speech‹, und mir das rübergeschickt.*« Diese kleine Geste hat die beiden Männer für den Rest ihres Lebens verbunden.

So gut wie unter der Präsidentschaft von George Bush, also in den Jahren von 1989 bis 1992, sind die deutsch-amerikanischen Beziehungen lange nicht mehr gewesen. Dazu passt, dass auch Barbara Bush und Hannelore Kohl »*ein Herz und eine Seele*« waren.

Das Verhältnis zu den Clintons schien dagegen ein wenig distanzierter; der Demokrat aus Arkansas hatte für den deutschen Kanzler zu wenig Ecken und Kanten, »*er schwamm im Main-*

stream«. Geradezu degoutant fand Kohl, dass der mächtigste Mann 1998, drei Jahre nach dem Massenmord von Srebrenica, so wenig zur Befriedung von Bosnien-Herzegowina beitragen konnte, weil »*Bill Clinton an diesem Schlüpfer herumgemacht hatte und sich die Welt nur für diesen Schlüpfer interessierte*«. Aber auch in der Lewinsky-Affäre hat sich der Kanzler wie ein Freund verhalten: »*Ich erinnere mich noch sehr genau an diese kritische Zeit im Zusammenhang mit der Praktikantin. Ich rief ihn regelmäßig ein- oder zweimal in der Woche an und sagte ihm: ›Ich habe dies und jenes gelesen, du musst das durchstehen.*‹« Das war menschliche Anteilnahme und ein strategischer Schachzug zugleich.

Mit Gesten wie dieser vermochte er auch in der Ära Clinton das transatlantische Verhältnis menschlich zu vertiefen. Irgendwann einmal haben sich die beiden ausführlich über ihre Mütter ausgetauscht, und das hatte durchaus Methode. Am 11. März 2002 jedenfalls erklärte Kohl: »*Wir müssen unbedingt schreiben, dass ein Gespräch mit Männern über Mütter einer der erfolgreichsten Schlüssel ist. Ich glaube, dass ein Gespräch über Mütter sehr viel aufschlussreicher ist als ein Gespräch über die eigenen Frauen. Da weiß man nie, wo man gerade hindappt. Bei dem Thema Mutter ist die Gefahr, sich zu vertun, sehr viel geringer, und man betreibt auch charakterlich eine andere Studie.*« Das grenzt ans Geniale und widerlegt einmal mehr das Zerrbild vom tumben Provinzler.

Helmut Kohls Instinktsicherheit, seine politische Weitsicht haben sich auch in den Monaten des NSA-Skandals noch einmal bewiesen. Anders als Angela Merkel hat er dem Mobilfunk schon immer misstraut: »*Mit dem Handy ist jede Diskretion unterwegs*«, klagt er im Rückblick auf die vielen EU-Gipfel. »*Es wird dauernd telefoniert. Ich erinnere mich an Szenen in der Herrentoilette, wo nahezu jeder, der dort stand, erst pinkelte und dann sein Handy bewegte.*« Da war Kohl vorsichtiger. Er wusste, dass er belauscht, ja abgehört wird. Seine Stasi-Unterlagen etwa, gegen deren Veröffentlichung er so unnachgiebig klagte, dokumentieren, dass selbst die Telefonanlage im Bundeskanzleramt vor den Stasi-Spitzeln nicht sicher war. Auch darum hat er im Jahr 2000 einen aufwendigen Prozess angestrengt, um Marianne Birthler und ihrer Stasi-Unterlagen-Behörde die geplante Freigabe der Akte Kohl zu untersagen. Er träumte ohnehin davon, den gesamten Mielke-Müll zu verschreddern: »*Ich hätte es am liebsten gehabt, die ganzen Akten wären in den Vesuv geworfen worden.*« Da ist es kaum anzunehmen, dass Kohl, wäre er Delegierter auf der Bundesversammlung gewesen, den peniblen Stasi-Aufklärer Joachim Gauck zum Staatsoberhaupt gewählt hätte.

Den Spionen indes, wer immer sie auf ihn angesetzt hatte, hat der Altkanzler gelegentlich ein Schnippchen geschlagen. »*Ich sage mir mit Fatalismus: Wenn es passiert, passiert es. Ich kann nicht Tag und Nacht sagen, ich werde abgehört. Primitiv wie ich bin, war mein Hauptmittel, was immer viel Heiterkeit erregte, einfach von einer Telefonzelle der Bundespost aus zu telefonieren. Der Spendenausschuss grübelte immer darüber, wenn die Leute Briefe schrieben, dass sie den Kohl gesehen hätten, wie er da und dort telefoniert hat. Ich habe nie einen Hehl daraus gemacht.*«

Dass all diese Geschichten nicht mehr in die *Erinnerungen* haben Einzug halten können, ist ein herber Verlust. Ich habe in den vergangenen Tagen nach langer Zeit einmal wieder in den Unterlagen für den vierten Band der Memoiren geblättert. Schon der inhaltliche Aufriss hatte es in sich: Die Koalitionsverhandlungen nach der gewonnenen Wahl 1994, die Biedenkopf-Denkschrift, das Ringen um den Euro, die Kabinettsdiskussionen über mögliche Auslandseinsätze der Bundeswehr, die Gesundheitsreform. Der Entschluss, 1998 noch einmal als Kandidat anzutreten. Am

Ende die erwartete Niederlage. Der Spendenskandal. Der Rücktritt vom Ehrenvorsitz. – Alles in allem ein gewaltiges, zeitgeschichtlich ungemein wichtiges Pensum. Vieles, ein gutes Drittel, ist bereits niedergeschrieben, darunter auch ein meinungsfreudiges Kapitel über die Macht- und Flügelkämpfe in der SPD und ein beklemmend genaues Porträt Wolfgang Schäubles, das plausibel erklärt, warum Kohl dem einstigen Freund aus Baden seine Nachfolge, die Kraft, das Tor nach Europa vollends aufzustoßen, nicht zutraute.

Dieser vierte Band hätte spätestens 2010 erscheinen können. Die schwere Erkrankung des Altkanzlers wäre kein nennenswertes Hindernis gewesen. Wir hatten alles besprochen. Sogar die letzte Seite der gewaltigen Rückschau war schon fixiert: Wo unser Werk denn enden solle, habe ich ihn im Januar 2002 gefragt. Bei der Bundestagswahl im kommenden Herbst? *»Nein, natürlich mit dem Tod meiner Frau. Wir können keine Memoiren machen ohne dieses tiefe, einschneidende Ereignis.«*

Hannelores Selbstmord aber wird, so wie die Dinge liegen, wohl niemals aus der Sicht Helmut Kohls beschrieben werden. Die Ursache hierfür hat er im Kellergespräch vom 9. Dezember 2001 in einer winzigen Andeutung benannt, deren Dimension sich mir erst Jahre später erschließen sollte. Der konkrete Anlass war wenig bedeutend. Wir sprachen über eine Personalrochade in Friedrich Zimmermanns Innenministerium. Da gab es noch Recherchebedarf. Das sei leicht zu klären, sprach der Altkanzler. Dann fiel der entscheidende Satz: *»Frau Richter sucht bereits.«* Sie sollte gründliche Arbeit leisten – wenn auch sicherlich nicht ganz ohne Zustimmung ihres Gatten.

Anhang

Anmerkungen

[1] Angesichts dieser Einschätzungen Angela Merkels erscheint Kohls (von ihm selbst verfasster?) Glückwunsch zum 60. Geburtstag der Kanzlerin, am 17. Juli 2014 exklusiv in *Bild* veröffentlicht, in durchaus anderem Licht. Immerhin hat er seinem »Mädchen«, dem er einst Benimmregeln beibrachte, weiterhin »Glück und Kraft, Zuversicht und Gottes Segen auf Ihrem weiteren Weg« gewünscht.

[2] Die Haftstrafe wurde zur Bewährung ausgesetzt. Ströbele bestreitet den Vorwurf strafbaren Verhaltens allerdings bis heute. Die ihm vorgeworfene Unterstützungshandlung der Teilnahme an einem Informationssystem der RAF erklärte er stets damit, dass sie nur seiner Aufgabe als Verteidiger der damaligen Angeklagten gedient habe.

[3] Helmut Kohl erzählt diese Geschichte zweimal und datiert sie unterschiedlich. Beim Treffen am 8. August 2001 erinnert er sich, er habe die Daimler-Benz-Spende für den Landtagswahlkampf 1971 erbeten. Am 19. Januar 2002 spricht er vom Wahlkampf 1975. Diese Version scheint in der Tat plausibler, da der beidesmal erwähnte Vorstandsvorsitzende Zahn erst nach der rheinland-pfälzischen Landtagswahl vom 21. März 1971 ins Amt kam.

[4] Hier hat sich Kohl verrechnet. Friedrich Zimmermann war insgesamt neun Jahre als Bonner Minister im Amt. Von

1982 bis 1989 als Bundesminister des Inneren. Danach zwei weitere Jahre als Bundesminister für Verkehr.

5 Ob Geißler nun in einem Büro des Adenauer-Hauses oder im »Langen Eugen« genächtigt hat, geht aus Kohls Schilderung nicht eindeutig hervor. Die Frage scheint müßig. Hier interessiert allein Helmut Kohls Charakterisierung Geißlers.

6 Zur zeitgeschichtlichen Einordnung: Lothar de Maizière war vom 12. April bis zum 2. Oktober 1990 als letzter Ministerpräsident der DDR im Amt. Wolfgang Berghofer war von 1986 bis 1990 Oberbürgermeister von Dresden. Dort sprach Helmut Kohl am 19. Dezember 1989 vor der Ruine der Frauenkirche.

7 Franz-Josef Röder war von 1959 bis 1979 saarländischer Ministerpräsident und von 1959 bis 1973 Landesvorsitzender der CDU Saar.

8 Kohls Bemerkung zielt auf den bis Ende 2003 amtierenden Willi Hausmann.

9 Hier irrt Kohl: Der ehemalige CDU-Schatzmeister Walther Leisler Kiep hatte im *Spiegel* vom 28. April 2001 eingeräumt, seit 1992 Gelder in Höhe von über 600 000 D-Mark, deren Herkunft nicht mehr zu verifizieren, die aber möglicherweise für seine Partei bestimmt gewesen seien, auf seinem Privatkonto geparkt zu haben. Um die Sache aus der Welt zu schaffen, habe er, Zinsen eingerechnet, eine Million D-Mark an die CDU zurücküberwiesen.

10 Kohl meint das Massaker auf Pekings Platz des Himmlischen Friedens im Juni 1989. Damals forderten Zehntausende Chinesen mehr demokratische Rechte in ihrer Volksrepublik. Rund 3000 Demonstranten haben ihren Ungehorsam mit ihrem Leben bezahlt. Wäre Joschka Fischer unter den Protestlern gewesen, hätte ihm dies gewiss zur Ehre gereicht.

11 Der Umstand, dass die Protestantin Hannelore Kohl ganz selbstverständlich nach katholischem Ritus in Kohls Lieblingsdom begraben wurde, sorgte für Verwunderung. Die Kohl-Biographen Noack und Bickerich sprechen von »einer dreisten Vereinnahmung, die abermals die Gemüter erregt. ›Nicht einmal im Tod‹, klagt im Hamburger *Stern* mit der Leserbriefschreiberin Barbara Scheel sogar die Frau eines früheren Bundespräsidenten, ›durfte sie aus dem Schatten des Macht- und Ich-Menschen heraustreten.‹« Noack/Bickerich, a.a.O., Seite 282 f.

12 Auch Peter Kohl, der jüngere Sohn, erwähnt im Vorwort zu seiner mit Dona Kujacinski verfassten Erinnerung an Hannelore Kohl, dass sein Bruder und er »mit den Vorbereitungen der Trauerfeier im Speyerer Dom und dem Begräbnis auf dem Friesenheimer Friedhof alle Hände voll zu tun« hatten. Den heftigen Streit mit dem Vater allerdings klammert er aus.

13 Genaugenommen hat sie der evangelischen Kirche schon lange nicht mehr angehört und auch keine Kirchensteuer bezahlt. Der Vater Wilhelm Renner ist am 19. September 1940 mit seiner Familie aus der Kirche ausgetreten.

14 Der Ausdruck »Zonenflüchtling« ist nicht ganz genau. Mutter und Tochter – Irene und Hannelore Renner – haben das sächsische Döbeln im Mai 1945 verlassen. Die Sowjetische Militäradministration mit Sitz in Berlin-Karlshorst, oberste Behörde der sowjetischen Besatzungszone, wurde erst wenige Wochen später, am 9. Juni 1945, installiert.

15 So Hannelore Kohl im persönlichen Gespräch. Vgl. Heribert Schwan: *Die Frau an seiner Seite. Leben und Leiden der Hannelore Kohl,* a.a.O. Seite 54 ff.

16 Der CSU-Vorsitzende Strauß hat sein Jagd-Examen offenkundig unter anfechtbaren Umständen abgelegt. Genüsslich

zitiert der *Spiegel* (30/1964) einen niedersächsischen Forst-
meister im Ruhestand: »Die sind da doch bloß zum Schieß-
stand gegangen, haben einmal Bum-Bum gemacht, und
dann hat der Strauß sein Zeugnis bekommen.«

[17] Am 19. November 1962 waren im Zuge der *Spiegel*-Affäre
die fünf FDP-Bundesminister im vierten Kabinett Adenauer
von ihren Ämtern zurückgetreten, aus Protest gegen Strauß,
der daraufhin seinerseits am 30. November nicht eben frei-
willig als Verteidigungsminister demissionieren musste. Erst
daraufhin traten die Freien Demokraten wieder in die Regierung ein.

[18] Den genialen Begriff »bis zur Kenntlichkeit entstellt« verdanken die Autoren dem Denker Ernst Bloch, der nicht zuletzt aufgrund des Einsatzes von Helmut Kohl, vieler Wider-
stände zum Trotz, im Juni 1970 Ehrenbürger seiner
Heimatstadt Ludwigshafen werden konnte.

[19] Bei der CDU-Kandidatenkür 1969, erinnert sich Kohl im
Gespräch vom 2. April 2001, *»war auch einmal die Rede
von Weizsäcker, aber das war keine ernsthafte Sache, da
Schröder der starke Kandidat für die Union war«.*

[20] Hier vertut sich Kohl. Carstens trat früher als Scheel, nämlich 1940, der NSDAP bei. Scheel erst ein oder gar erst zwei
Jahre später, also 1941 oder 1942.

[21] Die von Kohl genannte Zahl freilich ist deutlich zu hoch.
Der Höchststand des Besucherstroms war 1987 mit rund
1,3 Millionen genehmigten Anträgen erreicht. Danach
handelten die DDR-Behörden wieder eher restriktiv. Siehe dazu: Hertle, Hans-Hermann: *Chronik des Mauerfalls,*
a.a.O.

[22] Die Verachtung für den sozialdemokratischen Politiker
Wolfgang Thierse scheint bei den Gesprächen immer wieder auf. Die eigentliche Ursache hierfür scheint allerdings

weniger in dessen bürgerrechtlichem Engagement zu liegen. Thierse war Präsident des Deutschen Bundestages, als 1999/2000 die CDU-Spendenaffäre publik wurde. Er war es, der qua Amt Strafzahlungen in zweistelliger Millionenhöhe über die Partei verhängte und Kohl öffentlich zur Nennung der Spendernamen aufgefordert hatte.

23 Das Zitat und die Details der Geldflüsse sind auf den Seiten 572 f. in der Kohl-Biographie von Hans-Peter Schwarz dokumentiert.

24 Hier allerdings vergröbert der Historiker Kohl die tatsächliche Chronologie der Ereignisse, zumindest ein wenig. Der Erste Weltkrieg ging nicht am 9. November 1918 zu Ende, sondern erst zwei Tage später.

25 Den wohl spektakulärsten Fall haben Friedrich Küppersbusch und Oliver Becker in ihrer lesenswerten Buchdokumentation *Lebenslänglich Todesstrafe* beschrieben: die Geschichte der Doppelmörderin Irma K., die 1947 zum Tode verurteilt wurde. Ihre Exekution war schon terminiert, als im Mai 1949 das Bonner Grundgesetz verabschiedet wurde, das die Todesstrafe abschaffte. Die 29jährige Irma K. entkam der Guillotine nur um wenige Tage. Danach hatte sie im Zuchthaus eine lebenslange Haftstrafe abzusitzen. Helmut Kohl, »der junge Milde«, wie die Autoren schreiben, gewährte Gnade und verfügte 1970 ihre Freilassung.

26 Am 30. November 1974 hatten bis heute unbekannte Täter auf den auf seinem Kronberger Anwesen saunierenden Bundesschatzmeister der CDU geschossen. Walther Leisler Kiep sagte bei der Polizei aus, er sei dem Anschlag nur um Haaresbreite entkommen. Kohl hegt in den Interviews mehrfach Zweifel an dieser Version und hat den Verdacht, Kiep habe selbst auf die Tür seiner Sauna geschossen, um künftig augenfällig bewacht zu werden.

²⁷ Es oblag Heribert Schwan, Kohls vage Andeutungen auf ihre Richtigkeit zu überprüfen. Er hat Schumachers Äußerungen ausfindig gemacht, richtig datiert und im zweiten Band der Autobiographie, Seite 352 f., dokumentiert. Auch dies widerspricht der Version der Anwälte des Altkanzlers im Streit um die Protokolle, Ghostwriter Schwan sei letztlich ein austauschbarer Adlatus gewesen.

²⁸ Hans Küng erklärte etwa dem *Spiegel* (51/1999), die CDU-Spendenaffäre hätte auch ihr Gutes, weil die öffentliche Empörung zeige, »dass solche Skandale weniger denn je hingenommen werden und auch dem mächtigsten Politiker gefährlich werden können«. Das hat Helmut Kohl mit gutem Grund auf sich gemünzt.

²⁹ Diese Sternstunde in der Kunst des politischen Zwiegesprächs ist im *Spiegel* 49/1986 nachzuverfolgen.

³⁰ Die vermutlich genaueste Zusammenfassung der Affäre Waldheim findet sich in der Studie von Ruth Wodak u.a: *»Wir sind alle unschuldige Täter«*, Frankfurt/M., 1990.

³¹ Der für Kohl so folgenreiche Text, erschienen im *Zeit-Magazin* 35/1976, wurde leider, wie alle anderen Artikel der legendären, längst eingestellten Tiefdruckbeilage, niemals online gestellt, auch nicht in Gänze an anderer Stelle abgedruckt und ist nur noch in Bibliotheken einzusehen.

³² Im Wahlkampf 1965 hatte Kanzler Ludwig Erhard die 25 Schriftsteller von Heinrich Böll bis Peter Weiss, die in einem gemeinsamen Manifest den politischen Machtwechsel, »eine neue Regierung« gefordert hatten, mit legendären Worten gegeißelt: »Hier hört der Dichter auf, hier fängt der ganz kleine Pinscher an.« Martin Walser, einer der Mitunterzeichner, konterte im Umkehrschluss: »Da hört der Kanzler auf, da fängt der ganz kleine Erhard an.«

33 Hans Bausch, SDR-Intendant von 1958 bis 1989, der Schwippschwager des früheren Bundesfamilienministers und CDU-Generalsekretärs Bruno Heck, entwickelte freilich, je länger seine Amtszeit andauerte, ein zunehmend parteiunabhängiges Profil.

34 Die Formulierung »Als ich das ZDF verließ« scheint bezeichnend. Hat Kohl sich in gewisser Weise als führender Mitarbeiter des Senders verstanden? Er wird das Ende seiner Tätigkeit als Vorsitzender des Verwaltungsrats meinen. Und die währte bis zum Dezember 1978.

35 In seinen Erinnerungen *Mein Leben mit dem ZDF* widmet Stolte der Causa Herles ein eigenes Kapitel und weist jeden Verdacht einer Intervention zurück: »Als Intendant lasse ich mir weder von außerhalb noch von innen auf der Nase herumtanzen.« Diese Selbsteinschätzung dürfte nach Kohls Eingeständnis kaum aufrechtzuerhalten sein.

36 Sabine Zurmühl: *Das Leben, dieser Augenblick. Die Biografie der Maxie Wander.* Henschel Verlag, Berlin, 2001.

37 Maxie Wander: *Tagebücher und Briefe.* In der DDR 1979 im Buchverlag Der Morgen erschienen, in der Bundesrepublik ein Jahr später im Luchterhand Verlag unter dem Titel *Leben wär' eine prima Alternative.*

38 Der Mähre František Kardinal Tomášek, 1899-1992, war seit Ende 1977 Erzbischof von Prag.

Literaturverzeichnis

Autorenkollektiv: *Strauß – Nein Danke! Sonthofener Rede u. Anti-DGB-Papier im Wortlaut.* Verlag J. Reents, Hamburg, 1979.

Barzel, Rainer: *Ein gewagtes Leben. Erinnerungen.* Hohenheim Verlag, Stuttgart, Leipzig, 2001.

Barzel, Rainer (im Gespräch mit Günther Scholz): *So nicht! Für eine bessere Politik in Deutschland.* Econ Taschenbuch Verlag, Düsseldorf u. Wien, 1994.

Baumeister, Brigitte mit Brück, Dietmar: *Welchen Preis hat die Macht? Eine Frau zwischen Kohl und Schäuble. Die Ex-Schatzmeisterin und die schwarzen Kassen der CDU.* Heyne Verlag, München, 2004.

Biedenkopf, Kurt: *1989-1990. Ein deutsches Tagebuch.* Siedler Verlag, Berlin, 2000.

Bovenschen, Silvia/Beckmann, Juliane (Hrsg.): *Von der Freundschaft. Ein Lesebuch.* Fischer Taschenbuch Verlag, Frankfurt/M., 2009.

Bredthauer, Karl D. (Hrsg.): *Kandidat Strauß. Dokumente und Analysen.* (Hefte zu politischen Gegenwartsfragen 40). Pahl-Rugenstein Verlag, Köln, 1979.

Clough, Patricia: *Helmut Kohl. Ein Porträt der Macht.* Deutscher Taschenbuch Verlag, München, 1998.

Degler, Frank u. Kufeld, Klaus (Hrsg.): *Bloch-Almanach 29/2010.* Daraus: »40 Jahre Ehrenbürgerschaft Ernst Bloch. Protokoll der öffentlichen Stadtrats-Sitzung der Stadt Ludwigshafen am Rhein am 8. Juni 1970«. Talheimer Verlag, Mössingen, 2010.

Eisel, Stephan: *Helmut Kohl. Nahaufnahme.* Bouvier Verlag, Bonn, 2010.

Filmer, Werner/Schwan, Heribert: *Helmut Kohl.* Econ Verlag, Düsseldorf, Wien, New York, 1991.

Filmer, Werner/Schwan, Heribert: *Norbert Blüm.* Econ Verlag, Düsseldorf, Wien, New York, 1990.

Filmer, Werner/Schwan, Heribert (Hrsg.): *Richard von Weizsäcker. Profile eines Mannes.* Econ Verlag, Düsseldorf u. Wien, 1984.

Filmer, Werner/Schwan, Heribert: *Wolfgang Schäuble. Politik als Lebensaufgabe.* Goldmann Verlag, München, 1992.

Geißler, Heiner: *Heiner Geißler im Gespräch mit Gunter Hofmann und Werner A. Perger.* Eichborn Verlag, Frankfurt/M., 1993.

Geißler, Heiner: *Zeit, das Visier zu öffnen.* Verlag Kiepenheuer & Witsch, Köln, 1998.

Genscher, Hans-Dietrich: *Erinnerungen.* Siedler Verlag, Berlin, 1995.

Goetz, John/Neumann, Conny/Schröm, Oliver: *Allein gegen Kohl, Kiep & Co. Die Geschichte einer unerwünschten Ermittlung.* Ch. Links Verlag, Berlin, 2000.

Heinemann, Gustav W.: *Präsidiale Reden,* hrsg. von Theodor Eschenburg, Suhrkamp Verlag, Frankfurt/M., 1975.

Henscheid, Eckhard: *Helmut Kohl. Biographie einer Jugend.* Haffmanns Verlag, Zürich, 1985.

Hermann, Frank: *Helmut Kohl. Vom Kurfürst zum Kanzler. Person, Politik, Programm.* Verlag Bonn Aktuell, Stuttgart, 1976.

Hertle, Hans-Hermann: *Chronik des Mauerfalls. Die dramatischen Ereignisse um den 9. November 1989.* Ch. Links Verlag, Berlin, 2009.

Herwig, Malte: *Die Flakhelfer. Wie aus Hitlers jüngsten Parteimitgliedern Deutschlands führende Demokraten wurden.* Deutsche Verlags-Anstalt, München, 2013.

Höhler, Gertrud: *Spielregeln für Sieger.* Econ Verlag, Düsseldorf, Wien, New York u. Moskau, 1992.

Hofmann, Klaus: *Helmut Kohl. Kanzler des Vertrauens. Eine politische Biographie.* Verlag Bonn Aktuell, Stuttgart, 1985.

Knorr, Peter/Traxler, Hans: *Birne. Das Buch zum Kanzler.* Zweitausendeins, Frankfurt/M., 1983.

Kohl, Hannelore: *Was Journalisten »anrichten«.* Pfälzische Verlagsanstalt, Landau, 1989.

Kohl, Helmut: *Erinnerungen. 1930–1982.* Droemer Verlag, München, 2004.

Kohl, Helmut: *Erinnerungen. 1982–1990.* Droemer Verlag, München, 2005.

Kohl, Helmut: *Erinnerungen. 1990–1994.* Droemer Verlag, München, 2007.

Kohl, Helmut: *Ich wollte Deutschlands Einheit.* Dargestellt von Kai Diekmann und Ralf Georg Reuth. Propyläen Verlag, Berlin, 1996.

Kohl, Helmut: *Mein Tagebuch.* Droemer Verlag, München, 2000.

Kohl, Walter: *Leben oder gelebt werden. Schritte auf dem Weg zur Versöhnung.* Integral Verlag, München, 2011.

Kuby, Erich: *Franz Josef Strauß. Ein Typus unserer Zeit.* Verlag Kurt Desch, München, Wien, Basel, 1963.

Küppersbusch, Friedrich/Becker, Oliver: *Lebenslänglich Todesstrafe. Deutschlands letzte Todeskandidatin.* Konkret Literatur Verlag, Hamburg, 2000.

Kujacinski, Dona/Kohl, Peter: *Hannelore Kohl. Ihr Leben.* Knaur Taschenbuch Verlag, München, 2013.

Leinemann, Jürgen: *Helmut Kohl. Die Inszenierung einer Karriere.* Aufbau Taschenbuch Verlag, Berlin, 1998.

Leisler Kiep, Walther: *Brücken meines Lebens. Die Erinnerungen.* F.A. Herbig Verlagsbuchhandlung, München, 2006.

Leisler Kiep, Walther: *Was bleibt, ist große Zuversicht. Erfahrungen eines Unabhängigen. Ein politisches Tagebuch.* Philo Verlagsgesellschaft, Berlin, Wien, 1999.

Leyendecker, Hans/Prantl, Heribert/Stiller, Michael: *Helmut Kohl, die Macht und das Geld.* Steidl Verlag, Göttingen, 2000.

Michel, Karl Markus u. Spengler, Tilman (Hrsg.): *Kursbuch 71. Berichte zur Lage der Nation.* Rotbuch Verlag, Berlin, 1983.

Noack, Hans-Joachim/Bickerich, Wolfram: *Helmut Kohl. Die Biographie.* Rowohlt Verlag, Berlin, 2010.

Prinzing, Marlis: *Lothar Späth. Wandlungen eines Ratlosen.* Mit einem Vorwort von Theo Sommer. Orell Füssli Verlag, Zürich, 2006.

Rathje, Klaus/Sacht, Jürgen: *Das kleine Helmut Kohl Lexikon.* Schwarzkopf & Schwarzkopf, Berlin 2002.

Rüther, Tobias: *Männerfreundschaft: Ein Abenteuer.* Rowohlt Verlag, Berlin, 2013.

Schadt, Thomas: *Das Gefühl des Augenblicks. Zur Dramaturgie des Dokumentarfilms.* UVK Verlagsgesellschaft, Konstanz, 2012.

Schäuble, Wolfgang: *Mitten im Leben.* C. Bertelsmann Verlag, München, 2000.

Schwan, Heribert: *Die Frau an seiner Seite. Leben und Leiden der Hannelore Kohl.* Heyne Verlag, München, 2011.

Schwan, Heribert/Steininger, Rolf: *Die Bonner Republik 1949-1998.* Propyläen Verlag, Berlin, 2009.

Schwan, Heribert/Steininger, Rolf: *Helmut Kohl. Virtuose der Macht.* Artemis & Winkler Verlag, Mannheim, 2010.

Schwarz, Hans-Peter: *Helmut Kohl. Eine politische Biographie.* Deutsche Verlags-Anstalt, München, 2012.

Stolte, Dieter: *Mein Leben mit dem ZDF: Geschichte und Geschichten.* Nicolai Verlag, Berlin, 2012.

Strauß, Franz Josef: *Die Erinnerungen.* Wolf Jobst Siedler Verlag, Berlin, 1989.

Süssmuth, Rita: *Wer nicht kämpft, hat schon verloren. Meine Erfahrungen in der Politik.* Econ Verlag, München, 2000.

Urban, Ulf: *Rita Süssmuth. Affären und Skandale.* Bonus Verlag, Selent, 2001.

Wagenbach, Klaus/Sichtermann, Barbara/v. Berenberg, Heinrich (Hrsg.): *Freibeuter 77: Das Ende der Ära Kohl – Eine Schadensaufnahme.* Wagenbach Verlag, Berlin, 1998.

Weizsäcker, Richard von: *Richard von Weizsäcker im Gespräch mit Gunter Hofmann und Werner A. Perger.* Eichborn Verlag, Frankfurt/M., 1992.

Weizsäcker, Richard von: *Vier Zeiten. Erinnerungen.* Pantheon Verlag, München, 2010.

Weizsäcker, Richard von/Kohl, Helmut: *Nachdenken über unsere Geschichte. Reden zum vierzigsten Jahrestag des 8. Mai 1945.* In der Schriftenreihe»Berichte und Dokumentationen« der Bundesregierung, Bonn, 1986.

Wette, Wolfram (Hrsg.): *Filbinger – eine deutsche Karriere.* zu Klampen Verlag, Springe, 2006.

Wiedemeyer, Wolfgang: *Helmut Kohl. Porträt eines deutschen Politikers. Eine biographische Dokumentation.* Osang Verlag, Bad Honnef, 1975.

Wodak, Ruth/Nowak, Peter/Pelikan, Johanna/Gruber, Helmut/de Cillia, Rudolf/Mitten, Richard: *»Wir sind alle unschuldige Täter«,* Suhrkamp Taschenbuch Verlag, Frankfurt/M., 1990.

Zach, Manfred: *Monrepos oder Die Kälte der Macht.* Rowohlt Taschenbuch Verlag, Reinbek bei Hamburg, 1997.

Zimmermann, Friedrich: *Kabinettstücke. Politik mit Strauß und Kohl.* Ullstein Verlag, Frankfurt/M., Berlin, 1994.

Register

Abelein, Manfred 84
Ackermann, Eduard 26, 196
Adenauer, Konrad 32, 47, 83, 101, 122, 159, 161, 206, 215
Albertz, Heinrich 193
Albrecht, Ernst 85 f.
Altmeier, Peter 190
Andreotti, Giulio 136
Antall, József 130
Arafat, Jassir 49
Augstein, Rudolf 207

Bahr, Egon 116
Barzel, Rainer Candidus 24, 99 ff., 104
BASF 22 f., 75, 104, 125
Bastian, Gert 193
Bausch, Hans 212
Bayerischer Rundfunk 212
Beitz, Bertold 131
Bergen-Belsen, KZ 77 f., 80 f., 197
Berghofer, Wolfgang 95
Bergsdorf, Wolfgang 213
Bernhard, Prinz der Niederlande 132
Biedenkopf, Ingrid 93
Biedenkopf, Kurt 26, 34, 66, 70, 92 ff., 148, 170, 173, 233

Birthler, Marianne 70, 233
Bismarck, Johanna von 129
Bismarck, Otto von 32, 129, 137
Bissinger, Manfred 211
Bitburg, Soldatenfriedhof 48, 80, 82, 197, 201, 208
Bloch, Ernst 205, 210
Blüm, Norbert 22, 70, 85, 89, 92, 98, 102, 138, 187
Blum, Robert 181
Boenisch, Peter 26, 81, 212
Böll, Heinrich 193, 206
Brandt, Rut 119, 122
Brandt, Willy 24, 43, 47, 73 f., 99, 107 f., 117 ff., 131, 174, 193, 211
Brauchitsch, Eberhard von 63 f.
Brecht, Bertolt 76
Bremer Parteitag (1989) 66 f., 86, 89 f., 92, 94, 96, 104, 167, 215
Breschnew, Leonid 132, 188, 230
Bronfman, Edgar 197 f.
Brügge, Peter 186 f.
Bubis, Ignatz 77
Bundeskriminalamt (BKA) 189
Bundesnachrichtendienst (BND) 143, 188

Bush, Barbara 231
Bush, George H. W. 49, 179, 230 f.

Carstens, Karl 163 ff.
Charles, Prince of Wales 184
Chruschtschow, Nikita 32
Clinton, Bill 231 f.
Clinton, Hillary 231
Comecon 177
Cunz, Karl 26

Daimler-Benz 61, 63, 141
Däubler-Gmelin, Herta 109
Deidesheimer Hof 42
Delors, Jacques 136
Deutsche Bank 152, 179, 187
Deutscher Gewerkschaftsbund
   (DGB) 187
Diana, Princess of Wales 183
Diekmann, Kai 173
Document Center 146
Döpfner, Julius 135
Dresdner Bank 179

Eisel, Stephan 81
Erhard, Ludwig 209
Erhard, Luise 122
Ertl, Josef 115 f.
Europäische Verteidigungs-
   gemeinschaft 161
Everding, August 106
Eyadéma, Gnassingbé 143

Filbinger, Hans Karl 61, 94, 199 f.
Filmer, Werner 25 f.
Fischer, Joschka 112 f.
Flick, Friedrich Karl 63
Flick-Affäre 21, 25, 48, 63 f., 100,
   104, 145, 211
Frank, Anne 80

Friedensbewegung 171, 193
Friedensnobelpreis 117, 131
Friedrich der Große 214 f.
Friedrichs, Hanns-Joachim 24
Funcke, Liselotte 116

Gaddum, Johann Wilhelm 26, 136
Gauck, Joachim 233
Gaulle, Charles de 229
Geißler, Heiner 19, 30, 34, 66, 70,
   85, 90 ff., 94, 97 f., 138, 150,
   215
Genscher, Hans-Dietrich 19, 77,
   94, 105, 115, 137, 143–147,
   180, 183, 213
Gerstenmaier, Eugen 51, 83
Goebbels, Joseph 152, 224
Goethe, Johann Wolfgang von 206
González, Felipe 119, 136
Gorbatschow, Michail 19, 49, 91,
   152 ff., 177 ff., 224, 230
Gorbatschowa, Raissa 32, 154, 224
Grass, Günter 206, 209
Gröning, Philip 216
Gruhl, Herbert 114
Gscheidle, Kurt 42
Guillaume, Günter 118
Gysi, Gregor 107

Habermas, Jürgen 197
Hamburg-Amerika-Linie Louis
   Leisler Kiep 104
Hamm-Brücher, Hildegard 116
Hammer, Dorothea 17
Hannelore-Kohl-Stiftung 27, 44,
   64, 122, 128, 131
HASAG 126
Haschke, Gottfried 84
Hausner, Gideon 80
Havel, Václav 136

Heck, Bruno 97
Heereman, Freiherr Constantin
    von 85
Hegel, Georg Wilhelm
    Friedrich 135
Heinemann, Gustav 20, 131,
    160 ff., 185, 187
Heitmann, Steffen 170 f.
Henscheid, Eckhard 72
Herles, Wolfgang 214 f.
Hermes, Thomas 15
Herrhausen, Alfred 136
Herwig, Malte 146
Herzog, Roman 98, 136, 169 ff.
Heuss, Theodor 23, 115, 159
Hildebrandt, Dieter 73, 183
Hilf, Willibald 211, 216
Himmler, Heinrich 192
Hirsch, Burkhard 34, 116
Hitler, Adolf 80, 193 f., 227 f.
Hitler-Ludendorff-Putsch 181
Hochhuth, Rolf 194
Höffner, Joseph 141
Hofmann, Nico 56
Hohlweck, Martin 17
Höhn, Bärbel 113
Hölderlin, Friedrich 135 f., 155, 206
Hölderlin, Karl 135
Holthoff-Pförtner, Kanzlei 15
Honecker, Erich 174 ff., 211

Jagoda, Bernhard 85
Jaruzelski, Wojciech 228
Jelzin, Boris 132, 154 f.
Jenoptik 96
Jens, Walter 192
Johannes Paul II., Papst 194
Johannes XXIII., Papst 170
Jüdischer Weltkongress (WJC)
    197 ff.

Kelly, Petra 113, 193
Kempowski, Walter 205 ff., 209,
    225
Kiechle, Ignaz 116, 140
Kiep, Walther Leisler 29 f., 85,
    103 ff., 138, 140, 167, 189
Kiesinger, Kurt Georg 24, 46, 136
Kiesinger, Marie-Luise 122
Kießling, Günter 48, 196
Kinkel, Klaus 188
Kirch, Leo 25, 104, 136, 141
Kissinger, Henry 136
Klarsfeld, Beate 46
Kluge, Alexander 152
Kogon, Eugen 225
Kohl, Hannelore 21 ff., 27, 31, 33,
    37 f., 43 ff., 50 f., 54, 63 f., 70 ff.,
    82, 90, 121–134, 146, 153, 162,
    171, 194, 201, 231, 234
Kohl, Hans 40
Kohl, Peter 22, 123, 216
Kohl, Walter (Bruder) 147, 191
Kohl, Walter (Sohn) 123
Köhler, Kristina 99
Kohl-Richter, Maike (geb. Richter)
    16, 22, 50 ff., 54–58, 222, 234
Kok, Wim 136
Kollwitz, Käthe 208
Kolmeshöhe, Soldatenfriedhof
    197
Konrad-Adenauer-Stiftung 32
Korruption 61–64, 213 f.
Kreuther Beschluss 122, 137, 140
Kuhbier, Ingrid 93
Küng, Hans 194 f.

Lafontaine, Oskar 107 f., 193
Lambsdorff, Otto von 63, 116 f.
Landgericht Berlin 34
Landgericht Köln 15 f.

Laurien, Hanna-Renate 98 f.
Leber, Georg 108 f.
Lehmann, Karl 135
Leinemann, Jürgen 68
Lenz, Siegfried 152, 206
Lewinsky, Monica 232
Leyendecker, Hans 68, 211
Leysen, André 136
Liebknecht, Karl 181
Lübke, Heinrich 159 f.
Ludendorff, Erich 181
Luther, Martin 194

Maischberger, Sandra 89
Maizière, Lothar de 94
Major, John 87
Mandela, Nelson 143
Mazowiecki, Tadeusz 228
Mehdorn, Hartmut 182
Meir, Golda 206
Meisner, Joachim 194
Merkel, Angela 20, 22, 34, 37, 85, 99, 103, 151, 232
Mertes, Heinz Klaus 26
Merz, Friedrich 22
Meyer-Werft 64
Michels, Reinhold 221
Mielke, Erich 160, 233
Militärischer Abschirmdienst (MAD) 108
Mischnick, Wolfgang 115
Mittag, Günter 175
Mitterrand, François 117, 130, 174, 209, 226, 229, 231
Möller, Alex 107
Moltke, Helmuth James Graf von 227
Momper, Walter 109, 174
Müller, Peter 102 f.
Müntefering, Franz 34, 109

Nannen, Henri 207
Nationalsozialismus 77 f., 101, 126, 192 ff., 199
Nato 179, 224
– Doppelbeschluss 129, 164 f., 230
Naumann, Michael 109
Nayhauß, Mainhardt Graf von 211
Németh, Miklós 66 f.
Neudeck, Rupert 52
Neue Wache 208 f.
Nickels, Christa 113
Niemöller, Martin 192
Nixon, Richard 186
Noelle-Neumann, Elisabeth 131
Nolte, Hubertus 17
Norddeutscher Rundfunk 213
Nowottny, Friedrich 212
NSA 232
NSDAP 126, 146, 163

Oberlandesgericht (OLG) Köln 16 f.
Oder-Neiße-Grenze 116, 168 f., 227
Ohnesorg, Benno 43
Orbán, Viktor 32
Ost, Friedhelm 152, 212

Pahlavi, Mohammad Reza, Schah von Persien 162
Paul VI., Papst 194
Philip, Duke of Edinburgh 184
Pius XII., Papst 194
Putin, Wladimir 109
Radio Bremen 213
Ramstetter, Erich 135
Rau, Johannes 34, 73, 171
Reagan, Ronald 49, 80, 201, 229 ff.
Renner, Irene 43

Renner, Wilhelm 44, 126
Reuß, Josef Maria 194
Reuth, Ralf Georg 173
Richter, Maike siehe Kohl-Richter,
   Maike
Röder, Franz-Josef 102
Rönsch, Hannelore 86
Rotes Kreuz 152
Rühe, Volker 85 f.
Rüttgers, Jürgen 85

Sartre, Jean-Paul 225
Schächter, Markus 98 f.
Schadt, Thomas 56 f.
Schaller, Theodor 135
Scharnagl, Wilfried 142
Scharping, Rudolf 110
Schäuble, Wolfgang 35, 37 ff., 73,
   111 f., 145, 147–151, 234
Scheel, Mildred 163
Scheel, Walter 24, 116, 163
Schelling, Friedrich Wilhelm
   Joseph 135
Schleyer, Hanns Martin 61, 136,
   189
Schmich, Günther 26
Schmidt, Helmut 23 f., 42, 74 f.,
   94, 104, 107 f., 137, 145, 159,
   205, 229
Schmidt, Loki 122
Schnur, Josef 19
Schönhuber, Franz 66
Schreckenberger, Waldemar 186
Schreiber, Karlheinz 30, 150
Schröder, Gerhard (CDU) 161
Schröder, Gerhard (SPD) 27 f., 35,
   50, 73, 109 ff., 123, 149, 173,
   201
Schröder, Kristina (geb. Köhler) 99
Schumacher, Kurt 192

Schwarzmüller, Theo 40, 43, 224
Seebacher-Brandt, Brigitte 119
Seeber, Ecki 38, 40, 51
Seeber, Hilde 41, 51, 70, 125
SFB 213
Siedler, Wolf Jobst 142
Sokrates 24
Späth, Lothar 22, 66 f., 94 ff., 194
Spendenaffäre 20 ff., 25, 30 f.,
   33 ff., 37 f., 45, 48, 50, 63, 68,
   71, 76, 84, 100 ff., 105, 109,
   113, 117, 128 f.. 146 f., 149 ff.,
   173, 195, 201, 233 f.
Spiegel 76, 95, 103, 128, 197, 207,
   213, 224
   – Affäre 143
Springer, Axel Cäsar 137, 158 f.,
   172
Staatsanwaltschaft Augsburg 29
Staatsanwaltschaft Bonn 21
Stadler, Max 21
Staeck, Klaus 73
Stasi 76, 99, 110, 160, 177, 233
   – Akten 49, 70 f., 233
Steiner, Rudolf 86
Steininger, Rolf 55, 173
Steinmeier, Frank-Walter 109
Stern 76, 126, 207, 224
Stolpe, Manfred 110
Stolte, Dieter 215
Stoltenberg, Gerhard 85 ff.
Strauß, Franz Josef 19, 24, 47, 51,
   63, 79, 93, 122 f., 132, 137–143,
   150, 152, 155, 158, 164, 178,
   191, 196
Strauß, Marianne 93, 132, 142
Ströbele, Christian 34, 113
Struck, Peter 30
Stücklen, Richard 150
Stürmer, Michael 142

Süddeutscher Rundfunk 212
Südwestfunk 211
Süskind, Martin E. 211
Süssmuth, Rita 34, 66, 85 f., 89,
    124, 150, 181
Süsterhenn, Adolf 189 f.

Teltschik, Horst 180
Thatcher, Margaret 47, 174, 183,
    231
Thierse, Wolfgang 34, 38, 173, 177
Thoben, Christa 85
Tisch, Harry 187
Tomášek, František 228 f.
Töpfer, Klaus 102 f.
Traxler, Hans 72
Trittin, Jürgen 112
Tucholsky, Kurt 76
Tüllmann, Abisag 205

Ulbricht, Walter 127
Ungarn, Grenzöffnung (1989) 66 f.

VEB Zeiss-Jena 96
Vereinte Nationen 143
Vivaldi, Antonio 206
Vogel, Bernhard 26, 70, 91, 97 f.,
    132
Vogel, Hans-Jochen 106, 110

Waffen-SS 80, 192, 197
Waigel, Theo 136, 183

Waldheim, Kurt 197 ff.
Wallmann, Walter 85
Wander, Maxie 225
Weber, Juliane 85, 130
Wehner, Herbert 108, 192
Weizsäcker, Marianne von 169
Weizsäcker, Richard von 25, 34,
    37, 45, 70, 77 ff., 81 f., 100 f.,
    103, 124, 140, 152 f., 163–169,
    173, 209
Weltsicherheitsrat 144
Wesp, Uwe 181
Westdeutscher Rundfunk (WDR)
    27 f., 212 f.
West-LB-Affäre 73
Wetter, Friedrich 135
Weyer, Willi 115 f.
Wiedervereinigung 34 f., 48, 79,
    153, 168, 173–182, 227, 231
Wiesel, Eli 80
Wissmann, Matthias 85
Wolf, Markus 188
Wollsiefer, Margarete 184
Wörner, Manfred 48, 104, 196 f.
Wulff, Christian 96 f.

Zach, Manfred 95
Zahn, Joachim 61
ZDF 36, 211–215
Zeit 76, 207
Zimmermann, Friedrich 84, 141,
    189, 234